# ブリッジブック憲法

Bridgebook

横田耕一
高見勝利 編

信山社

Shinzansha

# はしがき

大学に入学し、憲法などの講義を聴き始めた学生から、しばしば戸惑いの声が聞こえてくる。高等学校までは絶対間違いないとされていた「教科書」を先生は批判するし、講義ではいろんな説の見方の紹介や解説があるもののどの説を覚えればいいかきちんと教えてくれないし、板書にいたっては乱雑で脈絡がなく何をノートすればいいか分からない、といった類の声である。こうした声の背景には、これまで中学校や高等学校の学習において、憲法学習を含めた政治・経済などのいわゆる「社会」系の学科を、数学・国語などと異なり、なんとなく「暗記科目」として考えてきたことがあるように思われる。すなわち、「社会」系の学科には唯一の正解があり、勉強とはその正解を覚えることだ、といった考え方である(憲法前文を暗記させテストする中学校が多いことも、その意図はともかく、こうした考え方の浸透に与っている)。

こうして、大学で憲法を学ぶことになった当初の学生は、憲法の学習とは憲法の条文に即して、日本国憲法についての出来合いの答えを覚えることだと考えがちである。しかも、憲法の学習については、中学校以来それなりに勉強してきただけに、大学ではそれらの知識に上乗せした知識を獲得することだと考えている者が多いし、それゆえ人によっては憲法に関する科目は楽勝科目だとすら見なしている。

これら学生が、大学での憲法の講義やゼミに戸惑うのは当たり前である。そこでは特定の問題に対するさまざまな答えが提示されるし、ある場合にはこれまで習ってきた憲法についての知識は間違いであるといった指摘さえ当然のごとくなされるからである。こうして、真面目に憲法を学習しようとする学生はやがて、憲法の学習には暗記して終わりになるような出来合いの答えはないこと、特定の問題に関してはさまざまな学説があること、それぞれの学説は思いつきで提示されているのではなくその背後には確固とした歴史理解や理論があること、などを理解するようになる。そして、憲法を本当に学習するためには、広く世界や日本社会の実態を捉えるためのアンテナを張っておくとともに、歴史とはなにか、人間とはなにかといったことについても自分なりの考え方を確立することが必要であることを痛感するに違いない。

本書は、「憲法とはなにか」「人権とはなにか」「国家とはなにか」といった基本的な問題から始めて、憲法の学習において基礎的かつ大きな位置を占める「憲法解釈とはなにか」「憲法判例とはなにか」を考え、その上で、主要な四つの憲法論争を例としてその論争の背後には理論上の争いだけではなく現実認識や世界観・人間観の相違があることを理解し、最後にそうした学説をこれまで担ってきた憲法学者の営為をとらえ返すことによって今後の学習への意欲を喚起し指針を提示する形で構成されている。これら全体を通して、読者が「憲法を学ぶとはどういうことか」を理解するとともに、「自分で考える」ことの必要性を把握することが期待されている。したがって、本書は、日本国憲法についての個別の知識やその体系的知識を提示することを目的とするものではないが、本書を読むことによって、日本国憲法について読者がより一層の学習を進める手引きになればと願っている。

通常の憲法教科書や憲法入門書の執筆とは異なり、以上のような趣旨を持つ本書の執筆には、優れた問題意識と学問的力量を持つ執筆者が必要である。幸いにも、憲法学界の最先端に立つ諸先生方の超多忙ななかにあっての快いご協力によって本書はできあがった。本書の構成を構想することで実質的に寄与したに過ぎない編者として心より感謝したい。

また、信山社の渡辺左近氏には、構想段階から出版に至るまで格別のお世話になった。あらためて謝意を申し述べたい。

二〇〇二年九月

横田耕一
高見勝利

# ブリッジブック憲法　Bridgebook

## 目　次

I　日本国憲法と憲法学のトータルイメージ

はじめに（2）　法規範としての憲法（2）　市民生活を支える枠組みとしての憲法（4）　個人の尊厳の基礎としての憲法（5）　二つの「憲法」――形式的意味の憲法と実質的意味の憲法（7）　憲法学の対象と方法（9）　科学としての憲法？（10）　日本国憲法の特殊性――二つの実質的意味の憲法（12）　日本国憲法の位置（14）

II　憲法の役割と国家の役割――憲法理解の底にあるもの

第1講義　憲法の役割についての考え方――公私区分論の現在……18

この講義のねらい（18）　憲法の基本目的は何か――人権保護か政治的プロセスの確立か（19）　通説的見解（19）　プロセス理論による考え方（20）　リベラリズムによる考え方（21）　何が争われているか（23）　公的空間と私的空間（24）

**憲法は私人間にも適用されるのか**（26）　通説的見解（26）　プロセス理論による考え方（28）　リベラリズムによる考え方（29）　国の基本権保護義務論による考え方（32）　**憲法は家族内部にも適用されるのか**（33）　家族法の憲法化（33）　公私二元論批判（35）　**結びに代えて**（38）

第2講義　基本的人権の種類と範囲――人権とされるもの・されないもの……45

**人権とは何か**（45）　日常生活における「人権」（45）　憲法上の「人権」（47）　人権の根拠としての「個人の尊厳」・「人間の尊厳」（49）　人権の国際的保障（50）　**法的意味での人権の歴史**（52）　「生まれながらの人権」の成立（52）　「憲法上の人権」の確立と社会権の誕生（53）　**「人権」分類とその相対化**（55）　人権の分類（55）　分類の相対性（57）　**新しい人権**（58）　社会の変化と人間の尊厳（58）　幸福追求権（59）　**人権への懐疑**（61）　「人権」の絞り込み（61）　近代的「人権」への挑戦（62）

第3講義　国家の役割についての考え方――宗教と経済への国家の関わり……66

**何が問題か？**（66）　国家は人民のために（66）　その結果は？（68）　**魂への配慮**（69）　ヒュームの死（69）　来世の保障（70）　トマス・アクィナス（72）　宗教

改革（73）　寛容思想（74）　アメリカの実験（76）　啓蒙思想から現代へ（77）　**経済への国家の関わり**（78）　貧乏好きの哲学（78）　国利民福への道（79）　神頼みと勅撰和歌集（80）　経済現象の解明（81）　重商主義（83）　アダム・スミスから現代へ（84）　**二一世紀の問題状況**（85）　自由主義と国家の役割論（85）　自由主義は勝利したか？（86）　宗教的情熱の復活（87）　自由主義は不自然な思想（89）　経済における自由主義（90）　自由と国家の役割――四つの象限（94）

## III　憲法解釈の方法と理論――知っておくべき憲法学の基礎理論

第4講義　なぜ「神々の争い」が起きるのか？――さまざまな解釈論……98

**はじめに――どれが「正しい解釈」か？**（98）　**「憲法解釈」はなぜ必要か**（99）　法規範の宿命（99）　憲法規範の一般性・抽象性（100）　規範の欠缺（101）　制憲後の要請（102）　**「憲法解釈」はどのように行われるべきか**（102）　立法者意思説（102）　憲法原意主義（103）　文言・文理の尊重（104）　他条項との整合性（106）　ガイドラインとしての「前文」（107）　人権条項と政治機構条項の解釈態度の相違（108）　複数の解釈の可能性（108）　解釈者の「正義」観（110）　意図する解釈結果を導くテクニック（111）　解釈の妥当性の担保――歴史認識・現実認識（111）　**憲法解釈の主体とその意義**

はなにか（112）　公権解釈・公定解釈（112）　憲法学者の解釈の意義と限界（113）
「神々の争い」と解釈者の責任（114）

第5講義　誤った憲法解釈――許されない解釈方法……117

はじめに（117）　憲法と法律の逆転（118）　伝統による憲法の軽視（121）　政策論とルールの混同（123）　憲法の文言の無視（126）　文言への過度のこだわり（129）　おわりに（130）

第6講義　憲法解釈と正確な事実の認識……132

裁判における「事実」の問題（132）　法規の適用と事実の認定（132）　判決事実と立法事実（133）　立法事実と憲法訴訟（135）　国有境内地処分法の合憲性問題（138）
社寺境内地処分問題をめぐる論議（138）　国有境内地処分法の合憲性（141）　裁判における事実認定・歴史認識（144）　判決事実としての歴史的事実（144）　事実認識・歴史認識の問題（145）

IV　憲法判例の読み方と考え方――憲法解釈の実際と意味の学び方

第7講義　憲法裁判の社会的影響の大きさ――訴訟当事者と裁判官の判決づくり……152

憲法裁判の持つさまざまな機能（152）　憲法裁判としての指紋押捺拒否事

例（154）　裁判と同時進行した社会的反響と最高裁の判断（161）　指紋押捺拒否事例をふりかえって――市民と裁判と政治過程（165）

第8講義　最高裁判所判例の拘束性……170

最高裁判所判例は法準則を提供する（170）　最高裁判所の先例の扱い方は多様である（171）　最高裁判所の先例の扱いには不十分なものもある（172）　判決で示そうとした法準則はなにか（174）　判例という言葉はさまざまな意味で用いられてきた（175）　事実上の拘束力論を示す判決（176）　事実上の拘束論は下級審判決が法的に拘束されないとする（178）　事実上の拘束論には問題がある（179）　先例拘束性の原理を正面から受け止める必要がある（180）　先例拘束性の原理とは、具体的にはどのような内容のものか（181）　レイシオ・デシデンダイには大きく二つのタイプがある（182）　憲法判例の特殊性（184）　一層の議論がいま求められている（187）

第9講義　憲法裁判の手法――憲法判断に特有の方法と審査基準……189

この講義のテーマについて（189）　憲法裁判の意味（189）　裁判に働く基本原則――合憲性推定の原則（190）　種々の手法の存在（191）　**憲法判断の方法**（192）　憲法判

断の回避（192）　立法府に対する裁量統制（195）　行政権に対する裁量統制（198）　**審査基準**（199）　緩やかな基準（199）　中間の基準（200）　厳格な基準（201）　審査基準の課題（202）　**合憲・違憲の裁判**（203）　合憲の裁判（203）　違憲の裁判（204）　裁判方法の課題（205）

V　主要な憲法論争の意味を考える――憲法の根本問題

第10講義　代表民主制と議院内閣制 ………… 210

**代表民主制の諸態様**（210）　日本国憲法における統治のあり方は代表民主制か？（210）　「代表・民主制」とは？（211）　フランスにおける代表民主制論（213）　今日的な代表民主制は半直接制か？（215）　**日本国憲法における代表民主制**（216）　日本国憲法の位置づけは？（216）　立法に関する国民投票制度を導入することは許されるか？（217）　**議院内閣制――代表民主制の下での国民・議会・政府**（219）　日本国憲法における議会と政府の関係（219）　議院内閣制の本質と解散制度（220）　一元型議院内閣制の国民内閣制的運用（221）　代表民主制と首相公選論（223）

第11講義　違憲審査制――憲法裁判所の是非 ………… 227

**日本の違憲審査制に対するさまざまな批判**（227）　**「司法積極主義」であれば**

いいのか――アメリカとの比較（231）　違憲審査制と民主主義（223）　憲法
裁判所は代替物となりうるか（236）

第12講義　憲法と条約――国家の主権性と条約の拘束力 …… 243

はじめに（243）　国家の主権性と条約の拘束力（244）　なぜ国家は条約に従うのか（246）　国家はなぜ慣習法に従うのか（249）　人権保障と国際社会（251）
平和主義と国際社会（255）

第13講義　団体の自律権と労働組合 …… 258

団体ないし結社について（258）　団体（結社）と集団はちがう（258）　団体をめぐる論点はいろいろあるが（259）　団体の人権をめぐって（260）　権利一般ではなく人権を問題にする（260）　団体の自治や自律（260）　半面的アプローチ（263）　組合の政治活動と個人の思想（264）　労働組合をめぐって（264）　国労広島事件最高裁判決（266）　比較の材料としての税理士会事件（267）　団体の政治的表現の自由とメンバー個人の思想の自由（267）　部分社会の法理をめぐって（269）　部分社会の法理とは何か（269）　労働組合の内部問題に対する司法的介入について（269）

VI　憲法学説と憲法学者——時代の動きを見つめる学者の眼

第14講義　憲法学の過去・現在・未来……274
**ドイツ様式——大いなる遺産**（274）　なぜ廃墟がドイツ様式なのか（274）　だから、日本では一般国家学はよく読まれた（275）　なぜそれが憲法学と関係あるのか（276）　美濃部達吉の憲法学（276）　**辺境から——自由法運動の衝撃**（277）　法源（277）　末自由法運動（278）　「法の欠缺」問題（279）　「生きた法」（280）　司法改革（281）　末弘後の世界——戦後憲法学の解釈方法論**（282）　日本における自由法運動とその反響（282）　宮沢俊義と自由法論（283）　感情法学という陥穽（284）　客観法の再建は可能か（284）　法解釈方法論争（286）　**荒地より——憲法論の地殻変動**（288）　憲法解釈学の再建（288）　戦後の学説継受（289）　芦部信喜の憲法学（290）　主観憲法論の活況（291）　地球化と地域主義（293）

第15講義　日本憲法学を築いた人々……295
はじめに（295）　最初の憲法学者——末岡精一（298）　最初の憲法講義担当者——穂積八束（301）　穂積憲法批判の嚆矢——有賀長雄（303）　穂積憲法を凌駕した二足のわらじの憲法学者——一木喜徳郎（304）　立憲主義憲法学を

確立した巨匠――美濃部達吉（307）　京都学派の系譜（310）　一九一八年の大学令と憲法講座の拡大（315）　嵐のなかの憲法学――宮沢による「法の科学」の構築（317）　憲法解釈学の新たな展開――芦部憲法学が目指したもの（320）
むすび（322）

小論文作成のすすめ

INDEX

## 〈略　語〉

### 〔法令名略語〕

刑訴　刑事訴訟法
憲　日本国憲法
国連憲章　国際連合憲章及び国際司法裁判所規程
地自　地方自治法
典　皇室典範

### 〔判例の表示〕

最大判　最高裁判所大法廷判決
最判　最高裁判所判決
大連判　大審院連合部判決
大判　大審院判決
刑集　最高裁判所刑事判例集
民集　最高裁判所民事判例集

## 〈執筆者紹介〉

50音順

| | | | |
|---|---|---|---|
| 安念潤司 | （あんねん・じゅんじ） | 成蹊大学法学部法律学科教授 | （第3講義） |
| 石川健治 | （いしかわ・けんじ） | 東京都立大学法学部法律学科教授 | （第14講義） |
| 市川正人 | （いちかわ・まさと） | 立命館大学法学部法学科教授 | （第5講義） |
| 井上典之 | （いのうえ・のりゆき） | 神戸大学大学院法学研究科教授 | （第7講義） |
| 内野正幸 | （うちの・まさゆき） | 筑波大学社会科学系教授 | （第13講義） |
| 大石　眞 | （おおいし・まこと） | 京都大学大学院法学研究科教授 | （第6講義） |
| 大沢秀介 | （おおさわ・ひでゆき） | 慶應義塾大学法学部政治学科教授 | （第8講義） |
| 岡田信弘 | （おかだ・のぶひろ） | 北海道大学大学院法学研究科教授 | （第10講義） |
| 笹田栄司 | （ささだ・えいじ） | 北海道大学大学院法学研究科教授 | （第11講義） |
| 高見勝利 | （たかみ・かつとし） | 北海道大学名誉教授・国会図書館専門調査員 | （第15講義） |
| 常本照樹 | （つねもと・てるき） | 北海道大学大学院法学研究科教授 | （第2講義） |
| 戸松秀典 | （とまつ・ひでのり） | 学習院大学法学部法学科教授 | （第9講義） |
| 長谷部恭男 | （はせべ・やすお） | 東京大学大学院法学政治学研究科教授 | （第12講義） |
| 棟居快行 | （むねすえ・としゆき） | 成城大学法学部法律学科教授 | （序　論） |
| 横田耕一 | （よこた・こういち） | 九州大学名誉教授・流通経済大学法学部教授 | （第4講義） |
| 渡辺康行 | （わたなべ・やすゆき） | 千葉大学法経学部法学科教授 | （第1講義） |

# I 日本国憲法と憲法学のトータル・イメージ

# はじめに

「憲法」とか「日本国憲法」と聞いて受ける印象はどんなものだろうか。民法や刑法が個人の法律知識として役に立ちそうなのに、憲法は勉強しても役に立たない、無味乾燥で退屈とかのイメージがあるかもしれない。

たしかに、民法はローンを組んだり結婚や相続といった、ごくふつうの市民生活にも関わっている。刑法も、新聞を見れば刑事事件があふれかえっている。それに対して憲法はといえば、九条とか改憲（憲法改正）とかの言葉を目にする機会は多くても、実際の自分たちには関係ない……。

まあこれから憲法の勉強をする方々は、勉強の対象としては「関係ない」などといってはいられないだろう。しかし、日常生活には憲法は縁遠い存在のように見えるのは確かだ。本当にそうなのか。

## 法規範としての憲法

この「自分には関係ない」という憲法のイメージは、ある意味で実に正しい。つまり、民法や刑法というふつうの法律は、「こうしなさい」とか「こうしたらダメですよ」という具合に個人の行為を義務づけるルール（行為規範）であり、同時に、裁判所が判決を下す際の規準（裁判規範）でもある。

これに対して、憲法の条文には原則として、直接に個人を義務づけるルール（行為規範）は規定されていない。

**憲法**は大きく分けて、人権規定、および国や地方自治体の統治構造に関する規定という二つの部分から成り立っている。このうち**統治構造に関する規定**は、国民主権や国民代表などの規定を含むが、これらは直接に個人を義務づける規定ではない。

**人権規定**はといえば、これは個人の生活にかかわっているのだが、しかし行為規範として個人を規律するというわけではない。なぜなら、人権というのは、まさに個人の権利の規定であって義務の規定ではない。もちろん権利と義務はコインの表裏であって、一方の側に権利があればその相手には権利を守る義務があるのだが、人権の場合にはそれを守るべきであるのは国である。だから、国民にとっては人権はつねに権利であって、誰かの人権が別の誰かを直接に義務づけるということはない（人権の「私人間効力」というものを考えると、理屈の立て方によってはある人の人権が別の人の義務になる可能性もでてくる。しかし、いまはこの点には触れない）。

このように、憲法は民法や刑法と異なり、個人を義務づける行為規範という性格をもっていない。では、憲法はおよそ法規範という名に値しないかといえば、そんなことはない。憲法も、裁判所が判決を下す際の規準（裁判規範）としての意味はもっている。ただし、民法が契約の効力を左右したり、刑法が罪のあるなしを決めるようにダイレクトに判決そのもの（判決主文）を決める力は、裁判規範としての憲法にはない。

憲法が裁判で活躍するのは、「**司法審査**」という局面においてである。法律・条例や行政処分といった国・自治体の行為が、人権保障などの憲法の規定に違反していないかを裁判所がチェックし、違憲だと判断される場合にはその法律等の効力を否定して具体的な事件に対する判決を下す、というのが司法審査の仕組みである。司法審査においては、憲法の規定は裁判所が判決を下す際の一つの規準としての役割を果たしている、といえるのである。

要するに、民法や刑法と憲法はたしかに違う。憲法は個人の行為規範ではないし、裁判規範にはなるが、それは司法審査という特殊な場面においての話である。だから、「自分には関係ない」と思われてもしようがないともいえる。

## 市民生活を支える枠組みとしての憲法

以上のように、憲法は表面的には市民生活にほとんど関係しない。では、憲法などなくなっても、民法や刑法があれば世の中うまくゆくのか。たしかに、**憲法典**という特殊な法律が作られるようになったのは近代以降のことである。取引秩序や生活の安全は、どの時代のどのような為政者にとっても重大な関心事であったから、民法や刑法は、憲法が制定されるようになるよりもずっと昔からあった。

しかし、近代以前の民法は慣習法や判例の積み上げか君主の命令であったし、刑法も宗教の戒律や君主の命令に基づいていた。憲法のない時代の民法や刑法は、ただルールとしてそこにあるというだけであって、その内容が正義にかなっているとか、それを民主的手続で変更することができるとかは、保障のかぎりでなかった。

近代になり、民法や刑法などの法律の上位に、憲法という国家の基本法が制定されるようになった。そこではじめて、法律の中身の善し悪しを判断する客観的なものさしとしての人権規定が登場したわけであり、さらに、法律を改廃する手続や機関（議会）も明記された。このように、憲法は民法や刑法など、日常に密着した法律の内容を方向づけ、その制定や改廃を可能にしているのであり、こうして憲法はいわば市民生活を外側から支えているのである。

## 個人の尊厳の基礎としての憲法

とりわけ人権保障の規定は、それらがあるからこそ、「自分には関係ない」と憲法にツバを吐き捨てるような生活態度が可能になる。

いま、学生Aくんのモットーが「自分のことは自分で決める」、だとしよう。バイト先も髪の色も、将来の夢も、つきあう相手も、寝る時間も、明日授業に出るかサボるかも、すべて彼は自分で決める。こうした立ち居振る舞い、身だしなみ、あるいはライフスタイルの選択の自由は、ふつうはAくんがことさらに主張するまでもなく、誰も干渉したりはしない。彼のこうした「自分のこと」は、他人にとってはどうでもいいことだからだ。

しかし、交際相手が同性だったらどうか。同性愛は不道徳だという宗教などに基づく偏見から、同性愛を処罰する法律もありうる。Aくんが高校生だったら、髪型や出席日数は、なかなか「自分で決める」わけにはいかない。「自分のこと」に他人や国（民主主義国においては多数の民衆の意識が国の法律などになる）が介入してくるのは、決して珍しい話ではない。危険だという理由で冬山登山を禁止するとか、シートベルトの着用を義務づけるとか、他人には迷惑がかからない、本人だけの危険行為もしばしば規制されている。あるいは、本人が無駄な延命治療を受けず、尊厳ある死（尊厳死）を迎えたいと願っている場合でも、患者の治療拒否権もなかなか確立されていない。

こうした行為を個人が自由になしうる権利を「**自己決定権**」と呼ぶ。憲法一三条の「**個人の尊厳**」（正確には「個人の尊重」という用語を憲法は使っているが通常このように言い換えて紹介している）という概念、あるいは「**幸福追求権**」という概念には、自己決定権という考え方が含まれている。そればかりか、表現の自由など個別に規定がある自由権も、その本質は自分で言いたいことを決めてしゃべる、などという自己決定権なのである。

要するに、「自分には関係ない」というのが口癖の個人こそ、個人の尊厳や自己決定権を保障してくれている憲法の恩恵をこうむっている。個人が「自分のことを自分で決める」ことができるのは、個人がそうしたいからではなく、そういう個人に対する介入を禁止する憲法の故なのである。

## 二つの「憲法」——形式的意味の憲法と実質的意味の憲法

以上のように、憲法にはさまざまの役割がある。こうした役割から、逆に「憲法」とは何かを考えると、一言でいえばそれは国家の基本法である。そして、日本国憲法という成文憲法典は、まさに国家の基本法そのものであるはずである。ところが、この点については、必ずしも話はそう単純ではない。

**日本国憲法**という成文の憲法典は、国民主権（前文、一条）、平和主義（前文、九条）、基本的人権（一〇条—四〇条）、代表民主制（四三条）など、国家の基本法と呼ぶにふさわしい規定を多く含んでいる。しかし、これらの規定は、日本国憲法に書かれているから「憲法」の一部であるのではない。むしろ、その内容の重要性から、当然に「憲法」の一部であり、だからこそ日本国憲法にも書かれているのである。こうした国家の基本法に相当する諸規範（ないしその全体）を「**実質的意味の憲法**」と呼ぶ。これに対して、成文憲法典（つまり自分で「憲法」と名乗っている法典）の全部ないし一部を「**形式的意味の憲法**」と呼ぶ。

「実質的意味の憲法」と「形式的意味の憲法」は本来は一致すべきである。つまり、国家の基本法は成文憲法典にすべて盛り込まれており、成文憲法典にはそれ以外の些末な規定はない、というのが理想である。しかし実際には、必ずしもそうならない。両者のズレの極端な例はイギリスである。立憲主義の母国とさえ言われる同国には、ひとまとまりの「憲法典」は存在しない。もちろん同国には、憲法典に該当する内容の王位継承法や国会法などの重要な実定法があり、マグナカルタなどの歴史的文書や慣習法も含めると、全体としては立派な憲法典を有しているようなものである。また人権保障については、ヨーロッパ人権条約をそのまま「人権法」という国内法として通用させている。

わが国の場合にも、形式的意味と実質的意味とで「憲法」の内容が異なってくる。たとえば、プライバシー権や名誉権のような個人の人格にかかわる重要な人権がある。これらは現代社会においてはきわめて重要な人権であるにもかかわらず、日本国憲法には明文規定がないので、「新しい人権」と呼ばれ、一三条の「幸福追求権」に読み込むという解釈論が一般的である。しかし、一三条の「幸福追求権」にプライバシー権や名誉権が含まれているというのは、やはりこじつけの一種に他ならない。素直に考えれば、日本国憲法という形式的意味の憲法には、実質的意味の憲法に属するプライバシー権などの規定がないのである。

日本国憲法には逆に、内容的には法律で定めれば十分であるようなレベルのものもある。たとえば、七九条六項および八〇条二項は裁判官の報酬につき、在任中減額されないと定めているが、肝心なのは七六条三項の「裁判官の独立」の原則であり、報酬の保障はこの原則を具体化するために法律レベルで規定しておけば十分である。これらの規定は、形式的意味の憲法には含まれるが、実質的意味の憲法に含まれるとはいいがたい。

## 憲法学の対象と方法

憲法学の対象は、実質的意味の憲法である（べきである）。なぜなら、国家の基本法と呼びうるのは、実質的意味の憲法であって、形式的意味の憲法ではない。したがって、憲法学が国家の基本法を明らかにしていく役割を負っているとすれば、その対象が実質的意味の憲法になるのは当然のことである。

このように対象が六法全書の憲法典（形式的意味の憲法）とはズレたものになるのであれば、憲法学の方法も、他の法分野とは異なったものにならざるを得ない。たとえば、憲法第一条が「国民主権」を定めているが、その内容は、「国民」と「主権」の国語的な解釈では決まらない。言葉の意味に忠実な文理解釈の方法は、憲法解釈では決め手にならない。また、憲法の起草過程や国会での審議過程を記録に基づいて分析して、いわゆる「制定者意思」を明らかにすることができたとしても、こうした歴史や沿革、さらには起草者らの主観も憲法解釈の決め手にはならない。

「国民主権」という概念の意味は、戦後の日本国憲法の制定時には、まだ民主主義の土壌がなかったから、差し当たり天皇主権を否定する、という程度の意味しか持ち得なかった。しかし、マスメディアが発達し、インターネットなどによって市民が双方向で議論し、さらに市民によるNPO活動が盛んになるという今日においては、市民の政治参加を根拠づける原理としての「国民主権」の意味も、たえず時代に合わせて更新される必要がある。

つまり、**憲法解釈**とは、歴史や沿革を参照しつつも、今日の生きた社会情勢のなかで成立し近未来を方向づけるものとして、実質的意味の憲法を不断に捉え直してゆく作業なのである。その際に有用なのは、憲法解釈をその社会的機能（効果）の観点から考察すること（機能的考察方法）と、個別の条文ごとの憲法解釈を全体としての憲法の統一的体系的理解に結びつけること（体系的考察方法）である。

## 科学としての憲法学？

なお、憲法学では、「方法二元論」という聞き慣れない言葉を使うことがある。これは何かというと、理論と実践、事実と規範、認識と価値判断といった二つの概念を厳密に区別し、さらに、「科学としての憲法学」は後者でなく前者（実践でなく理論などなど）に徹すべし、と主張する考え方のことである。

学問としての憲法解釈と、護憲運動などの観点からの実践的憲法解釈とは、これまでしばしば混同されてきた。特定の政治的な立場に縛られないことが学問の基本条件である以上、憲法学においても「方法二元論」は当然に必要である。ただ、「実践でなく理論」というスローガンが、単に具体的な問題に対処できない理論を正当化するだけのものであってはならないことも、いうまでもない。

方法二元論が一般論としては妥当だとしても、それを憲法解釈という特殊な営みにそのままあてはめることができるかは疑問である。なぜなら、前述したように、憲法学の対象は実質的意味の憲法であるが、それはいわば人々の意識のなかに見いだされるしかない代物である。時代のさまざまな制約のなかで、人間は同じ原理原則についても少しずつ変化するイメージを無意識に抱いている。たとえば、「国民主権」という観念は、かつては普通選挙権が保障されていれば（あるいはその段階に達していなくても）国民主権だといえたのであるが、最近では情報公開制度があってはじめて国民主権である、というところまで進展しているし、さらに近い将来には、重要な政策については国民の直接投票が保障されないと国民主権とはいえない、ということになるであろう。

このように、憲法学の本来の対象（実質的意味の憲法）はいわば生き物であり、成文憲法典（形式的意味の憲法）が同じままでも、憲法学は同じところにとどまることは許されない。もちろん、対象が可変的であるからといって方法二元論が不可能だということではない。人々の意識のなかにある実質的意味の憲法は、いわば「こうあるべきだ」という価値判断であり運動という性格を持っている。それを考察の対象とする憲法学は、だから自らは冷静な観察者に徹しなければならない。その意味では、方法二元論的な態度が憲法学にも求められる。

しかし、憲法学それ自体もこの時代のなかの存在である以上、研究対象と無関係ではありえない。憲法学がたとえば、「国民主権とはこういうものだ」という学問的な見解を示すことが、結果として人々の意識に影響を与える可能性がある。人々のぼんやりとした直観を憲法学がきれいに言葉にして表現することで、人々の価値判断がよりクリアーになされるようになりうる。つまり、「科学としての憲法学」はそれが実質的意味の憲法についてきれいな分析をすればするほど、特定の実践的な価値判断に影響を与えてしまうのである。すなわち、方法二元論が成功するのは皮肉にも、憲法学が現実ばなれのした、どうでもよい研究に専念している場合にかぎられるのである。

## 日本国憲法の特殊性――二つの実質的意味の憲法

憲法学の本来の対象は実質的意味の憲法であって、それは形式的意味の憲法（日本国憲法）と当然にイコールではない。このことは、通常は、成文憲法典のなかに実質的意味の憲法にはふさわしくない些末なものが含まれ、逆に国家の基本法というべきもののすべてが含まれていない、というズレを指す。このズレは、いわば面的なズレである。実質的意味の憲法と形式的意味の憲法を二つの円で表せば、それらが主要部分では重なるが周辺ではずれている、ということである。

このズレは、わが国にかぎったことではないが、しかしわが国の場合には、通常のケース以上のズレがあるように思われる。通常は、形式と実質はなるべく一致するように成文憲法が作られ、実質的意味の憲法が条文から離れて勝手に形成されるということはない。最高法規として司法審査によって擁護されるのも、基本的には形式的意味の憲法、すなわち成文憲法典の規定である。

ところがわが国では、民主主義も個人主義もないところに、敗戦とともに両者を基軸とする日本国憲法の基本原理が、いわば「天孫光臨」した。「自分のことを自分で決める」という強い意思と責任感をもった自律的な個人が一般に存在していれば、圧政を退ければ民主化は自然に達成される。しかし、戦前まで農村的共同体が続いていた日本社会では、戦後、未熟な個人のうえに脆弱な民主主義が展開されることとなった。

その結果として、日本社会にはもちろん成文憲法典は一つであるが、そこに含まれている国家の基本法とは別に、社会に根強く残っている共同体的な規範もしぶとく存続してきた。いわば、日本国憲法に含まれている**近代的な国家の基本法**と、それとは無関係の**現実社会のなかの基本法**という、**二つの実質的意味の憲法**が併存してきたのである。タテマエとしての実質的意味の憲法と、ホンネとしてのそれとのズレという、もう一つの面的なズレが、わが国の憲法現象を複雑なものにしてきた。

たとえば、通説や判例は国の経済政策によって弱者保護のために経済的強者の営業の自由に規制を加えること（いわゆる積極規制）を合憲だ、としてきた。この積極規制という原理は、日本国憲法二二条一項の営業の自由の規定のなかに含まれている実質的意味の憲法の一部である。これに対して、似て非なる原理を霞ヶ関の行政官僚と自民党政権が戦後一貫して追求してきた。すなわち、業界の既得権保護のための護送船団的な競争抑止政策である。後者は、現実社会のなかの基本法ともいうべき規範、すなわち「規制によって自由競争を抑制し、既得権を保護せよ」という規範を実行に移しているのである。

学説が意識している実質的意味の憲法と、国会や行政権のそれとは、わが国ではとりわけ大きく異なっている。両者の差異を明確化してゆくこと、そして後者を前者に引き寄せてこの差異を解消してゆくことも、この国の憲法学に課された大きな課題といえる。

## 日本国憲法の位置

さらに、いわば時間の経過に伴う、形式と実質の線的なズレという現象もある。さきにも述べたように、憲法は生き物であり、人々の意識のなかの国家の基本法のイメージは、日本国憲法制定当時から時間が経過するにつれ、ますます形式的意味の憲法（日本国憲法の文言内容）から遠ざかってゆく（もちろん文言解釈のほうも進化するのだが、それには限度がある）。このようなズレもまた、実質的意味の憲法と形式的意味の憲法のズレに他ならない。

高度成長期には日本国憲法の基本原理の一つである福祉は結果として比較的実現しやすかった。また、冷戦下では、わが国が安全保障について九条の精神でゆくのか、自衛隊を肯定するのか、といった自前の安全保障論議は、そもそも自由に展開する余地がなかった。今日では、こうした内外の事情が激変しつつある。少なくなるパイをどうわけるか、どういう外交戦略のなかで生き残ってゆくか。こうした未経験のテーマを、生存権や平和主義という日本国憲法のなかの基本原理を応用して解きほぐしてゆくこともまた、これからの憲法（解釈）学の仕事である。

憲法典はつねに簡潔であり、立ち向かうべき事態は複雑である。その段差を埋めるのは、「科学としての憲法学」などというものではなく、端的に個人の創造力であろう。

〈ステップアップ〉

① 芦部信喜『憲法（新版・補訂版）』九頁以下（岩波書店、一九九九年）
「憲法」の概念について、標準的な解説がある。

② 小室直樹『痛快！憲法学』二〇頁以下（集英社インターナショナル、二〇〇一年）
歴史のなかで、なぜ憲法が生まれたかを一つの観点から生き生きと読ませてくれる。

③ 棟居快行「日本的秩序と『見えない憲法』の可視化」紙谷雅子編著『日本国憲法を読み直す』（日本経済新聞社、二〇〇〇年）
日本的風土のなかで「立法主義」がかかえている特異な問題を指摘する。

（棟居快行）

# II

# 憲法の役割と国家の役割

## ——憲法理解の底にあるもの

第1講義　憲法の役割についての考え方
——公私区分論の現在

第2講義　基本的人権の種類と範囲
——人権とされるもの・されないもの

第3講義　国家の役割についての考え方
——宗教と経済への国家の関わり

Bridgebook

# 第1講義

# 憲法の役割についての考え方
## ――公私区分論の現在

### この講義のねらい

憲法を学ぶ際の出発点は、憲法の役割とは何かを知ることであろう。しかし憲法の役割は、憲法学の基本問題であるだけに、これまでさまざまな観点から、さまざまな見解が出されている大きな争点でもある。この講義で取り上げようとするのは、憲法の基本目的は人権の保護か政治的プロセスの保護か、憲法は私人間の紛争にも適用されるのか、されるとしたらいかに適用されるのか、憲法は家族内部の問題にも適用されるのか、といった問題である。この講義がこうした論点を取り上げるのは、これらに共通して関係する公私の区分、あるいは公私の再構成という問題関心を背後に用意しているからである。このことについても、おいおい述べていくことにしたい。

以下の論述では、それぞれの論点についてはじめに現在の憲法学界の通説と見られている見解をごく簡単に紹介し、その後最近の学説状況を典型的に示す議論を説明することにしたい。したがって学説状況の説明としてはかなり簡略化されたものとなる。また取り上げた学説についても十分な紹介ができているわけではない。この講義の役割は、読者が章末に例示した〈ステップアップ〉にあたってそれぞれ思考を深めていくための、きっかけを提供することにある。したがって、まったくの初学者にとっては、おそらくやや難解な論述となってしまっていることを、あらかじめお断りしておかなければならない。

## 憲法の基本目的は何か――人権保護か政治的プロセスの確立か

### ❖通説的見解

現在日本の憲法学において、通説という言葉は事実上、芦部信喜の見解を意味して使われている。そこでここでもまず芦部説を紹介しておこう。

憲法の概念は多義的である。「形式的意味の憲法」は憲法という名前で呼ばれる成文の法典を意味する。「実質的意味の憲法」はある特定の内容をもった法を憲法と呼ぶ場合である。後者には二つのものがある。「固有の意味の憲法」は国家の統治の基本を定める規範をさす。この意味の憲法はいかなる時代のいかなる国家にも存在する。これに対し「立憲的意味の憲法」（「近代的意味の憲法」）は、専断的な権力を制限して広く国民の権利を保障するという立憲主義の思想に基づく憲法をさす。これら三つの憲法観念のうち、憲法の最もすぐれた特徴は、その立憲的な意味にある。

この**近代憲法の特質**は三つにまとめられる。第一は、**自由の基礎法**ということである。憲法には国家権力の組織を定め、かつ授権する規範も不可欠だが、しかしそれは人権規範に奉仕するものとして存在する。このような自由の観念は、自然権の思想に基づく。第二は、憲法は**国家権力を制限する基礎法**であるということである。人権思想と国民の憲法制定権力の思想とは不可分の関係にあるのだから、人権規範は主権原理とも不可分の関係にある。第三は、憲法は**最高法規**であり、国法秩序において最も強い形式的効力をもつということである。このことは、憲法の内容が「自由の基礎法」であるという「実質的最高法規性」によって支えられている。この立場は、憲法規範を一つの価値秩序として捉え、「個人の尊重」の原理とそれに基づく人権の体系を憲法の「根本規範」と考えるので、憲法規範の価値序列を当然に認めることになる（芦部①四～一二頁）。

❖**プロセス理論による考え方**

このような従来の通説的な考え方に対する最もラディカルな批判は、松井茂記教授によるものである。芦部説で試みられたような憲法観念の分類は、憲法という観念自体が一定の歴史的背景から一定の国において用いられるようになったことを無視している。時間と空間を超えた実質的意味の憲法観念を構想することは無意味である。本来の意味での立憲主義は、アメリカ合衆国憲法に象徴される。この憲法は「プリュラリズム」の考え方に基づいている（松井④一八～二一頁。なお引用は同書初版二四～二五頁に依る）。

日本国憲法についても、通説の考えるように憲法に先立つ実定法として人権の存在を想定することは、実定法を超えた「自然法」を認めることになるので、適切ではない。日本国憲法は自由を確保することだけを目的に制定されているわけではない。通説の立場では、国民の政治参加の意義がなくなってしまう。むしろここでも「プリュラリズム」の考え方が採られるべきである。これは、政治を多元的な集団の交渉と取引のフォーラムとして捉える政治観である。この考え方でも出発点は個人であるが、その個人は他者と関係をもたない没政治的な私的個人ではなく、集団を形成して政治に参加する個人、つまり「市民」である。プリュラリズムの憲法観では、憲法は市民の政治参加のプロセスを保障したものと考えられる。憲法は、国民が自己統治を行うプロセスを規定するとともに、個々の国民がその統治のプロセスに参加するための権利を保障した。ここで権利は、手続的・プロセス的なものとみられる。この考え方では、実体的価値の選択は、憲法の問題ではなく政治の問題だとみられる（松井④三四～四八頁）。

### ❖リベラリズムによる考え方

プロセス理論に対する最も強力な対抗説は、長谷部恭男教授の見解である。

実質的意味の憲法に関して重要なのは、すべての国家に必ず実質的意味の憲法があるのはなぜか、という問題である。実質的意味の憲法は、誰が、いかなる手段で、いかなる内容の権限を国の名において行使しうるかを定めるルールである。そうだとすれば、すべての国にそれが伴っていることは当然である（長谷部⑦三〜五頁）。

国家の必要性と正当性は、国家や民族あるいは社会等の集団そのもののもつ価値からではなく、個人の権利や利益から導かれる。**国家の主要な任務**の第一は「**調整問題**」の解決である。世の中には、どれでもよいが、ともかくどれかに決まってくれなければ困る事柄が沢山あり、国家はそのようなルールを決めることができる。第二は「**公共財**」の提供である。警察などのサービスは経費を負担しない人もその恩恵に与ることができるため、市場を通じては適切に供給されない。そこで政府がそれを提供し、費用は税金として徴収することになる。こうして国家は正当化されるが、いったん成立した国家はその正当な権限を超えて活動する危険をもつ。それに対処するために組み込まれた工夫が人権である。**人権**には、社会全体の利益を理由とする政府の行為の正当性をくつがえす「**切り札**」としての働きがある。近代的意味の憲法においては、多くの場合、国家の任務と限界を示す権利が権利宣言という形で成文化され、他方、権力の乱用を防ぐために、統治機構においても権力分立や法の支配など、さまざまな組織上の工夫が施されている（長谷部⑦六〜一三頁）。

このような所論は、従来の通説的な説明と衝突するものではない。教科書的な自然権論は議論の中間点から出発していた。なぜ財産権などが保障されなければならないかという問いに対して、それがあらゆる人に認められる自然権だからと答えるのでは、単なる論点の先取りにすぎなかった（長谷部⑧一〇～一一頁）。

❖何が争われているか

「憲法の基本目的は何か」という問いについて、芦部説と長谷部説は、人権保護を憲法の中心的な役割だと考えるのに対し、松井説は憲法の主たる任務を市民の政治参加のプロセスを保護することと考えている。これがここでの最大の対立点である。そのうえでさらに、芦部説では人権を自然権と見るのに対し、長谷部説はその説明では十分ではないと考える、という対立があった。

**プロセス理論**が、従来の通説が採っていた憲法を実体的な価値秩序と捉える見解を批判したことは、従来の通説が比較的素朴な思考に基づいていることを改めて示したという意味をもっている。プロセス理論の本領は、**司法審査の正当化**の仕方にあった。つまり、裁判所には、民主主義プロセスの機能の組織的障害を是正し、民主主義が適切に機能するよう確保する役割が期待されており、裁判所がそのような役割を果たすことは民主主義に矛盾しない、と説明するのである。これも洗練された議論である。またプロセス理論という憲法理論にたったうえで、日本国憲法に関する体系的な解釈論を展開していること自体がすでに、そのスケールの大きさという点で評価されるべきであろう。

しかしここでの論点である憲法観に限っても、プロセス的な憲法観は日本国憲法に適合していないという批判が、繰り返しなされている。日本国憲法の条文のうえでも実体的権利の方が多いのではないか、たとえば信教の自由を松井説が手続的権利とするのは不適切ではないか、三一条以下の権利を「法適用のプロセス」として「政治参加のプロセス」から区別しつつ、両者を共にプロセスに関する規定として一括するのは混乱を招くのではないか、生存権の保障を憲法の規範性を弱体化させる危険を組み込んだと批判する所説は憲法解釈の域を越えているのではないか、等々である。このように憲法の主要な役割をプロセスの保障に見る考え方は、きわめて刺激的ではあるが現在のところ一般的に受け入れられているとは言えない。

従来の通説がもつ単純な力強さは捨てがたい。しかしそれは、現在の道徳哲学などにおける議論からすると、そのままの形では維持しづらいものであるように思われる。通説が範としたドイツにおいても、その種の概念はもはや有力ではなくなっている。プロセス的憲法観には、さらに論じていかなければならない論点が残されている。そうすると残るは長谷部説的な意味でのリベラリズムだけ、ということには必ずしもならない。それ以外にも、憲法の役割は人権保障か政治的プロセスの確立かということとのバランスの置き方や基礎づけ方には、さまざまなものがありうる。にもかかわらず、現在徐々に浸透しつつあるのはこのリベラリズムに基づく憲法観であるように思われるため、以下でさらに補足的な説明を行うことにしたい。

### ❖公的空間と私的空間

公私の区別は、後にも言及するように（二七〜二八頁）、従来の通説においても重要な前提であった。

しかしこの区別は、憲法の基本目的を人権保障とみるか政治的プロセスの確立とみるかという、ここでの論点と関連づけて議論されてきたわけではなかった。長谷部教授の特徴の一つは、次のようにこの点を強調することにある。

立憲主義の眼目は、この世に比較不能で多様な価値観が存在する事実を承認し、そのうえでそれぞれ異なる価値観に帰依する人々が平和に共存し、社会生活の便宜に公平に与ることのできる機会を保障する点にある。その主要な手立ては、各自がそれぞれの究極の価値を探求し遂行することのできる私的な領域と、社会全体の利益について理性的に協議し決定する公的な空間を分離することである。立憲主義諸国の憲法で定められている各種の権利や制度は、公私の空間を切り分け、それによって公的空間が正常に機能するために保障されているものが多い（長谷部⑨五〇頁）。こうして長谷部説では、従来のように単に自然権について語るのではなく、「およそ比較不能な異なる価値観を抱く人々がそれでも共存して社会生活を営もうとする際に、それを可能にする条件として認めざるを得ないであろう権利は何か」という問いによって、憲法における権利の保障を説明するのである（長谷部⑧一一頁）。

この見解に対する対照的な説明は、ここでも松井教授によって示されている。「何が公共空間なのかも、実は政治的な決定である。人権は、公共空間から切り離された私的な空間を意味するのではなく、むしろ『共通の議論のルールと枠組み』に参加するために不可欠な事柄を指すものというべきである。それを超えて私的な空間を保障すべき理由はない」（松井⑤八一頁）。これは前述した「プリュラリズム」

の立場からの帰結である。もちろんこの理論においても「私的領域」がまったく認められないというわけではない。否定されるのは、「『私的領域』がアプリオリに保障され」るという考え方である（松井⑤八八頁）。ただ保障される「私的領域」の範囲は、この立場では狭くなる、という傾向はあるであろう。そしてこのことは、このような憲法理論が日本国憲法と適合的かどうかという、前述した争点と関連してくるのである。

## 憲法は私人間にも適用されるのか

### ❖通説的見解

憲法とりわけその**人権規定**は、もっぱら公権力との関係で国民の権利・自由を保護するものであるという考え方があった。この前提にあるのは、厳格な公法・私法区分論である。しかし芦部を代表とする現在の通説は、この「**無効力説**」をとってはいない。その理由は二つである。第一は、資本主義の高度化にともない「**社会的権力**」による**人権侵害**からも国民を保護する必要があるという考えである。第二は、第二次大戦後、人権規定は社会生活の基本的な価値秩序、したがって公法・私法を包括した全法秩序の基本原則、を定めたものだという観念が支配的になったということである。

しかし芦部説は、このことから直ちに人権規定が私法関係をも直接拘束する効力をもつことは意味しない、とする。第一に、**人権規定の直接適用**を認めると、市民社会の原則である私的自治の原則が広く害され、私人間の行為が大幅に憲法によって規律されるという事態が生ずるおそれがある。第二に、基本的人権が、本来、主として「国家からの自由」という対国家的なものであったということは、現代においても、人権の本質的な指標である。これらがその理由であった。

そこで芦部が採用するのが「**間接適用説**」という考え方である。つまり、「規定の趣旨・目的ないし法文から直接的な私法的効力をもつ人権規定を除き、その他の人権（自由権ないし平等権）については、法律の概括条項、とくに、公序良俗に反する法律行為は無効であると定める民法九〇条のような私法の一般条項を、憲法の趣旨をとり込んで解釈・適用することによって、間接的に私人間の行為を規律しようとする」見解がそれである。最高裁の判例も基本的にはこの立場にたっている。この間接適用説の一つの問題点として、法律行為の場合は私法の一般条項を使って無効とすることができるが、純然たる事実行為に基づく私的な人権侵害行為を憲法問題として処理することができない、ということが挙げられる。そこで芦部説がもちだすのが「**ステイト・アクションの理論**」である。この理論は、人権規定が公権力と国民との関係を規律するものであることを前提としつつ、公権力が、私人の私的行為にきわめて重要な程度までかかわり合いになった場合、または私人が、国の行為に準ずるような高度に公的な機能を行使している場合に、当該行為を国家行為と同視して、憲法を直接適用するというものである。なおこの理論の背景にも公私の区分論が存在することは、しばしば指摘されている。

以上のような芦部説の立場において前提となっているのは、次のような**公私区分論**であると思われる。人権規定を全法秩序の基本原則とみなすという点では、厳格な公法・私法の区分論は否定される。しかし他方では、「私的領域を公的領域から区別して守ることが人権の保障と深く、かつ、長期にわたって結びついてきたことも、忘れてはならない」とする立場である（芦部②二七九〜三二七頁、芦部①一〇六〜一一三頁）。

### ❖プロセス理論による考え方

前述のような芦部説は長年通説として君臨し、現在でもそうであり続けている。しかし最近では、この問題について別の観点から論じようとする試みも噴出してきている。そこでまず、さきに憲法の基本目的に関する最近の学説の代表として扱った立場はここでの問題をいかに論じているのか、ということを見ていきたい。松井教授の見解はおよそ次のようなものである。

人々の共同体を、私的で没政治的な社会と公的で政治的な国家とに区別する伝統的な国家社会二分論は、維持することができない。憲法を国家の基本法として捉えるのではなく、むしろ「政府」の組織、権限および手続、つまり「政府のプロセス」に関する基本法として捉えるべきである。このように考えると、政府の行為とはいえないものについては、日本国憲法は及ばない。そもそも**人権の「私人間適用」**という問題の立て方自体が適切ではない。憲法は政府の行為を拘束し、私人の行為を拘束しない以上、私人間適用を論じる余地はない。ただ、私人の行為が政府によって義務づけられたり奨励されたりしている場合や、その私人が政府と深い結びつきや独特の公的な役割を果たしている場合などには、それを「政府」の行為と同視して憲法の適用が認められる。そのようにみなすことができない行為を禁止すべき時の責任は国会にある。国会が責任を果たしていない場合は、裁判所は現行の法令の解釈を通して、あるいは私法における一般条項の解釈によって、私法上の救済を図るべきである（松井④五六〜五八頁、三二一〜三二六頁）。

以上のように松井説は、前述したプロセス的な憲法観をここでの問題にも一貫させ、通説が部分的にとり込んでいた「**ステイト・アクションの理論**」をより広汎に展開したものである。この見解は伝統的な公私二分論を攻撃しているが、「ステイト・アクションの理論」を使う以上、公私の区分それ自体を放棄しているわけではない。またこの立場も、どの範囲までを「ステイト・アクション」とみなすのかによって、その実際上の意味が違ってくる。松井教授の『プリュラリズムの憲法観』では、政府がどのような役割を果たすべきかも、憲法によって定められる問題ではなく、政治の問題と考えられている（松井④四三頁）。そうであるとすると、裁判所が独自に「ステイト・アクションの理論」を展開して、「社会的権力」による権利・自由の侵害から国民を保護するという場面は抑制的に考えられている、ということになるのだろうか。

❖**リベラリズムによる考え方**

この問題に関する長谷部説は次のようなものである。

私人間における「人権規定」の効力の問題は、「**法の支配**」の射程の問題として理解できる。「法の支配」の要請は、私人に対し行動の帰結について予測可能性を保障することを眼目としている。私人間効力の最大の問題は、このような法の支配の要請を満たした既存の法秩序を前提として成り立っている私人の行動に、国家が「人権」条項違反を理由にアドホックに介入し、法律行為の効力を否定するのが妥当か否かという問題である。既存の私法秩序を前提とする私人の法的行為の効力の判定に際して、憲法上の権利条項を考慮に入れることは、それだけ私人の予測可能性を損なうことになる。もっとも、法の支配を多少は犠牲にしても、私人間での権利保障を促進すべき場面は当然ありうる。もしそれを基本的に肯定するのであれば、それを憲法規定の直接的な適用の結果として説明するか、それとも私法の一般条項の解釈適用の問題として処理するかは、実はさほど重要ではない。判例・通説が間接適用説をとるのであれば、あえてそれに異を唱えるまでもない。

なお、私人間適用が問題とされる場合、一方の当事者が法人である場合は、法人に対して個人の選択の自由を保障するという観点から法の支配の保護を貫徹する必要は乏しい。これに対し、法人と対立している当事者の権利が、個人の自律を根拠とする「切り札」としての人権であるとすれば、直接適用であれ間接適用であれ、その人権を保障すべきである。他方、問題となっている個人の権利がそれ以外のものであるとすると、対立する法人の利益との比較衡量が必要となる。

「**ステイト・アクションの理論**」は、憲法上の権利が侵害されるときは、物権的請求権類似の救済がただちに与えられ、さらに現在の日本の実定法制において国家の事実行為による人権侵害については当然この種の救済がある、との前提をとっているはずである。しかしこの前提が確立したものといえるかについては、検討の余地がある。合衆国でこの理論が適用された典型的な事例は、日本では間接適用の手法を通じて同様の結論を導くことが可能なものであった（長谷部⑦一三七〜一四三頁）。

以上の議論からまず確認できることは、前節で紹介したような長谷部教授における公的空間と私的空間の区別論においても、私的空間がまったく私的自治に委ねられた領域とは考えられてはいない、ということである。芦部説が前提としていた公私区分論と長谷部憲法学が強調する公的空間と私的空間の区分論の間の関係は、判断が難しい。領域的には重なる区分論を新しい観点から説明し直した、ということであろうか。なお長谷部教授による先のような私人間適用に関する議論は、リベラリズムの立場からの必然的帰結というものではないであろう。

ちなみに、長谷部教授において「法の支配」論は別の形でも教授の憲法理論へとつながっている。「法の支配は、何よりも、国家法について妥当することが予定された原理である」。「中間団体が解体され、国家が社会におけるあらゆる権力を掌握し、原子化された個人と国家とが対峙する理念的状況においてこそ、法の支配は十全にその効用を発揮する。国家がこの理念の実現に失敗し、社会的集団に権力を割譲する過程は、法の支配が挫折する過程でもある」（長谷部⑨一六二頁）。これは私人間適用論と表裏をなす議論であるともいえよう。ここでは個人と国家が対峙する状況が理念として受け入れられているように見える。しかしそのことから、現実に存在する「社会的権力」に対して憲法上の権利を私人間適用することに消極的な帰結が生ずる、ということではないようである。

❖国の基本権保護義務論による考え方

憲法の基本目的に関する論議に関してとは異なり、私人間適用に関する最近の議論状況においては、松井・長谷部両説は必ずしも中心的な役割を演じているわけではない。そこで補足として、最近の議論における焦点の一つである、国の基本権保護義務論からの私人間適用論の再構成の試みに言及しておきたい。

**国の基本権保護義務**とは、国の憲法上の作為義務であり、その目的は、生命・健康その他の基本的法益を第三者による侵害から防禦することである。したがって、基本権保護義務は、国・要保護者・侵害者という三者から構成される、法的三極関係を構造上の特徴とする。国は、基本権の「敵」から、基本権の「敵」＋「擁護者」へと役割を転換する。私人による人権侵犯問題を憲法問題として構成する鍵は、第三者の侵害から各人の基本権法益を保護すべき国の義務である。保護義務論は、国家と私人のあいだに、基本権尊重関係に加えて基本権保護関係を設定することによって、基本権的救済の対象を私人による侵犯に拡張する（小山⑪三一七〜三二〇頁）。

**私人間適用論**を以上のように保護義務論的に構成することは、現在のドイツにおける判例・通説である。しかしこれに対して従来の通説を代表する芦部からは、次のような批判がなされている。つまり、防禦権としての人権論を原則ないし基本に置かないと、日本の伝統と戦後の憲法状況の下では、人権に不当な国家権力の介入を招く恐れが大きくなるのではないか(芦部③二三〇頁)、といったことである。このような批判に対しては、保護義務論的構成を主張する側も弁明を行っている。この構成は、自己決定という私的自治の本質には手を触れず、私人相互間の私法関係に対する基本権を根拠とした介入は、自己決定を前提としつつ、自己決定の「尊重」に加えて自己決定の「保護」をはかるものである(小山⑪三二〇頁)。また、この構成はリベラリズムの思想に基づく、とも説明されるのである(山本⑫(二)二六~二八頁)。もっともこのような弁明が、ドイツにおける判例・通説の意味における保護義務論なのかどうかは、意見が分かれうるところである。ドイツ流の保護義務論は私的自治を挟めるものだという意見は少なくない。それはともかく自己決定あるいは私的自治さらには私的空間を重視するという点では、日本における保護義務論擁護者も通説も共通である。見解の分かれは、国家による自己決定・私的自治・私的空間の保護という観念を正面から認めるかどうか、それを認めることが日本国憲法に適合的なこととみなすかどうか、さらには日本の憲法状況にふさわしい理論構成かどうか、といった点にあるのである。

## 憲法は家族内部にも適用されるのか

### ❖家族法の憲法化

従来の日本憲法学は、家族に関する問題を扱わず、その検討を民法学などに委ねてきた。この状況が変化したのは一九九〇年代になってからである。アメリカでは、日本より一足先に一九六〇年代後半以降、連邦最高裁が家族に関する事例について憲法判断を行い、かなりの事例で違憲判決を下すようになっていた。そのような状況は、「**家族法の憲法化**」現象と呼ばれた。そのような動向に刺激を受けて、日本においても近年では、男女の婚姻適齢に差をつけている民法七三一条、女性の再婚禁止期間に関する民法七三三条、夫婦同姓を定める民法七五〇条、非嫡出子の相続分に関する民法九〇〇条四号但書などの合憲性が、裁判で争われ、学説上も議論され、さらには民法改正作業も行われるようになっている。また一つの中間団体としての家族の位置づけが、憲法論としても論じられるようになっている。

**家族に関する憲法論**的な考察という点に関しても、芦部、松井、長谷部各説は必ずしも一致しているわけではない。おそらく最も特徴的な見解は、プロセス理論の立場からのものである。それによると、「家族の形成・維持に関する自由」が憲法二四条で保障されるけれども、それは政治参加のプロセスに不可欠な権利とはいえないので、裁判所としてはその制約を緩やかに審査すべきである、とされている。しかしこの立場でも、性差別については、憲法一四条の下で厳格審査に服すべきだとされている。また非摘出子の相続分にかかわる事件についても、社会的身分による不合理な差別として違憲とすべき、と述べられている(松井④三八〇〜三八一頁、五二四〜五二八頁)。したがって、家族にかかわる具体的な憲法問題についての判断は、多くの場合、他の憲法学説と結論的にはそれほど変わるものではないようである。また、リベラリズムの理念に基づいて、公共空間を担う主体を養成するための家族への介入は正当化されるといった議論は、理論的可能性としては成立しうる。そしてそれによって、従来の通説的な意味における私的自治の領域とリベラリズムの意味における私的空間の間が必ずしも重ならなくなるといった可能性も存在しうる。しかし日本におけるリベラリズム憲法学は、現在のところそのような特有な議論を行うまでに踏み込んではいないようである。

「家族法の憲法化」とされる状況は、憲法の私人間適用という問題と、若干議論の仕方を異にしている。私人間適用の場合は、従来の通説の枠組みで言えば、裁判所が私人間の紛争を判断する法律規定を解釈する際に、憲法の趣旨を読みこんで適切な紛争解決を導くというものであった。それに対し、家族問題への憲法の適用といわれる場合は、家族内部の紛争を解決する民法規定自身の合憲性が問われていることが多いのである。通常の意味の私人間適用と次元が同一なのは、たとえば、事実行為となるが家庭内暴力のような事例であろう。しかしこの種の問題を憲法学的に処理することには、かなり難しい論証が必要となろう。

**❖公私二元論批判**

ではなぜ従来憲法学は家族の問題を議論の対象としてこなかったのか。フェミニズムによる研究の成果を憲法学に導入した著作は、次のような説明をしている。

一七世紀イギリスの思想家**フィルマー**は、家族と国家のアナロジーにより王政を家父長制的発想によって正当化した。これに対し**ロック**は、このアナロジーを否定し、政治の領域を社会契約という概念を使って説明することによって、家父長制的な要素を家族の領域内部に封じこめた。こうして成立した政治と家族という公私二元論が、近代を特徴づけている。近代市民社会の構成員は家長であった。戦後日本の憲法学はロックの個人主義をパラダイム的に扱ってきたが、ロックの個人主義はそのような家父長制的なものを内包している（中山⑯）。従来憲法学が家族の問題を扱ってこなかったのは、憲法は政治の領域に関する規範だと考えられてきたからだ、ということになる。

この研究はさしあたり思想史研究であった。しかし**フェミニズム**は、有名なスローガン「個人的なことは政治的である」に示されるように、家族のような私的な領域にこそ女性抑圧の原因がある、私的領域における不平等が公的領域における不平等の原因となっている、として公私二元論自体を厳しく批判したのであった。

ここでこれまでの議論との関係で注意すべきことが、さしあたり三つある。まず第一は、これまで扱ってきた公私の区分論とここでフェミニズムなどが批判している公私の区分論は同一ではない、ということである。フェミニズムなどが批判する**公私区分論**は、政治の領域と家族の領域の区別論であった。したがって、たとえば民間の会社が労働者を雇い入れるという関係は、憲法学がこれまで扱ってきた枠組みでは私的な関係となるが、フェミニズムの意味における二分論では私的領域には入らない、ということになるのである。言い換えれば、フェミニズムなどが行う公私二分論批判が正当であっても、憲法が直接規制の対象とする領域と私的自治に委ねられる領域といった、従来の意味での公私区分論は維持され得るということになる。

第二に、フェミニズムなどの公私二分論批判は、必ずしも公私の区分それ自体をすべて否定するというように理解すべきではないであろう、ということである。フェミニズムの立場をとっても個人のプライバシーは否定されるわけではない。この立場においても私的領域は保護されると考えられているはずであり、その意味での公私の区分が全否定されるはずはないと思われる。

しかし第三に指摘しなければならないのは、公私の区分論に大きくは二種類があることと対応して、実は公私区分批判論にも二種類があるということである。この講義で先に扱った公私区分批判論は、政治と家族の二分論を批判するものであった。これに対して、公的な領域と私的自治の領域を区別する従来の意味における公私区分論を批判する主張も存在する。その代表的な例は、アメリカにおける「批判的法学研究運動」の主張であろう。この論者の間でもニュアンスはさまざまであるが、公私区分することのイデオロギー性を指摘することに焦点が当てられている、とまとめることができよう。たとえば、この区分を想定することが、私的な、主として企業の支配を正当化し、本当の参加や民主主義の欠如を隠ぺいし、それが生み出す無力感を個人的レベルに矮小化する、といったことが主張されている。前述した松井教授の立場は、このような批判を踏まえたうえで、公共的領域を重視する方向へ公私区分を再構成しようとしたものであった。また芦部・長谷部両説は、このような批判にもかかわらず守るべき私的領域を論じたものだったのである。

## 結びに代えて

この講義の第一の目的は、憲法の基本目的は人権保護か政治的プロセスの確立か、憲法は私人間にも適用されるのか、憲法は家族の内部にも適用されるのかという、伝統的であると同時に、現在も新たな観点で論じられ続けている基本的な論点について、最近の日本憲法学の議論状況を整理することであった。しかしこの講義の仕掛けはむしろ、それらの議論の背景に公私の区分に関する議論が共通に存在することに光をあてるという、第二の目的を用意しているところにあった。そしてさしあたり、従来から憲法学が議論してきた公的領域と私的領域の区別論に関して、最近では、憲法上の権利が私的空間と公的空間を切り分けると考えるか、何が公共的空間かも政治的な決定に委ねられていると考えるか、あるいは公私の区分を前提としたうえで国家が私的空間を保護する作為義務を負っているという観念を一般的に認めるかどうか、といった対立が存在することを確認した。しかしそのようなこれまでの憲法学における公私区分論と、フェミニズムなどが批判する政治の領域と家族の領域という意味での公私区分論との間には、さらにより大きな次元の違いが存在することも確認することができた。

しかし**公私の区分**という思考に関しては、さらに補足的な考察を行う必要がある。まず第一は、**行政法学における公法・私法論**との関係である。従来、法律学において公私の区分を議論してきたのは行政法学であった。そこでは行政法学の出発点として、行政に関する法現象の中で、行政法とそうでないものを理論的に区別することに関心が向けられてきたのである。このことに関する長い論争史にここで触れる必要はない。おそらく今日の行政法学は、公法・私法二元論には、裁判手続の決定基準の明確化、適用法規の決定基準の明確化、といった意味での実践的な意義はない、と考えているようである。このような意味での行政法学における公私区分論は、憲法学における公私区分論とは直接の関係はなさそうである。国が私法的な契約をしたからといって憲法の拘束を受けないとは通常考えられていないし、また私法の領域についてなされる立法についても憲法の拘束があるのは当然と考えられている。憲法学にとって、現行法を公法か私法かに区別することから解釈論上の「実益」を求めようという関心は始めからなかった、と思われる。しかし、行政法学における公法・私法の区別論の背景には、「公法を適用されるべき社会的現象」と「私法を適用されるべき社会的現象」の区別という考え方があり、それは法思想史的には、「国家」と「社会」の区別、あるいは「公的なるもの」と「私的なるもの」との区別という観念の一表現形態としての面ももっている、と指摘されることがある（藤田㉑二五〜四六頁）。この法思想という次元まで遡るのであれば、行政法学における公法・私法の区分論も、憲法学において従来論じられてきた公私の区分と共通の基盤をもっている、ということができるであろう。

＊　もっともある最高裁判決は、国が行う私法上の行為は、憲法九八条一項の「国務に関するその他の行

為」に該当しないとして、直接的な違憲審査を行わなかった（判例①）。しかし、同判決の伊藤正己裁判官の補足意見が指摘するように、従来の最高裁判決のなかにも、国が行う私法上の行為について、憲法適合性を判断する場合があった。判例①の判断に対しては、憲法・行政法の学説の多くは批判的である。

また第二にここで触れておく必要があるのは、**政治哲学や法哲学における公私の再編成**に関する議論である。このテーマは、これらの学問領域においても、現在流行の論点である。そのような議論においては、国家が代表する公的領域と、私的・経済的な領域の間に、市民が担い手となる公共的な領域を設定しよう、という方向性を認めることができる。もっとも、この流れの中にも、福祉国家を「小さい政府」に転換して、市民の自助の場として公共的な領域を設定しようとする立場と、市民の自発的なネットワークを新しい民主主義の担い手として位置づけようとする立場が並存している。この講義で先に見た、長谷部説や松井説は、このような政治哲学・法哲学などの状況に対する、それぞれの仕方での回答という意味をもつものである。松井説は、市民的な公共へ期待をかける共和主義に明示的に親近感を示している。これに対し長谷部説は、そのような市民的公共的な領域が創出されてきたとしても維持されるべき公私の区分について論じている、といえるであろう。今後の方向性としては広く承認されていると思われる新たな**市民的公共性**をいかに位置づけるかは、自己の憲法理論を構築するに際して根幹にかかわる問題であるだけに、憲法学はこれからもこの点について論じ続けていかなければならないであろう。また反対に、政治哲学や法哲学が公私の再編に関して議論するに際しては、新たな公共的課題を担う主体は憲法的拘束を被るかどうか、といった、従来から憲法学が議論してきたような論点も考慮に入れるべきである、という指摘をすることもできるだろう。

なお、フェミニズムなどが批判する公私区分論は、それ以外が論ずる公私区分論とかなり違うものである、ということはさきに述べた。しかしそれは両者が全く関係のないものである、ということではない。フェミニズムなどの主張は、私的な領域のあり方だけではなく、公的な領域のあり方に対しても反省を迫るものであった。また、たとえば介護のような、伝統的には家族によってなされる私的なことがらとされてきたものに対して公的な制度が導入されるといったことによって、従来の意味での公私の領域の境界にも変化がもたらされた、とみる可能性もありうるのである。

このようなさまざまなことをかなり自由に論じてきたこの講義が、これから憲法学を学ぼうとする読者、あるいは一通り憲法学を学んだうえで本書を手にした読者それぞれに対して、幅の広さ、奥の深さといった憲法学のもつ魅力の一端でも示すことができたならば幸いである。

〈ステップアップ〉

従来の通説の代表として扱った芦部憲法学は、**芦部**①、**芦部**②に最終的な形で示されている。また最後の論文集である**芦部**③には、最近の憲法学の展開に対する芦部憲法学による対応が含まれていて興味深い。現在における新しい憲法学の一方の担い手として紹介した松井茂記教授の体系は、**松井**④によって知ることができる。

またプロセス理論の立場からさまざまな批判に答えた論文である**松井**⑤、**松井**⑥も重要である。もう一方の立役者とした長谷部恭男教授の体系書は、**長谷部**⑦である。同教授がリベラリズム憲法学をわかりやすい語り口で描いた**長谷部**⑧、より立ち入って論じている論文集である**長谷部**⑨も参照すべきものである。

プロセス理論とリベラリズムの間においては現在論争が継続中である。この点に関する両教授以外の文献としては、まず**阪口**⑩を参照すべきであろう。国の基本権保護義務論については、**小山**⑪および**山本**⑫が基本的である。私人間効力に関する最近の学説研究として、**君塚**⑬、**君塚**⑭。憲法学による家族に関する先駆的な研究として、**米沢**⑮。家族論に関する思想史的研究としては、**中山**⑯が代表的である。公私二元論との関係においては、**キムリッカ**⑰および**野崎**⑱が教示に富んでいる。「批判的法学研究運動」に関しては、**ケアンズ編**⑲。

行政法学における公法・私法論については、さしあたり学界権威の体系書、たとえば、**塩野**⑳や**藤田**㉑を参照すべきであろう。最近の政治哲学などにおける公共性論については、まず**齋藤**㉒が手がかりとなる。また法哲学会という場における、さまざまな研究領域を背景として報告と討議の記録として、**日本法哲学会編**㉓。このような動向に対する憲法学からの対応に関しては、**本**㉔。

なお、この講議に関連する私の論稿としては、まず書評の形をとった長谷部憲法学へのコメント**渡辺**㉕がある。また、芦部、松井、長谷部説を違憲審査制論の場面で比較検討する**渡辺**㉖。家族に関する政治思想史的研究として、**渡辺**㉗。

なお、この講議では、判例はほとんど扱わなかった。一つだけ言及したのは、**判例**①「百里基地訴訟最高裁判決」である。この判決は、いろいろな論点を含んでいる興味あるものである。

① 芦部信喜『憲法（第三版）』（岩波書店、二〇〇二年）

②　同『憲法学Ⅱ人権総論』（有斐閣、一九九四年）
③　同『宗教・人権・憲法学』（有斐閣、一九九九年）
④　松井茂記『日本国憲法（第二版）』（有斐閣、二〇〇二年）
⑤　同「プロセス的司法審査理論　再論」佐藤幸治先生還暦記念『現代立憲主義と司法権』（青林書院、一九九八年）六七頁以下
⑥　同「なぜ立憲主義は正当化されるのか（上）（下）」法律時報七三巻（二〇〇一年）六号八八頁以下、八号六二頁以下
⑦　長谷部恭男『憲法（第二版）』（新世社、二〇〇一年）
⑧　同『憲法学のフロンティア』（岩波書店、一九九九年）
⑨　同『比較不能な価値の迷路』（東京大学出版会、二〇〇〇年）
⑩　阪口正二郎『立憲主義と民主主義』（日本評論社、二〇〇一年）
⑪　小山剛『基本権保護の法理』（成文堂、一九九八年）
⑫　山本敬三「現代におけるリベラリズムと私的自治（一）（二）」法学論叢一三三巻（一九九三年）四号一頁以下、五号一頁以下
⑬　君塚正臣「伝統的第三者効力論・再考（一）（二）」関西大学法学論集四九巻五号（一九九九年）一一三頁以下、四九巻六号（二〇〇〇年）四五頁以下
⑭　同「第三者効力論の新世紀（一）（二）」関西大学法学論集五〇巻五号（二〇〇〇年）一二四頁以下、五〇巻六号（二〇〇一年）一〇五頁以下
⑮　米沢広一『子ども・家族・憲法』（有斐閣、一九九二年）

⑯ 中山道子『近代個人主義と憲法学』（東京大学出版会、二〇〇〇年）
⑰ W・キムリッカ著、千葉眞ほか訳『現代政治理論』（日本経済評論社、二〇〇二年）第七章
⑱ 野崎綾子「正義論における家族の位置」国家学会雑誌一一三巻一一・一二号（二〇〇〇年）六七頁以下
⑲ D・ケアンズ編、松浦好治＝松井茂記編訳『政治としての法』（風行社、一九九一年）
⑳ 塩野宏『行政法Ⅰ（第二版増補）』（有斐閣、一九九九年）
㉑ 藤田宙靖『行政法Ⅰ（総論）（第三版再訂版）』（青林書院、二〇〇〇年）
㉒ 齋藤純一『公共性』（岩波書店、二〇〇〇年）
㉓ 日本法哲学会編・法哲学年報二〇〇〇『〈公私〉の再編成』（有斐閣、二〇〇一年）
㉔ 本秀紀「『市民的公共圏』と憲法学・序説」法律時報七三巻一号（二〇〇一年）六二頁以下
㉕ 渡辺康行「書評・長谷部恭男『憲法学のフロンティア』」長谷部恭男編『Best Selection 憲法本41』（平凡社、二〇〇一年）一五四頁以下
㉖ 同「多数だけでは決めない仕組み」樋口陽一編『ホーンブック憲法（改訂版）』（北樹出版、二〇〇〇年）二九六頁以下
㉗ 同「家族と憲法」樋口陽一編『講座憲法学4』（日本評論社、一九九四年）一六三頁以下

判例①――最判平成元・六・二〇民集四三巻六号三八五頁

（渡辺康行）

Bridgebook

# 第2講義 基本的人権の種類と範囲
## ——人権とされるもの・されないもの

### 人権とは何か

#### ❖日常生活における「人権」

「人権」という言葉にはいろいろな使われ方があるようだ。

一二月一〇日が何の日か知っている人はそう多くはないかもしれない。一九四八年一二月一〇日に世界人権宣言が採択されたのを記念して、国連がこの日を「人権デー」と定め、加盟国などに人権思想を拡げるための行事を実施するように呼びかけているのだ。日本では、毎年一二月四日から一〇日までを「人権週間」と定め、講演会の開催や街頭での呼びかけなどの活動を行っている。

また、**人権擁護委員**という名前には聞き覚えがあるだろうか。これは法務大臣が地域の中で人権思想を広め、人権侵害が起きないように見守ることを目的として委嘱した民間のボランティアで、現在、約一万四〇〇〇人の委員が全国に配置され、講演会や座談会を開催したり、地元の法務局の人権相談所や自宅などで住民からの人権相談を受けるなどの活動を行っている。また、一九九四年度から、子どもに固有の問題に対処するため、人権擁護委員の中に子どもの人権問題を専門的に取り扱う「子どもの人権専門委員」（**子ども人権オンブズマン**）が設けられ、全国で約七〇〇人が活動している。

さて、これらの活動によって保障しようとしている「人権」とは何だろうか。「学校やクラブ活動などでのいじめやリンチ」、「先生からの体罰」、「みんなからの仲間はずれ」、「出身や社会的身分などによる差別」、「いわれのない変なうわさ」、「職場でのいやがらせ」、「家主や地主からの一方的な追い立て」、「障害のあることを理由にした差別や不当な扱い」、「親による結婚の妨害」、「夫からの虐待や離婚の強制」、「女性という理由だけでの不当な取扱い」、「ひどい騒音、悪臭、ばい煙などの被害」、これらはすべて人権侵害だといわれることがある。

このような事件が起きたときには、各地の法務局の**人権相談所**や人権擁護委員が相談を受け、事件を調査した上で加害者や関係者に対して人権尊重の重要性を説明し、理解してもらうようにしている。二〇〇〇年には人権擁護委員に対して一七万件近い相談が寄せられている。さらに、一九九六年七月からは、より実効性のある解決を目指して「**人権調整専門委員制度**」が設けられ、人権侵害が原因で当事者間に紛争が生じている事件については、人権擁護委員の中から指名された人権調整専門委員が当事者双方への説得・助言等を行い、また必要に応じて解決案等を提示するなどの活動を行っている。

**❖憲法上の「人権」**

それでは、ここでいう「**人権**」と、日本国憲法が第三章で列挙している人権ないし「**基本的人権**」の関係はどうなっているのだろうか（ちなみに、憲法学では憲法が保障する「人権」と「基本的人権」は同じ意味で使うことが多い）。たとえば、憲法一四条の「法の下の平等」の保障は差別を受けない権利を保障し（あるいは差別を禁止し）、一三条は「生命・健康」の権利を保障している。後でも述べるが、名誉やプライバシーに対する権利も同じく一三条によって保障されていると考えられている。それでは、ほかの生徒にリンチを受け、職場の同僚から名誉を傷つけられ、会社から性別や出身を理由に差別され、工場のひどいばい煙で健康を害された人は、右で見た人権相談などとは別に、憲法の一三条や一四条などの規定を用いて相手方を裁判に訴えることができるのだろうか。

答えはノーだ。もちろん、場合によっては民法によって損害賠償を求める裁判を起こしたり、白分を傷つけた相手を警察に訴え、刑法による処罰を期待することができることもある。これはそれぞれの法律の定めによる。しかし、憲法の規定を直接の根拠にして相手を訴えることはできないというのが原則なのである。これは、日本国憲法を含む近代憲法の本質が公権力を制限することにあり、そのため憲法が保障する人権はもっぱら公権力（つまり、国や地方公共団体）に対して主張すべきものとされてきたことに原因がある。この点については、後でも触れるが、あわせて第**1**講義および第**3**講義も参照してほしい。

しかし、そうであるにしても、他から（それが国だけでなく、他の個人や団体であっても）差別されず、精神的にも身体的にも傷つけられないという利益のベースが、憲法の保障する人権の理念にあることは否定できない。

憲法が保障する**基本的人権**とは、「人間が自由と生存を確保するために必要な一定の権利を、人間であることのみによって当然に生まれながらに有することを前提として認め、そのような権利を憲法があらためて法的な権利として確認したもの」といわれている。ここでいう人間が生まれながらに当然に有する「自由と生存を確保するために必要な一定の権利」こそが右に見てきた社会生活において主張される「人権」なのであり、これが憲法によって確認され、法的権利として憲法の中に取り込まれることによって「**憲法上の人権**」となるのである。人権とは憲法によって創り出されたものではないのだ。

右に見てきたさまざまな「人権」とは憲法が保障する「法的権利」の根底にある「理念的」あるいは「道徳的」な権利だということができよう。つまり、理念的権利としての人権は誰に対しても主張することができ、また場合によっては民法などの法律によって保障されることもあるが、法的権利としての憲法上の人権は、近代憲法の原則に従って、国（および地方公共団体）に対してしか主張できないということになるのである。

一つ例を挙げると、人間は生まれながらに自由に思ったことを言う理念的あるいは道徳的権利を有しており、それを誰に対しても尊重するように要求することができる。そして別の個人（あるいは会社、団体等）によってそれが妨害されたときは、お互い話し合いの上で解決するか、あるいは民法等の法律によって解決を図ることになる。しかし、憲法二一条を持ち出してダイレクトに表現の自由を主張することができるのは国（および地方公共団体）に対してだけなのである。一般には広くこの両方の場合を含んで「人権」という言葉が使われるが、憲法学においてはもっぱら後者の場合だけを取り上げるというわけだ。

### ❖人権の根拠としての「個人の尊重」・「人間の尊厳」

それでは、このような人権を、なぜ人間は生まれながらに有するといえるのか。かつては、それは神によって与えられたとか（天賦人権）、自然法や理性に基礎をおくと考えられていたが、現在では、「個人の尊重」あるいは「人間の尊厳」にその根拠が求められるようになっている。すなわち、一人ひとりの個人こそが何にも代えがたい最高の価値であり、そのような個人を尊重するために必要な権利は当然に人間に備わっていると考えるのである。このことは、憲法一三条が「すべて国民は、個人として尊重される。」と定めているところにも表れている。

なお、個人の尊重あるいは個人主義は、戦前における全体主義的思想を排除するという意味でも重要であるが、他方、個人主義を強調しすぎるとエゴイズムに至るという危険も指摘される。これに対しては、エゴイズムを否定して全体の中に秩序づけられた個人の尊重を「人間の尊厳」という言葉で保障しようとしているドイツ憲法の考え方に即して「個人の尊重」を理解すべきだという考え方が参考になるだろう。

### ❖人権の国際的保障

このように「個人の尊重」あるいは「人間の尊厳」に人権を基礎づけようとしているのは日本国憲法に限ったことではない。諸外国の憲法はもとより、世界人権宣言を法的拘束力あるものとして実施するために一九六六年に国連総会によって採択された国際人権規約の前文も、人権は「人間の固有の尊厳に由来する」としている。日本は一九七九年に国際人権規約を批准し、その拘束を受けることになった。憲法九八条二項は「日本国が締結した条約……を誠実に遵守すること」をうたっており、また、なにより人間の尊厳という同じ人権原理に立脚していることからいっても、憲法による人権保障の不足を補い、それを拡充するために、国際人権規約が保障している豊富な人権は重要な意味を持っている。実際、最近では国際人権規約の規定を裁判の中で直接に適用する判決も見られるようになっている。

もっとも、国際人権規約などの、人権に関する国際条約による人権保障にも問題がないわけではない。たとえば国際人権規約A規約（社会権規約ともいう）九条の定める社会保障についての内外人平等主義（国民と外国人を平等に扱う）やB規約（自由権規約）二四条の三のすべての児童が国籍取得権を持つとの規定などは、日本国憲法を補充する意味を持つが、逆に、B規約二〇条の戦争宣伝および差別等の煽動の禁止は、憲法二一条の表現の自由の保障を制約する可能性がある。このほかにも、人権に関する国際条約は、状況の異なる多くの国々が協議し、場合によっては政治的配慮も加えながら作成するものであるために、必ずしも日本の人権保障にマッチしない規定を含むことがある。このような問題が明らかな場合は、前もって不適切な規定の適用がないようにするために「留保」あるいは「解釈宣言」という限定をつけた上で批准するという方法を採ることができるが、微妙な場合には国内で適用する際に調整する必要がでてくることもありうる。

なお、日本にも適用がある条約上の問題を離れて、より一般的に国際社会における人権のあり方を考えてみると、そこにはさまざまな問題があることに気づく。たとえば、アジア諸国は西欧由来の人権観念を「アジア的価値」によって修正することを主張しているし、世界各国に存在する少数民族は、マジョリティに吸収されることなく「独自の存在」としてあり続けるために、民族という集団そのものに権利を認めなければならないと主張している。このような主張は「個人が普遍的な人権を保障される」という西欧的な人権原理の根本を揺るがしかねない。

## 法的意味での人権の歴史

### ❖「生まれながらの人権」の成立

そもそも「生まれながらの人権」という考え方はどのようにできてきたのだろうか。

人権の保障といえば、イギリスにおける「**マグナ・カルタ**」（一二一五年）、さらには名誉革命の成果である「**権利章典**」（一六八九年）を思い起こすかもしれない。これらが国王の権力を制限することを目的とした文書であり、立憲主義の発展に大きな影響を与えたことは間違いない。しかし、この権利章典は、第六条において「前の（権利）宣言のなかで主張され、要求されている権利および自由は、そのおのおのが全部、この王国の人民の真の、古来から伝えられた、疑う余地のない権利および自由である」と宣言していることから明らかなように、その要求の根拠をイギリス人が古来から受け継いできた権利、すなわち歴史的な権利に求めていることに注意する必要がある。

人間として誰でも生まれながらに有する権利という考え方が初めて宣言されたのは、一七七六年から八九年にかけてアメリカの諸邦が制定した憲法においてである。そのなかでも最も早く一七七六年六月に採択された**ヴァージニアの権利章典**は、「すべて人は生来ひとしく自由かつ独立しており、一定の生来の権利を有するものである。」と宣言しており、同じ考え方は翌月の**アメリカ独立宣言**でも高らかにうたわれている。もっとも、ここでうたわれている権利の実質はイギリス人として有する伝統的な権利・自由であり、それを一八世紀に力を得た自然法思想によって基礎づけ確認したところにアメリカの特徴がある。このアメリカの人権宣言の影響を受けながら、人権そのものを抽象的な人間一般に備わるものとして徹底したのが一七八九年のフランス革命における「**人および市民の権利宣言**」である。フランスにおいては、それまでの権利保障が貴族や庶民といった身分に応じた権利の保障であったのを否定し、すべて平等な市民の権利として人権を保障するという考え方が確立されたのである。こうして近代憲法の核心をなす人権保障の基礎が築かれたということができる。

人権保障を憲法の基本的要素とする考え方は、その後各国に拡がっていくが、ドイツや日本のように近代市民革命を経ずに上からの近代化が進められたところでは、「人権」も君主によって恩恵的に与えられた権利だとされたのである。このような「生まれながらの人権」という考え方に基づいていない憲法における人権宣言は「**外見的**（**見せかけの**）**人権宣言**」と呼ばれる。明治憲法において採られていたこのような考え方を根本的に変更し、人間固有の人権という考え方を日本に取り入れたのが日本国憲法なのである。

### ❖「憲法上の人権」の確立と社会権の誕生

フランス革命を経てヨーロッパ各国に拡がった人権思想の内容の特徴は、もっぱら「国家からの自由」、すなわち国家権力から個人の自由を守る権利であったことにある。これは一九世紀までにおいては人間の権利や自由に対する最大の脅威が事実上も理論上も国家であったことによる。一九世紀に強い影響力を持った自由主義思想も、もっぱら国家権力からの個人の自由を強調した。こうして、憲法上の人権とは国家に対して主張されるべきものだという考え方が確立したのである。

さて、一九世紀の末頃から資本主義が高度化し、企業（工場）に労働者が雇用されるようになるが、少ない働き口に多くの労働者が殺到したために、雇われるためには労働者は安い賃金、低劣な労働環境に甘んじざるを得ず、企業はこれを「契約の自由」によって正当化することができた。雇う側も雇われる側も納得の上で安い賃金での雇用契約を結んだのなら、他人も政府も口を出すべきではないというわけである。しかし、実際には、雇われる側には納得しない自由はなかった。このような労働者の悲惨な状況の改善を目指す社会主義思想が次第に有力になり、一方で参政権の拡大に伴い大衆の政治参加が実現していったことによって、国の果たすべき役割に対する考え方が次第に変化していった。このような新しい考え方は、たとえば二〇世紀初頭のアメリカにおけるさまざまな経済規制・社会改革立法に見ることができるし、さらにこれを憲法に規定した有名な例としては一九一九年のドイツの**ワイマール憲法**を挙げることができる。同憲法一五一条一項は「経済生活の秩序は、すべての人に、人たるに値する生存を保障することを目指す、正義の原則に適合するものでなければならない。各人の経済的自由は、この限界内においてこれを確保するものとする。」と規定し、社会・経済的に弱い立場にある人々の保護が国の責務であることを明らかにすると同時に、経済的自由権がもはや絶対ではなく、社会的正義の原則に拘束されるものであることを宣言したのだ。

このように、一九世紀的な自由権の弊害を是正し国民の福祉の向上を図ることを国家の責務とし、そのための国の行動を要求することを国民の権利とする社会権の理念は、これ以降各国の憲法の明文規定に、あるいは裁判所による憲法解釈の中に取り入れられていくのである。日本国憲法もその代表的な例の一つということができる。

## 「人権」分類とその相対化

### ❖人権の分類

日本国憲法が第三章においてリストアップしている**人権のカタログ**は、右で見たような西欧的な人権思想の一つの結実といえる。そして、一三条から四〇条までの諸規定によって保障されているさまざまな権利を適切に理解するためには、それぞれの人権をその性質に応じて分類し、その特徴を明らかにすることが有用である。一般には、自由権、社会権、参政権の三つのグループに分類することが多い。

**自由権**とは、すでに述べたように、国家が個人の領域に対して権力的に介入することを防いで、個人の自由な意思決定と活動を保障する人権であり、最も早くから人権と認められていただけでなく、現在においても人権の中心的地位を占めている。自由権は、さらに精神的自由、経済的自由、人身(身体)の自由に分けられる。精神的自由は内面的精神活動の自由(思想の自由〔一九条〕、信仰の自由〔二〇条〕、学問研究の自由〔二三条〕)と外面的精神活動の自由(宗教的行為の自由〔二〇条〕、表現の自由〔二一条〕、研究発表の自由〔二三条〕の二つに区別して考えることによって、前者は原則として絶対的に保障され、後者は他人の人権等との調整という意味での制約を受けることがあるなど、権利保障の限界を明らかにしやすくなる。経済的自由には職業の自由〔二二条〕、財産権の保障〔二九条〕が含まれる。人身の自由の代表は適正手続の保障〔三一条〕である。公権力によって自由権が侵害された場合は、憲法を根拠に裁判所に救済を求めることができる。

**社会権**が生まれたいきさつはさきに述べたが、その特徴は経済的・社会的に弱い立場にある人々が国に対して積極的配慮・行動を要求する請求権的性格にある。権利内容としては生存権〔二五条〕を中心に、教育を受ける権利〔二六条〕、勤労の権利〔二七条〕、労働基本権〔二八条〕がある。なお、自由権とは異なり、社会権の場合は憲法の規定だけを根拠として権利の実現を裁判所に求めることはできず、裁判的救済のためには法律による権利の具体化が必要だと考えられている。たとえば生存権の場合を例に挙げると、「健康で文化的な最低限度の生活」の水準を客観的に定めることは難しく、また、福祉施策の実現には財政的裏付けが必要であるが、限られた国家予算をどのように配分すべきかは裁判所が判断できることではないので、国会による政策的・専門的判断を法律という形で示しておくことが必要なのである。

**参政権**は、国民が国政に参加する権利であり、それによって国家による自由権の侵害を防止し、社会権の適切な実現を図ることを支えるという重要な役割をになっている。これに含まれるのは選挙権・被選挙権（立候補の自由）〔一五条〕が中心であるが、より広くは憲法改正国民投票〔九六条〕、最高裁判所裁判官の国民審査〔七九条二項〕が含まれ、さらに公務就任権（公務員になる資格）を含める場合もある。

なお、**包括的基本権**〔一三条〕、**法の下の平等**〔一四条〕、および裁判を受ける権利と請願権を含む受益権（**国務請求権**）は、右の三種のどれかに入るのではなく、憲法ないし人権の全体に関わる総則的・根底的規定と考えられている。

### ❖分類の相対性

人権の分類は、考え方の大枠を理解するために役に立つが、一方でそれをあまり固定的に考えないように注意すべきである。たとえば、表現の自由は自由権の代表格であるが、表現行為には「受け手」がいなければ意味がないから、「受け手」の権利としての「知る権利」も表現の自由から導き出すことができると考えられている。しかし、「**知る権利**」は、単に思想や情報を受け取ることを公権力によって妨げられないという自由権としての性格を有するだけではなく、情報の公開を積極的に請求するという請求権的性格も併せ持っている。また、社会権についても、生存権や教育を受ける権利などは公権力によって不当に侵害されてはならないという自由権的な側面をもっているといえる。たとえば、実際には考えにくいことかもしれないが、国が税制などを大幅に変更し一定の国民が最低限度の生活を送ることも困難な状態に追い込んだとしたら、それは生存権の自由権的側面の侵害として裁判で争うことも可能になりうる。

大切なことは、右で見た人権を分類するに当たっての特徴を理解し、個々の人権がどの特徴を持つかをその人権が援用されるケースに応じて考えていくことである。

## 新しい人権

### ❖社会の変化と人間の尊厳

これまで論じてきたように、一定の権利が人権として憲法によって保障されるのは、それらが憲法によって「基本的人権」として指定されているからではなく、より根本的に、人間としての尊厳の保障に必要な権利であるからだとすると、日本国憲法が第三章で列記している諸権利のうちでも、一七条の国や地方公共団体への賠償請求権や四〇条の刑事補償請求権は人権のなかには含まれないことになろうし、逆に、人権として憲法上保障されるべき権利は同章に明記されているものには限られないということになろう。日本国憲法の人権のカタログは、他の国の憲法にくらべても比較的詳しいものということができるが、それでも、それらは歴史的に公権力によって侵害されることが多かった権利の中でも重要なものを列挙しているにとどまるのであって、あるべきすべての人権をもれなく書き込んでいるわけではない。したがって、憲法に書かれていなくても、社会の変化にともない、人間が尊厳ある存在として生きていくために必要な権利として憲法上保護するに値すると認められるようになった利益は、「理念的権利」ないし「道徳的権利」という抽象的な利益の段階から、新しく法の保護に値する「法的権利」として保障されるようになることもありうる。いわゆる「新しい人権」である。

## ❖幸福追求権

「新しい人権」を憲法上の人権として保障するためには、個人の尊重をうたい、「生命、自由及び幸福追求に対する国民の権利（一括して幸福追求権という）」を保障している憲法一三条を条文上の根拠として用いるのが適当であると考えられている。

憲法を制定してからしばらくの間は、**幸福追求権**とは、一四条以下に規定されている個別の人権の総称にすぎず、なんらの具体的権利を含むものではないと考えられていた。その実際的理由の一つは、次のようなものであった。すなわち、一三条の構造からいうと、幸福追求権は「公共の福祉」を理由とする制約を受けることになっているが、幸福追求権（とくに「自由」）が個別の人権の総称であるとすると二一条の表現の自由もそこに含まれることになり、その結果、表現の自由も公共の福祉による制約を被ることになってしまう。しかし、表現の自由という重要な人権は、他人の人権（名誉やプライバシーなど）を不当に侵害してはならないという制約は受けるとしても、「公共の福祉」といったあいまいで政策的な制約を受けることがあってはならないと考えられたのである。

けれども、とりわけ一九六〇年代以降の経済的発展および社会の複雑化によってさまざまな問題が生じ、それに対する法的対処の必要性が高まってきたことに伴って、新たな立法をリードし、さらに法律による対処が追いつかないときには直接に裁判的救済を受けるための根拠として、「新しい人権」の必要性が主張されるようになってきたのである。そのため、幸福追求権に法的権利性を認めるとともに、一三条の公共の福祉の内容を、権利に応じて厳密に画定していく考え方が広く支持を集めるようになった。学説のみならず、最高裁も、結論において一三条から一定の法的権利を導き出しうることを一九六九年の判決で認めた（判例①）。

もっとも、幸福追求権の内容に何が含まれるかについては、人間の尊厳に密接に関連する権利（人格的生存に必要不可欠な権利ともいう）に限定する考え方と、そのような限定はせずに、人間の行為の自由を広く一般的に含むとする考え方の二つがある。後者の考え方によれば、髪型を決める自由やペットを飼う自由、散歩をする自由なども幸福追求権によって保障されることになるが、裁判所によってどれだけ強く保障されるかは、それらの自由と人間の尊厳との関わりの深さによって決まるとされているから、そうなると両者の説は実際の事件の解決に関する限りは大きな違いはもたらさないということになるのかもしれない。

いずれの立場に立つかはともかく、現在のところ、判例によって「新しい人権」として認められるに至っているものとしては、プライバシー権（の一部）がある。

### ❖「人権」の絞り込み

さて、ここまで人権とは「人間がただ人間であることのみに基づいて当然に持っている権利」のことであり、それを憲法が二一条などの個別の条文や一三条で確認し保障しているのが憲法上の人権だといってきた。しかし、最近、人権という言葉の使い方はもっと慎重であるべきだという学説が主張されるようになってきている。

その代表的な学説によると、『『人権』というものは野性味ゆたかで生きのいいじゃじゃ馬みたいなものである。これをひとびとが憲法的秩序に適合するように飼い馴らすことによって、『人権』は『憲法が保障する権利』となる」のである。つまり、「人権」とは実定法の外にある道徳的、哲学的な存在であって、実定法である憲法が保障する権利の足りない部分を衝き、それを豊富にし活性化する役割を果たすものなのである。したがって、この考え方によれば、第一に、「人間が人間として当然に具わっている」ものすべてを人権と呼ぶのは適当ではなく、たいていの人が異論を差し挟めないほど重要なものに限って人権と呼ぶべきであるし、第二に、憲法に取り込まれて保障されるようになった権利は「憲法が保障する権利」と呼ぶべきであり、もはや「人権」と呼ぶべきではないということになる。

これに関連して、とりわけ「新しい人権」について、社会の変化に応じて柔軟に人権を拡大していくことは、「人権のインフレ化」を招くという指摘もある。あれも人権、これも人権ということになると、人権の重みが失われ、ひいては表現の自由などの憲法が明記している重要な人権まで保障が弱まってしまいかねないというのである。

また、憲法が明文で保障している権利をも人権と呼ぶとしても、「すべての人」が「生まれながらに有している」のが人権であるなら、「すべての人」ではなくもっぱら社会的・経済的弱者にとって意味を持つ社会権や、政治的意思決定能力を持つ「市民」を主体とする参政権は人権には入らないという見方もある。

さらに、最近では、憲法上の権利のうち「個人の尊重」「個人の自律」の核心をなす個人の権利は、「公共の福祉」を理由とする制限にも服さない「**切り札としての人権**」であるとする主張も有力になされるようになっている。

これらのように「人権」という観念を限定的に捉えようとする立場に対して、学説の多くは、「個人の尊重」あるいは「人間の尊厳」を実質的に保障するために、社会の変化に対応して歴史的に発展してきた自由権、社会権、参政権を広く人権として捉えるという立場を維持しているといえよう。

### ❖近代的「人権」への挑戦

このような通説に対しては、別の方向からの批判も強くなってきている。一つは、これまでの人権論の根底には「自律する個人」あるいは「拘束されない自由な自己」という人間像があったが、実際の人間は、その属する共同体(社会)の歴史や伝統によって強い影響を受けている「状況づけられた自己」なのであり、共同体の価値をぬきにしては人間の良き生はありえないとする「共同体主義」からの批判である。また、人権はすべての人が普遍的に持つとされるが、実は男性のみが本当の権利を保障されているというフェミニズムからの批判も強くなっている。さらに、アメリカやカナダだけではなく、日本も異なった文化と伝統を持つ人々や民族が共生する社会になっているのであり、そこで各々の集団がみずからの文化に従って生きていくことを可能にするためには、個人だけではなく集団自身にも権利主体性を認めるべきだという一種の「多文化主義」からの指摘もなされるようになっている。このほかにも、近代が生み出したあらゆる抑圧的要素を否定する「ポスト・モダニズム」や、人間中心主義を衝く「環境保護主義」ないし「生態学」に基づく批判などもある。

このように、西欧近代社会において成立し発展してきた「人権」という考え方は、現在、さまざまな方面からの再点検を迫られているのである。

〈ステップアップ〉

① 中村睦男「人権の観念について」法学教室二〇六号（一九九七年）四頁

明治憲法から日本国憲法への人権観念の展開をオーソドックスな視点から描くとともに、「人権」に関する諸概念・用語法をわかりやすく説明している。内容は充実しているが、講演の記録なので、とても読みやすい。

② 樋口陽一『一語の辞典・人権』(三省堂、一九九六年)

人権とは、あくまでも個人のものだという立場をとりつつ、「思想としての人権」および「法制度のなかの人権」をシャープに描き出す。人権に関するさまざまな問題についての鳥瞰図を得ることもできる刺激的な一書。

③ 棟居快行ほか『基本的人権の事件簿(第二版)』(有斐閣、二〇〇二年)

パーマを禁止する校則や夫婦別姓、輸血拒否、景観の保護、嫌煙権、内申書開示など、身の回りのさまざまな出来事のなかに含まれる憲法問題を解き明かす。教室で学ぶ人権理論を現実の生活との関わりの中で理解することができる。

④ 松井茂記「『ほっといてくれ』の憲法学から『みんなで一緒にやろうよ』の憲法学へ」紙谷雅子編『日本国憲法を読み直す』(日本経済新聞社、二〇〇〇年)

人権とは人間が生まれながらに当然に持つ権利であり、憲法はそれを確認しているに過ぎないという通説の人権観念に異議を唱え、憲法とは統治のプロセスを定めたものであり、人権とはそのプロセスを支えるために憲法によって作られたものだと主張する。

⑤ 常本照樹「憲法の最前線あるいは最縁辺——先住・少数民族の権利」紙谷雅子編『日本国憲法を読み直す』(日本経済新聞社、二〇〇〇年)

個人を人権の主体と考える憲法と、民族という集団のメンバーであることにアイデンティティを見いだす人々はどのように折り合うことができるのか。アイヌ民族に関わる事件を手がかりに人権理論の射程を探る。

判例①——最大判昭和四四・一二・二四刑集二三巻一二号一六二五頁

（常本照樹）

Bridgebook

# 第3講義 国家の役割についての考え方
## ——宗教と経済への国家の関わり

### 何が問題か？

#### ❖国家は人民のために

この講義では、国家が何をなすべきであり、何をなしてはならないか、についての議論の一端を紹介しよう。言葉使いにうるさい人々（諸君も注意しておいた方がいいが、この手の人々は、言葉使いにだけうるさいものである）からは、「国家」といえるだけの実態を備えた組織がヨーロッパに誕生したのは古いことではない、というお叱りを頂戴するかも知れない。ならば、ここでいう「国家」は、もっと普遍性をもった他の適当な言葉、たとえば、政治社会、公権力、政府などと言い換えてもよい。

まずは、これだけは誰からも文句が出ないという議論から紹介しよう。〈国家は人民のためにある〉

という思想がこれである。この思想の典型は儒教で、統治者が、学問を納め、身を正しく持することによって、人民に「仁」を施すべきであると説いた。

**儒教**をカビの生えた古臭い思想だと笑ってはならない。日本陸軍が傀儡国家「満州国」の名目上の元首を探した折には、清朝のラストエンペラー愛新覚羅溥儀《あいしんかくらふぎ》や軍閥の頭目らと並んで、孔子の子孫も候補に挙がっていたという。七〇年前の昔話では納得がいかないという疑り深い人には、現代日本の姿をお見せしよう。今でも、国家の運営は学問を修めた（つまり試験でいい成績をとった）お役人に任せておけば安心だ、という考え方が根強く残っている。人々が国に何か嘆願しようとするとき、自分たちの選んだ国会議員よりも先に、霞ヶ関の官僚に陳情するのはその現れである。

さて、古代哲学の世界で、**孔子**（551B.C.-479B.C.）が東の横綱だとすれば、西の横綱は言わずと知れた**アリストテレス**（Aristoteles, 384B.C.-322B.C.）である。大は天体の運動から小はミツバチの尻振りダンスに至るまで、後に「アリストテレスはすべてのことを言った」という冗談が生まれたほど森羅万象に通じた大学者はまた、政治学の開祖としても知られている。彼も、国家の目的は人民の福祉を最大にすることであると説いているが、人々を幸福にできる国家は、あまりに小さくて自給自足できないようでは困るし、あまりに大きくて人々の顔が見えないようでも困る。最適規模の国家、つまりはギリシャのポリスが理想である。

こうした、比較的小ぶりの国家が国家本来の役割を果たすうえで望ましいという考え方は、少なくとも一八世紀まで西欧の政治思想を支配した。大規模な国家は、主権者の威令を国の隅々に及ぼす必要上、どうしても専制的にならざるを得ず、それが証拠に、イングランドよりもフランスが、フランスよりもトルコが、トルコよりも中国が、より専制的で人民の自由を抑圧しているではないか、というのである。そこで、一七八〇年代の後半、新たにアメリカ合衆国憲法を制定して強力な中央政府を作り出そうと提案した**フェデラリスト**（Federalists）とは、大国の方が、内部にさまざまな利害や見解の相違を抱えているがゆえに、小国よりもかえって自由を守りやすいという、当時としてはまったく斬新な発想で、反対派の**分権主義者**たち（Antifederalists）を論駁しなければならなかったのである。

### ❖その結果は？

もっとも、誰もが賛成する議論は、具体的な結論を導くには漠然としすぎていて、大抵は、権力を握っている支配者を実効的に拘束する手だてにはならない。儒教の本場、中国の歴代王朝ほど、支配者が勝手気ままに人民を搾取し抜いた国は珍しいが、それでも、支配者は人民に奉仕するために存在するのであってその逆ではない、という建前自体が疑われたことはない。余談ながら、文化大革命の時代、**毛沢東**（Mao Zedong, 1893-1976）の「御真影《ごしんえい》」の前で、かつて皇帝の御前で舞われた「忠の字踊り」が奉納されていたというから、彼は実は皇帝であり、共産党政権は「歴代王朝」の一つに列せられる、と見るのが正しかろう。実際、毛沢東ほど皇帝の使命の何たるかをしっかり自覚していた人は少ない。儒教の伝統では、皇帝は文化人でなければならないが、彼は詩作にかけては素人離れしていたし、それよりも何よりも、一九五〇年代後半の「大躍進」期には農民数百万人を餓死せしめ、六〇〜七〇年代の文革では、一説によれば二千万人を犠牲にして、非の打ちどころのない人民への奉仕振りを示したからである。

余談をもう一つ。前漢の儒教理論書『礼記《らいき》』王制篇によれば、天子は五年に一度諸国を巡幸すべきものである。その年の二月にまずは東方を巡り、泰山で天を祀《まつ》り、百歳以上の老人がいればみずから訪問する。また天子は、市場を覗き、取引されている品々を実見して、庶民が何を欲しているのかを知らなければならない。こういうと、古代中国の儒者も、今日のアメリカ連邦準備制度理事会や日本銀行と同様に、「市場との対話」を重んじていたかに見えるが、そうではない。民心が正しくないと、欲望もまた正しくない方向に偏ってしまう(「志淫すれば好み癖となるなり」)ので、人民が正しい欲求をもつように矯正するためなのである。

国家は人民の福祉ためにあるという万古不易《ばんこふえき》の真理の下、では国家は具体的に、何をすべきであり、何をしてはならないのか。ここでは、宗教と経済運営という二つのイシューに絞って、人々が何を議論してきたのかを概観しよう。

## 魂への配慮

### ❖ヒュームの死

一七七六年といえば、七月四日にアメリカ独立宣言が発せられたが、ヨーロッパでは、スコットランドの大哲学者**デーヴィッド・ヒューム**（David Hume, 1711-76）が八月二五日に死んだ。ヒュームの死は、当時の欧米の知識人には大ニュースとなった。それは、ヒュームが無神論者として名高かったからである。無神論者がはたして安らかな死を迎えられるのか、人々の関心はこの一点に集中した。

今日の我々から見れば、このことは二つの事実を示唆している。一つは、ヒュームがもう二百年も前の世で無神論者呼ばわりされていたとすれば、間違いなく火あぶりになっていたであろうものを、一八世紀にはそうならず畳の上で大往生を遂げることができたのだから、ヨーロッパがそれだけ宗教的に寛容な社会になっていたという事実である。第二に、それにもかかわらず、一八世紀のヨーロッパが、無神論者でも死の恐怖に慄《おのの》くことなく安らかに死ねるものかが人々の関心の的になるくらいに、依然として宗教的な情操に満ち満ちた社会であった事実も忘れてはならない。この点で、歴史家が「一八世紀は、二十世紀よりも一三世紀に似ていた」というのはもっともである。

### ❖来世の保障

近代以前の社会が、今日の社会と比べて圧倒的に宗教的色彩が強かったことはよく知られている。とくに中世の西欧はそうであった。基本的に世俗国家であった日本の中世・近世国家と比べると不思議な感じがするが、聖職者以外に知識人というものが存在しなかった西欧の中世社会で、宗教のもつ意味がどれほど大きいものであったか、今日では想像するのが難しい。古代ローマの崩壊後の西欧は、近代以降の輝かしい歴史から見るといかにも暗黒というに相応しい状態にあった。　粒の種子を蒔いてわずかに数粒の収穫が期待できるだけとあっては、大部分の人は、慢性的な栄養不良に苦しんでいたはずで、ちょっとした飢饉や疫病でも、大量の死者が発生した。平均寿命は多分二〇～三〇年程度、乳幼児期を何とか生き延びるだけで至難の業であった。ホッブス（Thomas Hobbes, 1588-1679）は、政治権力の存在しない「自然状態」においては、人生は苦しみに満ちていてしかも短いと述べているが、中世の西欧とて自然状態ではなかったのに、人生は十分に苦しくて短かった。死に抵抗する有効な手段を持ち合わせていない人々は、来世の幸福を頼みに、はかない現世の生を耐え忍ぶしかない。

国家（西欧中世の君主の宮廷が「国家」というに値すれば、の話しだが）の役割は、ほとんどもっぱら魂への配慮であった。言い換えれば、国家が教会を保護し、事の序《つい》でに人々に信仰を強制すること――移ろいやすくほんの一瞬に過ぎない現世の生ではなく、キリスト信徒にとって真の生である死後の生を有無をいわせず保障し、平たくいえば極楽往生を請け合うこと――である。もちろん、人口の大部分を占めた無学な農民が、ラテン語で書かれた聖書や宗教書を読み、教義にかかわる煩瑣な論争を理解できるはずはなく、したがって、カトリックの信仰に進んで異を唱えるいわれもない。しかし、異端はいるにはいたのであり、ここで権力の役割が発揮される。一三世紀南仏のカタリ派、一五世紀ボヘミアのフス派、一六世紀ドイツの再洗礼派は、軍事的に攻撃され、フス派以外は、残忍に壊滅させられた。悪名高いスペインの異端審問が公式に廃止されたのは、何と一八三四年のことであった。

## ❖トマス・アクィナス

西欧中世を代表する偉大な神学者トマス・アクィナス（Thomas Aquinas, 1225-74）の説明を聞こう。幸福とは、ある種の完全なる〈善〉である。そして、完全なる〈善〉は、そのうちにいかなる邪悪なものも混じらない〈善〉でなければならぬ。完全に白いものは、ほんのわずかの黒も交えぬように。ところで、人間は、現世においては諸々の悪から完全に免れることはできない。肉体に関わる悪からはもちろんのこと、魂に関わる悪からも免れることはない。したがって、何人も現世において幸福ではあり得ない（『対異教徒大全』第三巻第四八章）。

トマスによれば、所詮この世は穢世《じょくせ》であり、真の幸福は来世にしかない。「厭離穢土《おんりえど》」「欣求浄土《ごんぐじょうど》」の西欧版である。では彼が、現世に望みを絶ち世俗の権力に無関心な世捨人であったのかといえば、そうではない。彼によれば、信仰はあくまでも人間が理性によって体得するものではある。しかし、それは、単に個人の自由な選択に委ねられた事柄ではない。異教徒（つまりイスラム教徒やユダヤ教徒）のように、生まれてこの方一度もキリスト教の信仰をもった経験のない者でない限り、すべての人間（つまりは、西欧に生まれて幼児洗礼を受けた者）は信仰をもつ義務がある。その義務に反して異端の罪を犯した者は、破門によって信仰共同体から村八分にされ、それだけでは済まず、死刑をもってこの世から排除されなければならない。当時死刑をもって処罰された贋金《にせがね》作りよりも、異端ははるかに重大な罪だからである（『神学大全』第二部の二、第一一問題第三項）。

## ❖宗教改革

唯一の信仰であるローマ・カトリックを強制することこそが政治権力の役割であるとする中世的な考え方をはっきりと打ち破ったのが、**宗教改革**である。ドイツの片田舎に住むアウグスティヌス会の無名の一修道士であった**マルティン・ルター**（Martin Luther, 1483-1546）が始めたこの宗教運動は、わずか数十年のうちに西欧の宗教地図を完全に塗り替えた。西欧の北半分はプロテスタントに、南半分はカトリックに色分けされ、宗教改革発祥の地であるドイツでは、両者の勢力が相半ばした。

注意しなければならないのは、宗教改革が、カトリックによる信仰の独占状態を打破したものの、異なる信仰に対する寛容の精神を打ち立てたわけではないことである。ヨーロッパ中どこの国・地方でも、宗教的な多数派と少数派とが生まれ、多数派は少数派に正しい信仰（つまり自分たちの信仰）を押し付けようと懸命に努力した。ドイツでは、ミュンスター市を根城とする再洗礼派が大量に虐殺され、イングランドでは、カトリックではないかと疑われた国王が、一六四九年にはまさかりで首を刎ねられ、一六八八年には国外逃亡を余儀なくされた。

アメリカは、イングランドで迫害された宗教的少数派が自分たちの信仰を守るために移住した新天地であった。しかし、彼らいわゆる**ピューリタン**たちも、自分たちが多数派となるや、早速に少数派の迫害に取りかかる。そもそもピューリタンの政治思想は、しばしば誤解されているところとは異なって、個人主義とは縁遠く、一般の人民はお上にひたすら服従すべしと説くものであり、政府（といっても、せいぜい村役場くらいの規模であるが）は、一人一人の住民が善きキリスト者としての生活をまっとうできるよう、教会とタイアップして、個人生活の箸の上げ下ろしにまで介入したのである。姦通や同性愛が死刑なのは当然として、妻と定期的にセックスしない夫も教会から追放された。もちろん、多数派から見て正しい信仰生活を送っていないと見なされた者は、容赦なく迫害される。一六五九年に二人のクエーカー教徒が、今もボストン市の観光名所になっているボストン・コモン（コモンとは、公園の意）で絞首刑に処された。ハンカチ一枚盗んだだけで縛り首になった殺伐たる時代のことだから、割引して見なければならないが、宗教的反対者であることは死の危険を伴っていたのである。

### ❖寛容思想

宗教改革の「開山」であるルターは、人民はどれだけ文句があろうとひたすら君主に服従するのが聖書の教えだ、と説いて、パトロンの大名衆の御機嫌を伺っていたが、一六〜一七世紀の血で血を洗う宗教戦争の後に、信仰の単一性を樹立し、あるいは回復しようとする試みが無駄であることを人々が知るようになると、政治権力による信仰の強制そのものを悪と見る、きわめてラディカルな、当時の常識人から見れば珍無類な思想が生まれた。

そうした宗教的急進派の代表選手が、ジョン・ロック（John Locke, 1632-1704）である。「キリストは、国家を作ったのではない」とロックはいう。信仰は、彼岸《ひがん》にかかわり、国家権力は此岸《しがん》すなわち俗世にかかわる。それぞれの占める領域は異なっており、両者の抱合《ほうごう》体制などというものはあり得ない。国家権力が信仰を強制することは、その強制されるものがローマ・カトリックであれ、英国国教会であれ、さらには、ロック自身が属した新カルヴァン派であれ、キリスト教信仰の側から拒否される。このことを政治権力の構成という観点から説明すると、こうなる。政治権力は、自然権を有する各個人が契約を結んで、生命・自由・財産をよりよく保全する目的で設立された。そして、自由のなかには当然信仰の自由が含まれるのであり、特定の信仰を強制することは、政治権力を創設した当の目的に反する。ただ、ロックがいかに日本の公民の教科書にも登場する思想史上のスーパースターとはいえ、当時は、政治思想家というよりも医者あるいは認識論の哲学者として有名であったから、その宗教的寛容の思想がただちに一世を風靡したとは考えにくい。ちなみにロックは、ホイッグの大物政治家シャフツベリー伯（Anthony Ashley Cooper, 1st Earl of Shaftesbury, 1621-83）の肝臓膿瘍の手術に成功したといわれている。止血術、麻酔術、殺菌法のどれもなかった時代に、どうやって肝臓の手術ができたのか不思議だが、これが機縁で二人は、政治上の親分・子分の契りを結んだらしい（品のない表現だが、当時の政界の実情に照らせば、こういうのが正確であろう。因みに、もちろんロックが子分である）。王政復古後、シャフツベリーがチャールズ二世（Charles II, 1630-85. 在位1660-85）に謀反の嫌疑をかけられ、オランダに亡命して客死すると、ロック自身もオランダに渡り、名誉革命が起こったおかげで帰国、イングランド銀行の設立に関与して図らずも金融史にまで足跡を残し、独身のまま嘖々《さくさく》たる名声に包まれて大往生を遂げた。

## ❖アメリカの実験

**宗教的寛容**の最初の実験場となった栄誉は、アメリカが担うべきである。昔、さんざ姑からいびられた日本の嫁は、こんな苦労は自分ひとりでたくさんだと思ったものの、いざ姑になるや、以前に輪をかけて嫁いびりに精を出したといわれるが、すでに述べたように、アメリカに渡ったピューリタンもそれに似ている。しかし、本国からアメリカ三界《さんがい》にまで落ち延びて、そこでまたピューリタンにいびり抜かれた人々のなかには、さすがに器の大きい苦労人がいた。

マサチューセッツから追放されたバプティストの指導者**ロジャー・ウィリアムズ**（Roger Williams, 1603?—83）はその一人である。彼は一六三六年、今日のロード・アイランド州にプロヴィデンス植民地を立て、マサチューセッツのピューリタン保守本流からアメリカの掃き溜めのごとくに罵られながらも、信仰の自由を実現しようと努めた。この努力は、一六六三年の国王チャールズ二世の特許状で最終的に確認された。

一六八一年にチャールズ二世からペンシルヴェニア植民地の総督に任命された**ウィリアム・ペン**（William Penn, 1644-1718）は、翌八二年に同植民地の「政体書」（Frame of Government）を定め、宗教の自由を公認した。ペンはもともと、ペンシルヴェニア（彼の父であるペン提督の名に由来する）を、みずからの属するクエーカーやその他の迫害された宗教的少数者のための安住の地とすることを目的としていたのである。

メリーランド植民地は一六三二年に設立されたが、領主のボルティモア卿（George Calvert, Baron Baltimore, 1580?-1632）が本国では迫害される立場のカトリックであったため、一六四九年の「宗教寛容法」では、信仰の自由が規定されていた。

### ❖啓蒙思想から現代へ

しかし、宗教的寛容が西欧社会の共通諒解になるためには、啓蒙の時代と呼ばれる一八世紀をくぐらなければならなかった。イングランドでは、一七世紀の諸法令によって、国教徒以外の者——カトリックはもとより、長老派、ピューリタンなど——が公職に就くことは許されていなかったが、国教会自体の内部でも、理性重視の広教会主義（latitudinarianism）が支配的となり、少数派に対する迫害は緩和された。一八二八年には、「審査法」が廃止されて、カトリックさえ文武官に就くことが許された。アメリカでは、独立の年一七七六年から一七八三年までの間に、一三州のうちロード・アイランドとコネチカットを除く一一州が憲法を制定し、うち七州の憲法はまとまった「**権利章典**」（Bill of Rights）を有するが、権利章典の有無にかかわらず、これら憲法のすべてが、程度や表現に差はあれ、信仰の自由を保障している。

かくして、近代国家は、宗教に介入しない、中立的で世俗的な国家となった。**近代憲法**はすべて**信仰の自由**を規定し、そのいくつかは**政教分離の原理**も規定している。日本についていえば、明治憲法二八条、日本国憲法二〇条の規定がそれに当たることはいうまでもない。

## ❖貧乏好きの哲学

今では一昔前の話しとなったが、**鄧小平**（Deng Xiaoping, 1902-1997）は、彼のいわゆる「改革開放政策」を打ち上げるに当たって、演説のなかで次のように述べた。

「我々の前には二つの選択肢がある。富を配分することと、貧困を配分することとである。」

どこの世界に貧困の配分を求める酔狂な人間がいるものかと思うかもしれないが、世に「貧乏好き」は決して珍しくない。私自身も、「富は海水に似ている。飲めば飲むほど喉は渇く。」というトルストイ（Leo Nikolayevich Tolstoy, 1828-1910）の言葉に共鳴して、不覚にも、中学校の卒業文集に「好きな言葉」として載せてしまった。トルストイが帝政ロシアの貴族のなかでも金持ちの部類に入ることは、後になって知った。学問がないと、思わぬ恥をかくものである。

思想史を見ても、清貧の誓いを立てた（ものの、すぐに金持ちになった）カトリックの修道院運動はさておくとして、金《きん》を卑しんで便器の材料に使う**トマス・モア**（Sir Thomas More, 1478-1535）の『**ユートピア**』に始まり、アメリカ独立の立役者の一人、**トマス・ジェファソン**（Thomas Jefferson, 1743-1826）が夢見た農業中心の共和国を経て、鄧小平の生涯最大の政敵、毛沢東の推進した文化大革命に至るまで、地上に理想の共同体を築こうと企てた思想家や政治家には、奢侈を退け、質素倹約を称賛する（だけでなく、それを他人に強制しようとする）傾向がまま見られる。

しかしこれらの人々が構想した、いわば「貧困のユートピア」は、実現されなかったか、実現された場合には、現代の北朝鮮に見られるように、とてつもなく多くの人々に悲劇をもたらした。富貴を求め、貧賤を嫌うのが人間の自然の情である。

## ❖国利民福への道

いつの時代、どこの国でも、国を豊かにし、国民を富ますことは良いことだと考えられてきたに違いない。しかし、どうすれば国利民福を増すことができるのだろうか。そもそも経済をコントロールする有効な手段は知られていなかった。経済の実態を知り分析するための基礎的なデータを収集する方法さえない。かりにデータを収集できたとしても、ノートパソコンに会計管理用ソフトをインストールすればたちまちいくつもの数表を作成できる今日とはわけが違う。ビジネススクールもなければ中央銀行も、経済官庁も存在しない。因みに、世界最古の中央銀行は、一六六八年に創設されたスウェーデンのそれだといわれている。

人為によって経済に影響を与えることが甚だ困難であった理由は、ほかにもある。近代以前にも、西欧と日本とは、地球上の他の地域よりも経済的に豊かであったと考えられるが、それでも、人口の大部分、おそらく八〇パーセント以上が農業に従事していた。百人を養うために八〇人が耕さなければならなかったのである。このことは、経済活動の大部分が農業であり、その農業のパフォーマンスが、ほとんど完全に諸々の自然条件——気温、降水量、日照、地味、風況など——に依存していたことを物語る。古代には稀な経済政策史のレポートとして絶大な価値を有する『史記』平準書によれば、作者の司馬遷（145B.C.?–87B.C.?）自身が仕え（そして、彼を宮刑に処した）前漢の武帝（141B.C.–86B.C.）が即位しての数年間は、どうやら高度成長期だったらしく、天下に財も銭も満ち満ちて、孔開《あなあ》き銭の指し紐が重みに耐えかねて腐ってしまうほどだったと伝えている。しかし、その原因としては、ただ「国家無事にして、水旱の災に遇うに非ず」と記されているに止まる。経済をコントロールしようとすれば、自然現象をコントロールするほかはない。そして、現代人でさえ、自然現象の大部分はコントロールのしようがない以上、近代以前の人々が取りうる手段は「神頼み」しかなかった。

### ❖神頼みと勅撰和歌集

実際、神頼みは、（経済）政策の重要な一環であった。雨乞いの類は、今日の先進国でさえ見られるが、日本ではいま少し洗練された手法が使われたことも知られている。万葉集を開いてもらおう。開巻第一の歌は、雄略天皇の作と伝えられる有名な、「籠《こ》もよ　み籠《こ》持ち　掘串《ふくし》もよ　み掘串《ぶくし》持ち」の歌である。これは、作者が「この岳《をか》に　菜摘《なつ》ます児《こ》」に対して、「家聞かな　告《の》らさね」、今風に翻訳すれば、「ケイタイの番号教えてよ」とナンパしている歌である。万葉集だけではない。古今集はじめ勅撰和歌集では、「恋」の歌が圧倒的な質と量とを誇っている。日本の古代人には、異性間の精神的な愛などというプロテスタント的観念は存在せず、「恋」というからにはセックス以外に意味するものはない。日本の和歌集は、終始一貫、「エッチしましょ」と薦めているのである。

勅撰和歌集の編纂は、今日の高速道路・空港の類と同じく、一大公共事業として行われた。一二〇五（元久二）年に撰進された新古今集に至っては、藤原定家（一一六二―一二四一）のような歌詠みを家業とするプロはもとより、摂政・大臣、果ては「治天の君」たる後鳥羽上皇（一一八〇―一二三九）まで網羅した、当時の朝廷のオールスター・キャストで臨んでいる。そしてそのなかでセックスが奨励されているのである。今日からみれば奇妙極まりないが、生殖が豊饒の象徴であることは、農耕・狩猟いずれの社会にも共通している。勅撰和歌集は、宮廷の雰囲気を充分にエロチックなものに保つことによって、農業振興を図ろうとしたのである。

### ❖経済現象の解明

西欧においては、遅くとも一六世紀には、経済現象を因果関係の連鎖――といっても、ナンパが豊年満作をもたらす、などという類のものではなく――で観察する試みがなされるようになった。学者が望遠鏡で天体を観測し、イタリア商人が複式簿記で帳面を付け始めた時代のことである。経済変動は中世を通じて絶え間なく生じていたはずであるが、この時期、急激なインフレという知識人の関心を引きやすい現象が生じたのである。人々はその原因を論じ始めた。新大陸からの流入によって一六世紀末にヨーロッパに蓄積された金銀の量は一五世紀末の五倍に達したというが、竜巻あり海賊ありで（当時、海軍と海賊との間の区別はまだなかった）、ドイツの潜水艦がうようよ潜んでいた二〇世紀の両大戦期と同じくらい危険だった大西洋を渡った人々の、勇気というか欲の深さには驚かされる。

とはいえ、金銀の流入だけがインフレの原因であったのかについては、(今日と同様) 当時も異論があった。高賃金、人口増加、贅沢、重税、カルテルなど、が俎上に上った。フランス絶対王政のイデオローグ、**ジャン・ボダン** (Jean Bodin, 1530-96) によれば、歴代国王の積み重ねた借財によって (今日流にいえば) マネー・サプライが増大し、ためにインフレが生じたのであるが、それに対処するために、小麦、葡萄酒、肉の輸出に課税すべきなのである。近代以前にも、インフレが貨幣的現象であるという認識があったことになる。

経済現象が、旱魃や日蝕などとは異なって、人間の何らかの行動と因果関係をもつという認識は、翻って、それを人為によってコントロールすることが可能だという認識につながる。インフレ原因論も、経済の少なくともある一部分を、ある特定の目的からコントロールしようとする明確な意識の芽生えと対応関係にあった。差し当たっての関心は、君主の財布を豊かにすることである。この時代、君主にはますます金が入用になってきたといわれる。その原因は、戦争よりも「官僚制」の発達であったらしい (常備軍はまだなかったし、戦争ならば、一六世紀だけなく、のべつ幕なしにやっていた)。たとえば、バイエルン公国 (当時もいまも、西欧のなかの片田舎である) がミュンヘンの宮廷に抱えていた俸給支払い対象者は、次のように増大していったという。

| | | | |
|---|---|---|---|
| 一五〇八年 | 一六二人 | 一五五二年 | 三八四人 |
| 一五五六年 | 四八五人 | 一五七一年 | 八六六人 |

ひとりドイツの現象ではない。イベリア半島の神父たちも、サラマンカ大学に拠りつつ、王室の支出を制限すべきこと、売官を停止すべきこと、税制を改革すべきことなどを国王に進言している。スペインでは、一五九八年から一六六五年の間に書かれた経済論文が、少なくとも一六五編現存しているという。祖国の栄華も去りつつあるという憂国の情と、あわよくば仕官の途をと願う欲とが綯《な》い交《ま》ぜとなって、この産出につながったのであろう。泰平の世に生まれ合わせた不運を嘆きつつ、読まれもせぬ著作に励んだ同時代の日本の儒者と似ていなくもない。

## ❖重商主義

サラマンカ大学の神父たちの後裔が、一六〜一七世紀のイングランドに現れた（後年アダム・スミスによって揶揄的に名づけられた）「**重商主義者**」たちであった。彼らの基本的な発想は、金《きん》が富の唯一の形態だということである。したがって、国＝君主（どうしてこの両者が断りもなしにイコールで結ばれるのか、現代人には摩訶不思議であろうが、重商主義者は、そんな細かいことまで気にする人々ではない）を富ませるには、保有する金の量を増やすほかはない。金を増やすには、外国から金を獲得しなければならぬ。可能であれば、戦争による金の獲得もお薦めだが、そこまでリスクを冒すのがいやなら、通商を振興して貿易黒字を増やすこと、つまり、輸出を増やし輸入を減らすこと、によるべきである。輸出を振興するには、経済活動を規制する必要がある。消費は、輸出可能な商品を国内で浪費してしまうが故に本質的に悪であり、できるだけ抑制し、勤倹質素を奨励しなければならない。輸出品を生産するためならば、特定の企業や企業グループに特権を与えることもよい方法である。一国は、一つの目標に邁進する会社の如きものとしてイメージされる。怠け癖のついた貧民に勤労の習慣を植え付けるためには、賃金を低位に維持する方がよく、強制的に労働に駆り立てることも辞さない。重商主義者たちは、一国の経済を、全面的にではないにせよ、少なくとも君主の富を増やすという観点からは管理できると信じ、実際にも、管理すべしと建策した。古臭い考え方に聞こえようが、日本人にそれをいわれる義理はなかろう。重商主義者の描く国家像は、「それまで日の当たらぬ部署にいた男たちは、リーダーの一言で奮い立った」式の、「プロジェクトX」の世界そのものだからである。

もっとも、重商主義は、その理論的優越性の故に支持されたのではない。事実、一七世紀の末ころには、消費、輸出、賃金の三者が揃って上昇するという、重商主義「理論」では起こり得ないはずの現象が観察されるに至った。しかし、それでも重商主義は、国内の団結を保持し、一国を挙げて外国と対抗するためのイデオロギーとしてきわめて有用であったために、一八世紀に入ってもイギリスの支配的経済思想であり続けた。

### ❖アダム・スミスから現代へ

こうした、国家の役割を極大化する重商主義に対して、自由放任のまったく新たな経済哲学を唱えたのが、**アダム・スミス**（Adam Smith, 1723-90）である。スミスはまず、消費が経済成長の原動力であることを正面から認める。消費こそが生産の唯一の目的であり、生産者の利益は、消費者のそれを増大させるうえで必要な限りでのみ、配慮されるべきである。ところで、すべて人は、何物かを消費するためには、何物かを生産して自分が消費したい物と交換しなければならない。無限の消費の意欲こそが生産を刺激して、経済の規模を拡大させる。そして、人が何を消費したいかは人それぞれであるから、何と何とを交換するか、つまりは何を生産して何を消費するか、は国家が介入すべき事柄ではない。国家はただ、市場において自然に形成される交換のルールを破る行為（たとえば、盗みや横領、債務不履行）に対して制裁を加えれば足りるのであって、交換のルールそれ自体の設定者となるべきではないし、ましてや、重商主義においては当たり前であった市場におけるプレーヤーそのものの役を演じてはならない。

**経済的自由主義**は、近代国家の最も重要な構成原理のひとつとなった。実際、スミスを始祖とする（経済学説史でいう）「古典派」理論を凌ぐような体系性をもったグランド・セオリーはいまだ提案されていない。市場における交換のルールへ国家が介入しないことを宣言した日本国憲法二二条一項、二九条は、スミスの直系の弟子たる位置を占めるものである。

## 二一世紀の問題状況

### ❖自由主義と国家の役割論

経済においても宗教においても、**自由主義**こそ近代国家の大原則となった。自由主義の下では、国家の役割はネガティブにしか表現できない。国家はもはや、正しい信仰を擁護すべきではないし、特定の会社に外国貿易を独占させて金の蓄積に努めるべきでもない。人々の自由な活動に介入しないこと、これこそが国家の役割なのである。国家の積極的な役割があるとすれば、人々が自由な活動を展開する社会の外枠を維持・補修すること、経済学的な概念を使えば、市場ではまったく、あるいは過少にしか供給されない**公共財**（外交、治安、司法、各種のインフラなど）を供給することである。

広い意味での自由主義は、もともと西欧政治哲学の有力な一潮流であったが、最近の百年の間には、学問の新参者である経済学から、願ってもない説得力のある論拠を提供してもらった。厚生経済学の標準的な理論によれば、完全競争市場では、最も効率的な資源配分、すなわち、誰かの効用の水準を引き下げない限り、他の誰かの効用の水準を増すことができない「パレート最適」と呼ばれる状態が実現される。完全競争とは、国家に干渉されることなく、作りたい人が作りたいものを作りたいだけ作り、買いたい人が買いたいものを買いたいだけ買う、世界のことである。こうした世界でこそパレート最適が実現されるのだとすれば、経済財を、思想、良心、信条、信仰といったより精神的な価値に置き換えても同じことがいえるはずである。すなわち、国家に干渉されることなく、各個人が表明したい思想を表明し、受け入れたい思想を受け入れれば、やはりパレート最適が実現されるであろう。

### ❖自由主義は勝利したか？

では、自由の勝利はもはや疑いようのない事実なのだろうか。かつてイギリスの歴史家たちは、自国の歴史を、自由が拡大定着するプロセスとして描き出した。「ホイッグ史観」と呼ばれる、微笑ましいほどにバラ色の歴史観である。たしかに、宗教と経済の歴史は、人間が苦闘のすえに一歩一歩、完全な自由に漸近する過程であるようにも見える。しかし、その過程が不可逆的であるという保障はどこにもない。

すでに見たように、そもそも宗教にせよ経済にせよ、自由が原則であり国家の介入は例外である、という思想が承認されるようになったのは、どんなに遡っても一八世紀の出来事にすぎない。人間の歴史の大部分は、不自由の歴史、つまりは、国家が信仰を、あるいは労働を人々に強制する歴史だったのである。たしかに、宗教に関していえば、それが人間の生活を規律する力は、中世に比べればもちろんのこと、一八世紀と比べても、著しく衰弱した。多くの人が、少なくとも先進国では信仰自体が近い将来に消滅するだろうと予測したものである。しかし、この予測はものの見事にはずれ、先進国においても神が死ぬことはなかった。むしろ、宗教的情熱の大規模な復興こそ、先進国をも含む一九八〇年代以降の全世界的な現象である。

### ❖宗教的情熱の復活

アメリカはもともと、先進工業国のなかでは例外的に宗教的な国であり、「原理主義者」(fundamentalist)という言葉も、教科書から進化論を追放せよと主張する人々を指すものとして、すでに一九二〇年代から使われているが、二〇世紀の終盤以降、聖書に書かれた一字一句が文字通りに真実であると信ずる人が目立って増えた。彼らは、精密な考証に基づいて、創世記のノアの方舟《はこぶね》は、現代イギリス海軍の小型航空母艦ほどの大きさをもち、陸生動物の番《つがい》を一組ずつ載せても(なにせ大洪水なのだから、水棲動物は船の周りを泳がせておけば済む)、なおノア一家のリクリエーションのためのスペースも確保できたはずだ、などと主張する。聖書の記述のなかで理屈に合わない部分はたとえ話として読むべきだという便法が、すでに紀元後三世紀には確立していたのに、である。この種の人々が、国家の宗教的中立性に好意的であるはずがない。彼らは、公立学校での朝のお祈りを政教分離原則に違反するとして禁止した一九六三年の合衆国最高裁判所判決 (Abington School District. v.Schempp, 374 U.S. 203) を批判する。若い世代に薬物中毒、妊娠、犯罪などさまざまな非行が蔓延しているのは、ひとえに子供たちが朝のお祈りの習慣を忘れてしまったからなのである。それだけではない。進化論は聖書の教えに反するが故に、教科書から削除させるべきであると主張し、いくつかの州では実際に削除させることに成功した。

国家の**宗教的中立性**の理念は、すでに述べたように、キリスト教の内部から生じた。ロックをはじめ、この理念の提唱者たちは、揺るぎない信仰の持主であった。しかし宗教的原理主義者たちは、宗教に対する国家のコミットメントが多ければ多いほどよいと考え、先人の思想的労苦に対してさしたる敬意を払ってはいないように見える。それでもキリスト教は、国家権力と宗教との分離を意識的に追求した唯一の世界宗教であった。こうした知的伝統のない宗教においては、宗教と国家との抱合は一層容易であろう。キリスト教以外の宗教のプレゼンスが、欧米においても他の地域においてもますます大きくなっている今日、宗教的寛容の将来は決して楽観できない。

### ❖自由主義は不自然な思想

みずからにとって〈善〉であることは他人にとっても〈善〉であってもらいたい、と願うのが人間の自然の情であり、それが宗教においては、鮮明で極端な形で現れやすい。そして、この自然の情は、自分にとっての〈善〉を国家権力によって他人に強制したいというやみ難い欲求となる。アフガニスタンのタリバンは、こう主張した。

「女性が外を歩くときは顔を隠すべきだと、私は思う。だから、顔を隠さずに通りを歩く女性は、警察が逮捕して鞭打ちの刑に処すべきである。」

人はこの宗教的狂信を笑うかも知れない。しかし、次の主張はどうであろうか。

「すべて法曹となる者は、真の法学教育であるプロセス教育を受けていなければならない、と私は思う。だから、真の法学教育の府である法科大学院を修了していない者には司法試験の受験資格を与えるべきではない。」

この二つの主張の構造には、何の違いもない。要するに、自分の〈善〉を国家権力によって他人に強制したがっているのである。これほど極端でなくとも、「自分が俗悪だと思う番組は、法律で放送を禁止すべきだ」とか、「男性に出産を手伝ってもらうのはいやだから、助産師の資格は女性に限定すべきだ」といった主張ならば、頷く人も少なくないだろう。自由主義は所詮、人間の自然の情に反する人為的で不自然な思想なのである。

### ❖経済における自由主義

では経済に関する国家の役割はどうあるべきだと考えられているのだろうか。すでに述べたように、早くも一六～一七世紀には、人々は意外な熱心さで経済を論じ合っていたのだった。しかし、経済政策こそが、国家の役割の中核であるという考え方が広く受け入れられ、政治家たちが日経平均株価の変動に一喜一憂し、有権者の投票行動と経済成長率や失業率との相関がやかましく論ぜられる現代と違って、「近代」国家の中心的な関心事が経済だったとはいえない。経済の規模がなお小さかったし、君主の実入りを大きくする手法は開発されても、一国の経済全体をコントロールするための理論も道具も開発されていなかったからであろう。だからこそ、一六九三年の飢饉でフランスは第一次大戦より多くの人命を失い、一七〇九年の飢饉では、さらに第二次大戦よりも多くの人命を失ったと推定されているにもかかわらず、この二つの危機を含むルイ一四世（Louis XIV, 1638-1715. 在位 1643-1715）の治世は、「大御代」（grand siècle）として長く語り継がれたのである。

もちろん、だからといって近代以前の国家が、経済に関する自由放任主義をとっていたわけではない。一八世紀を通して重商主義は支配的な思潮であり、君主らは実に気ままに経済に介入した。では、スミスの理論が欧米の知識世界に広く知られるに及んで、経済に対する不介入主義は不動の地位を占めたのだろうか。すぐにそうなったわけではないことは、いうまでもない。大体、「必要は発明の母」であることなど滅多になく、大発明も当座は用法がわからないのが普通である。一八六六年に内燃機関が発明されたとき、高さだけでも二メートル以上ある代物が、その後一世紀の間に馬はおろか鉄道まで駆逐しようなどと、誰が想像できたであろうか。アダム・スミスの場合も同様で、必要に迫られて自由放任論が生まれたわけではなく、後世の人間がその偉大な利用価値を発見したのである。

しかし、国家の役割が最小化された「夜警国家」なるものが本当に存在したことがあるのであろうか。存在したとしても、一部の国に短期間存在しただけだ、と答えるしかないであろう。たしかに今日、経済的自由主義は、先進国共通の「原則」ではある。そこでは、個人のイニシアチブが最も尊重され、国家による介入は、あくまで「例外」として位置づけられる。しかし、ならば、先進国の膨大な政府機構の大部分が何らかの意味で経済に介入するための装置である、という現実をどう説明すべきなのであろうか。君主やその側近たちによる粗野で無骨な介入に取って代わったものは、完全な不介入主義ではなく、「専門家」と称する人々による、より洗練され「科学化」された介入だったのである。そして、皮肉にもアダム・スミスの人間観が、国家による経済介入を支えてきた一面がある。

彼の経済哲学の基礎には、普遍的な人間性への信頼がある。古今東西を問わず、人間は、自己の効用を最大化しようとするやみ難い欲求をもっており、この欲求を満たすべく不断の努力を続ける。この利己的な動機に発する努力が、自由な市場において発揮されると、結果的に国民全体の富が増大するのである。キリスト教、特に宗教改革期のプロテスタントは、人間が原罪を負う存在であるが故に、罪へと向かう性向を等しくもっていることを強調した。陰惨な人間観ではあるが、人間性の一様不変を確信していたという点では、両者はよく似ている。

さて、人間性が一様普遍だとすれば、その人間性に有効に働きかけるような政策をとれば、全国民、いや全人類さえ、一定の方向に動かすことができるかもしれない。この見通しは、君主の財政といった、一国の経済のなかで重要ではあるが一部分を占めるにすぎないものをコントロールするに止まらず、マクロ経済全体をコントロールできるかもしれないという、途方もない確信を与えるもととなった。実際、ミクロ経済学の教科書を読み始めて、人間がすべてひとしなみに、予算制約線の範囲内で効用が最大化するように財を購入するという前提に、奇異の感を抱いた人が多いことであろう。しかし、この前提なしに経済政策を論ずることはできない。

二〇世紀におけるこの確信の最大の理論化は、**ケインズ主義**によって達成された。不況期、すなわち、需要が沈滞して供給能力を下回っているときには、財政資金を投入して需要を創出することによって経済成長を可能にし、完全雇用を達成すべきだという理論である。この理論は、戦後の一時期、先進国が揃って高度経済成長を謳歌した時代には比類ない成功を収めたが、そこにも、自由の制限という要素が潜んでいることを忘れてはならない。たしかにケインズ主義は、特定の宗教を強制するのと同様の意味で、人々の経済活動の自由を束縛するものではない。しかし、国家が自分で金を稼ぐわけではない以上、ケインズ的な政策を実施するためには租税を徴収することが不可欠であり、租税を徴収する以上は、個別の納税者の選好とは異なる資源配分が、間接的にもせよ強制されることになる。すべての人が望む場所に高速道路が建設されれば、それはパレート改善に違いないが、そうした事態はまず考えられない。別の場所に高速道路を建設すべきだと考えている人、あるいは、高速道路は全然建設すべきでないと考えている人にとっては、望んでもいない公共事業のために、自分の金が国家によって収奪されたことになる。

同様のことは、二〇世紀、とくに第二次世界大戦後、先進諸国で例外なく、またきわめて大規模に実施されるようになった**社会保障**についても当てはまる。社会保障は端的に、国家による所得の強制的再配分であり、自由に対する侵害の度合いは、人類の歴史に前例のないほど大きいといわなければならない。しかも、ハイエク(Friedrich August von Hayek, 1899-1992)やフリードマン(Milton Friedman, 1912-)のような、最も自由主義的な（福祉国家を進歩と見る立場からは最も保守的な）経済学者でさえ、社会保障の必要性ははっきりと肯定している。

さらに二〇世紀の経済学は、〈完全競争下でのパレート最適の実現〉という基本テーゼを維持しながらも、公共財の過少供給、外部不経済の発生、情報の非対称や経路依存性（path dependence）の存在など、**「市場の失敗」**に関する理論を量産した。市場の失敗はすなわち国家の出番を意味する。経済活動に対する国家の介入は、現実にはこれによって利益を受ける業界・官僚・政治家の利益のために存在しているとと思われるが、理論的には、市場の失敗によって正当化されているのである。

### ❖自由と国家の役割——四つの象限

自由主義の勝利は、最終的でも全面的でもない。とはいえ、日本を含む先進国の支配的な、あるいは原則的な思潮は、やはり**自由主義**である。そのことは、表現のさまざまな差違を伴ってではあるが、諸国の憲法に明文化されている。自由主義は、暫定的・部分的に勝利したとはいえよう。しかしまた、自由主義の下でも、自由がどこで終わるのか、国家の役割がどこから始まるのかについては、多様な見解があり、そうした見解の相違が、立法や憲法その他の法令の解釈を左右する。

この講義の終わりに、精神的活動と経済活動という二つの座標軸を設定し、それぞれについて、国家の積極的な介入を認める立場と、それを嫌う立場とを設定して、諸見解の分岐を簡単に見ておくこととしよう。ここで精神的活動とは、宗教・倫理・道徳などに関する個人の諸活動の総称である。この領域での国家の介入を認める人々は、学校教育における道徳教育(欧米の場合であれば、宗教教育)の徹底、同性愛カップルなどの「新しい家族」の否定、男女の伝統的な役割分担の維持、マス・メディアにおける性表現の取締り、などの政策を支持し、これに反対する人々は、これらの問題は個人の選択に委ねるべきだと主張する。

また、経済活動で国家の介入を肯定する人々は、中小企業や労働者を保護し、マイノリティなどの弱者を救済するために、補助金の交付、社会保障の充実、大企業に対する規制、などの政策をとるこ

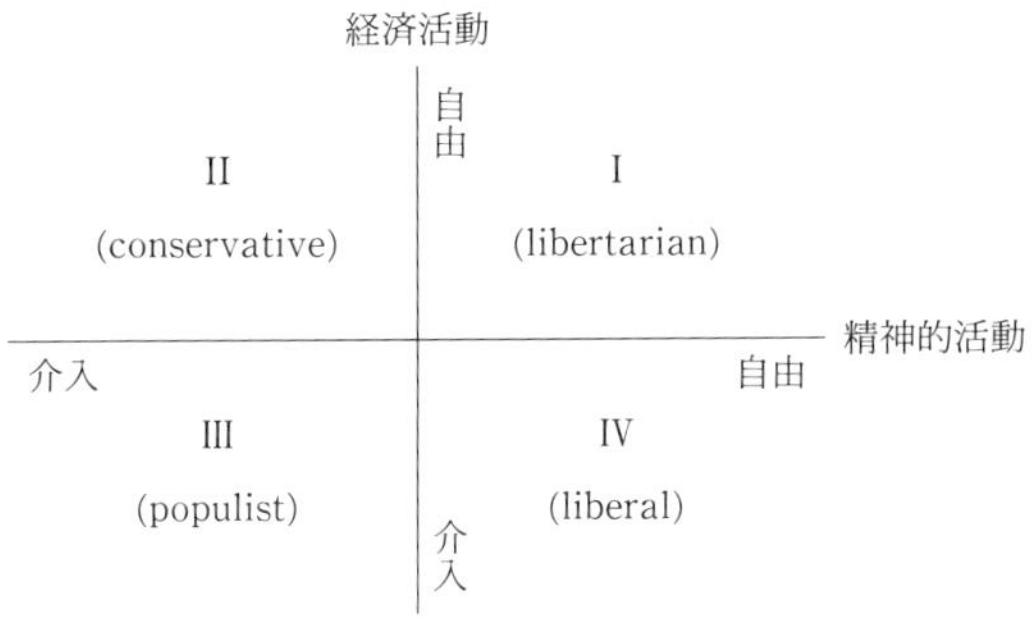


とを支持し、これに反対する人々は、自由競争と個人責任を強調する。

そうすると、自由と国家の役割との関係をめぐる諸見解は、一応、次の四つの象限で表現されることとなる。

第I象限　精神的活動でも経済活動でも、国家の介入を少なくすべきだという立場（アメリカでは、libertarianと呼ばれることがある）

第II象限　精神的活動では国家の積極的な介入が必要だが、経済活動では国家の介入を少なくすべきだという立場（アメリカではconservativeと呼ばれることが多い）

第III象限　精神的活動でも経済的活動でも、国家の積極的な介入が必要だという立場（アメリカではpopulistと、日本では、自民党の「保守本流」と呼ばれる立場である）

第IV象限　精神的活動では国家の介入を少なくすべきだが、経済活動では国家の積極的な介入が必要だと考える立場（アメリカではニュー・ディール期以降、liberalと呼ばれてきた立場である）

アメリカでも日本でも、第I象限に属する人は少数で、インテリの意識は、第II象限と第IV象限とに大きく分類される。第III象限は、国家は、要するに「良いこと」を一切合財やるべきだという考え方であって、自由主義からは最も距離があるが、populistという言葉が示すように、「庶民感情」をよく示すものとして無視できない。

いずれにせよ、自由と国家の役割とをめぐる論争は、決着がつくことは予想されず、人々が知的な思考を全停止しない限り、果てしなく続くであろうし、続けなければならないものである。

〈ステップアップ〉

法律家は、国家の存在を自明の前提として論議する傾向が強いため、国家の役割が何かについて原理的な考察をする能力に欠けている場合が多い。この問題についてはむしろ、経済学者の著作に学ぶべきである。差し当たり、読みやすく水準も高いものとして次の二点を挙げておく。

① 竹内靖男『市場の経済思想』（創文社現代経済学選書6、一九九一年）

② 常木淳『公共経済学』（第二版）（新経済学ライブラリー8、新世社、二〇〇二年）

（安念潤司）

# III

# 憲法解釈の方法と理論

## ――知っておくべき憲法学の基礎理論

第4講義　なぜ「神々の争い」が起きるのか？
――さまざまな解釈論
第5講義　誤った憲法解釈
――許されない解釈方法
第6講義　憲法解釈と正確な事実の認識

Bridgebook

# 第4講義　なぜ「神々の争い」が起きるのか？
## ――さまざまな解釈論

### はじめに――どれが「正しい解釈」か？

日本国憲法における重要な解釈論争の一つが、「日本は自衛のための戦争もできないのか？」、「自衛隊は違憲か？」といった憲法九条をめぐる論争であることに異論はなかろう。そこで、法律家でない多くの人は、しばしば「どれが正しい解釈か？」の解答を専門家に求めてきたが、その答えがさまざまであることに改めて戸惑いを感じ、「憲法解釈ってなんだ？」と疑問の声を上げてきた。

他方、「判例法主義」をとる英米と異なり、「制定法主義」を採るとされる日本では、法学部はもとより、大学で講じられる法学関係の講義の多くは、今日でも制定法の解釈を中心とする「法解釈学」である。この事情は憲法学においても異ならない。その際、解釈学説の多様性に幻惑された学生の一部は、しばしばせっかちに「正しい解釈」なるものとか「通説」なるものを求め、それを記憶することで良しとしてきたきらいがある。

「法の解釈とはいかなる作用であるか？」という問題については、かなり難しい論争があり、これ自体決着がついているとは言えないが、この講義では日本国憲法を題材に、「法解釈」について初歩的な見取り図を示すことにしよう。

## 「憲法解釈」はなぜ必要か

### ❖法規範の宿命

「さまざまな解釈の余地がないように、条文を明確に定めておけばいいのに……」。特定の規定についての解釈が分かれている状態を目にして、多くの人はこのような感想を抱くことがあろう。しかし、解釈の余地のないように、一義的・明確に条文規定を定めることは、ほとんどの場合不可能であるばかりか実用的でもない。試みに、道路工事の際にかつてみられた「車馬通行止」の掲示を考えてみよう。この掲示を見て、車と名の付くもの（たとえばミニカー）は一切通行止と考える者はいないであろうし、馬以外のもの（たとえば牛や象）はすべて通行してよいと考える者はいないであろう。しかし、それでは具体的に何がここで通行止かを網羅することは、不可能でないとしてもおよそ煩雑で実用に耐えない。したがって、なにほどか一般的に指示することが不可避であり、その場合「車馬通行止」

の掲示で日常的には一応必要にして十分であると言えよう。けれども、このことは必然的に、自転車は通行してよいか、ヤギはどうかといった解釈問題を生み出すことにもなるのである。

### ❖憲法規範の一般性・抽象性

国の最高法規範で条文の数も比較的に少ない憲法の場合には、他の法律等以上に、一般的・抽象的に条文が書かれていることが多い。そのため、特定の条文の意味をめぐっては多様な解釈が展開される余地が大きいが、憲法が政治に関わる規範であるだけに特定条文をめぐる解釈論争は熾烈になる傾向がある。さきの九条はその典型である。

まず、特定の条文の中に用いられているキーワードとも言える言葉が、絶望的に抽象的であったり、一般的であったりする。たとえば、憲法九二条にいう「**地方自治の本旨**」が何を意味するかは、いくら条文とにらめっこしていても答えは出てこないだろう。ここでは「地方自治」についての理解がなによりも前提となるが、その際「地方自治の本旨」として何を導き出すかは、この問題に詳しい論者においても必ずしも一致するものではない。ここから解釈の相違が生まれることになる。

また、条文がそっけないため、総論的理解は容易であり異論の余地はないが、各論的に具体的に何を意味するかをめぐっては各解釈者の理解が四分五裂することにもなることがある。たとえば、「集会、結社及び言論、出版その他一切の表現の自由は、これを保障する」という二一条一項が、「表現の自由」を保障していることについては一致があるが、「**わいせつ文書**」にも保障が及ぶかどうか、保障が及ばないとした場合の「わいせつ文書」の定義はなにか、といった類の問いへの解答をこの条文は一義的に与えてはくれない。したがって、ここでも解釈作業が必要不可欠となる。なお、繰り返すが、そうだからといって、疑問の余地がないように一義的に過不足なくこの条文を規定することは不可能であることは明らかである。

### ❖規範の欠缺

このように、キーワードや条文が抽象的であるだけではない。憲法はしばしば重大な問いに答える明示的な規定を欠いていること(欠缺)がある。たとえば、日本国の「**元首**」が誰であるかとの問いに答える明示的規定を日本国憲法は持っていない。このため、「元首」概念の定義をまず行うことからはじめて(ここでも異なる定義がなしうる)、その要件にあてはまるものは誰であるかを解釈する必要がある。当然その答えは解釈者によって異なるものとなり、元首不在説から、天皇元首説、内閣総理大臣(内閣)元首説といった諸説が生じることになっている。

また、「**衆議院の解散権**」がどこに属するかは、政治的にもきわめて重要な意味を持つ問題であるが、この問題に対しても憲法は明示的な解答を与えていない。そのことから、衆議院の解散を天皇の国事行為の一つとした七条三号、内閣不信任決議等の効果として「衆議院が解散されない限り」内閣の総辞職を定めた六九条、「衆議院が解散されたとき」の総選挙を定めた五四条、憲法制度として読み取れる議院内閣制などを根拠として、内閣説、天皇説、衆議院説が展開されているが、各説の優劣はともかく、なんらかの解釈作業が不可欠であることは、ここでも明らかである。

### ❖制憲後の要請

これら欠缺とは別に、憲法制定以来六〇年近い時の経過は、憲法制定時にはそれとして意識されなかった概念を憲法から読み取ることを求めている場合がある。「知る権利」、「プライバシーの権利」、「環境権」といったいわゆる「新しい人権」を憲法条文から導き出すことができるかどうかといった問題などがそれであるが、ここでも条文解釈が問題になってくる。

このように、いろんな意味で、「憲法解釈」は必要不可欠となってくるのである。

## 「憲法解釈」はどのように行われるべきか

### ❖立法者意思説

憲法は特定の時代の、特定の人々の意思の産物に他ならないから、なによりもそれを作成した人々の考えを明らかにすることが憲法解釈であるとする有力な考え方がある。この考え方は、「立法者意思説」と呼ばれるものであるが、この考え方からすれば、憲法解釈は客観的に立法者の意思を確定する作業ということになり、「客観性」を重視する者にとっては魅力的な考え方ではある。しかし、まず、立法者の意思がはたして客観的に確定できるかという問題がある。たしかに、憲法制定議会における議論や政府答弁は立法者が何を考えていたかを知る有力な手掛かりにはなる。けれども論者の理解が一致しているとは必ずしも言えない上に、顕在化しない立法者の意思もありうる。たとえば、憲法九条二項冒頭に「前項の目的を達するため、」の文言を加える修正案を提案した芦田均は、後にこれによって「自衛のための戦力の保持は可能となった」との趣旨を述べることになるが、かりにその当時の芦田にその意図があったとしても、他の立法者の理解をさしおいて、はたしてそのような隠された一種の陰謀をもって立法者意思とみなしうるかといった問題が生じる。また、これとは別に、憲法が容易に改正されない規範であることを前提とすれば、立法者意思説では憲法制定後に当然生じる立法者が予想もしなかった事態に対応できないことになってしまうであろう。たとえば、国連平和維持活動（PKO）に参加することの合憲性などがそれである。このとき、「立法者であったらどう考えたか」を探究することで解答とすることは、もはや客観的な立法者意思の確定作業ではありえない。また、後世の者が立法者の意思に厳格に拘束されることは妥当かという問題もある。こうしてみれば、立法者の意思は解釈作業における有力な資料とはなりうるが、解釈の是非を決定するものではないとみるべきである。

### ❖憲法原意主義

これに対し、憲法とは現実に憲法規範が述べていることであり、したがって憲法解釈とは憲法規範（テキスト）に即してそのテキストのもともとの意味、すなわち「原意」を明らかにすることであるとの考え方がある（テキスト主義・原意主義）。この立場からは、規範にある「言葉」が重視されるとともにに、憲法外の理念や憲法制定後の事情を憲法に読み込むことが排除される。しかし、規範で用いられた文言の意味すら必ずしも一義的に明らかではない上に、規範総体の意味となれば多くの場合いっそう不明確である。また、憲法の理念や制憲後の事情を排除しては、現実が要請する妥当な解釈となりえないことは、立法者意思説の場合と同様である。こうしてみれば、憲法規範の文言を重視することが不可欠であることは当然であるとしても、その「原意」なるものに固執することは妥当ではなかろう。ちなみに、文言に徹すれば、憲法規範からは「唯一の正しい解釈」が導かれるのみであるとの主張をなす者もいるが、その主張をなす者相互が同一の規範の解釈をめぐって分かれていることからしても、空疎な主張である。

### ❖文言・文理の尊重（留意点1）

日本語の文章として書かれている憲法規範において、文言の日本語としての意味や文法が重視・尊重されなければならないのは当然である。

しかし、規範の中で使用されている文言の意味が不明確であるとして、その意味を国語の辞書から引いてくればいいというわけのものではない。たとえば、憲法四条の天皇の「国事に関する行為」につき、国語辞典から「国事」の意味を「一国の政治に関する事柄」と引き、天皇は「一国の政治に関する行為」を行うと解するならば、「国政に関する権能を有しない」との同一条項にある文言との整合性がなくなってしまう。ここでは通常の日本語の意味とは異なる意味が与えられるのでなければならない。他方、法学上の用語の意味が妥当でない場合もある。憲法七条九号の「接受」を、国際法でいう「国の元首が外交使節にアグレマンを与え、信任状を受けとる行為」と解することは、天皇の憲法上の権能からして間違いということになる。

また、同一の文言が、条文によって別の意味に解されるべきであるとされる場合があることにも注意したい。たとえば、憲法一〇条にいう「国民」の意味（ここでは国籍保有者）と、憲法一二条・一三条・一四条等にいう人権の主体たる「国民」（通説によれば、ここでは人）の意味とは異なるものとされている。一五条一項の「国民」についても別種の意味を与える解釈者が存在する。同様に、一八条の「何人も」（ここでは誰でも）と二二条二項の「何人も」（ここでは日本国籍保有者）とは明らかに異なる対象を意味している。

また、憲法中に明らかに無意味な言葉が使われている場合があることにも注意しなければならない。たとえば、憲法九条一項の「**国権の発動たる戦争**」との文言は、ここでの「戦争」を国際法上の戦争と解する点で争いはないことを前提とすれば、戦争はすべて国権の発動であるので、「国権の発動たる」との言葉は不要で、解釈も不要ということになる。

文法を無視することは許されないが、通常の文法通りに解すると、妥当でない結果になる場合がある。たとえば、憲法七三条六号の「この憲法及び法律の規定を実施するために、政令を制定すること」との規定は、通常、「憲法を実施するため」及び「法律を実施するため」と読むべきところであるが、憲法を直接実施する政令の制定は、大日本帝国憲法時代の「独立命令」の制定と同様の効果を生むことから、通説は許されないものと解している。この場合、「憲法及び法律」は「法律」と解釈されているのである。

こうしてみると、文言・文法を重視するといっても、解釈作業は単純ではないことが分かる。明らかにここには文言・文法以外の要素が解釈の指針として持ち込まれている。

### ❖他条項との整合性（留意点2）

特定の憲法条項を解釈するにあたっては、憲法の他の規範と照らし合わせて、**整合性のある解釈を**しなければならない。

なによりも、ある部分だけを恣意的に取り上げた「つまみ食い」的な解釈を行ってはならない。たとえば、二項を無視して憲法九条一項のみから「自衛のための武力行使」の合憲性について結論を出すことは、時折政治家によってなされているが、してはならないことである。

また、憲法中には一見矛盾した内容が規定されている場合があるが、憲法規範としては同格であるので、一方の規範から結論を導くことはできない。たとえば、生まれによる差別を禁止した憲法一四条と天皇位の世襲制を定めた憲法二条は明らかに矛盾した内容を規定しているが、それだからといって憲法二条が違憲となるわけのものではない。したがって、この場合、「憲法は生まれによる差別を禁じているが、天皇位については例外として世襲という生まれによる差別を認めている」とでも解さなければならないのである。

他の条項が、当該条項の解釈結果を補強したり、否定したりすることもある。たとえば、憲法九条が一切の戦力を否定していると解したとき、軍隊もなく軍人もいないはずであるのに、憲法六六条二項がなぜ国務大臣は文民でなければならないと定めているか疑問が生じるであろう。逆に、自衛戦力は認めていると解したとき、上の疑問は氷解するが、今度はなぜその戦力の統帥権の所在に関する規定や宣戦等に関わる規定が一切存在しないのかが問題となる。これらの疑問は、それぞれの解釈結果の妥当性を弱め、一方の解釈結果を正当化する働きをするが、いずれの解釈をとるとしても、解釈結果と整合性のあるようにこれらの疑問に解釈として答えなければならないだろう。

### ❖ガイドラインとしての「前文」（留意点3）

憲法は特定の理念に基づいて作成されている。憲法の個々の文言の解釈や、規範総体の解釈にあたっては、これら理念に基づいて解釈するべきであろう。この理念は憲法規範全体を通して読み取るべきものであるが、前文を持つ憲法の場合には、とりわけ前文が手掛かりとなる。その結果、日本国憲法の場合には、国民主権主義・人権尊重主義・永久平和主義の三原則が**憲法の基本理念・原則**として挙げられることが通例である。そこで多くの解釈者は、この原則に沿って個々の条項の解釈を行っている。しかし、三原則を承認したとしても、各原則の理解において一致があるとは限らない。たとえば、永久平和主義からただちに一切の武力行使の否定が導かれるかどうか、議論の分かれるところであろう。また、そもそも日本国憲法の原則がこの三つに限られるかどうか、たとえば、象徴天皇主義とか地方自治主義とかもそうではないかとの異論はただちに出てくるであろう。その際、どの理解が正しいかを客観的に決めることはおそらくできない。そうであっても、各解釈者が、みずからの理解する理念に沿って個々の憲法条項を解釈している事実だけは否定できない。

### ❖人権条項と政治機構条項の解釈態度の相違（留意点4）

社会契約に基づく近代憲法の解釈にあたっては、権力受託者に受託された権力は限定的に解される一方、人民が本来的に保有している人権についてはいわば拡大的に解する態度が要請されよう。すなわち、前者の規定は厳格かつ限定的に解釈されるべきであろうが、後者の規定は柔軟かつ拡大的に解釈されるべきであろう。したがって、伝統や国際状況の変化等を理由として明文で受託されたもの以外の権限を行使することを許す解釈はすべきではないが、憲法二一条から「知る権利」を読み取ったり、憲法二五条から「環境権」を読み取ったりすることは、必要な限りで行ってよい解釈と言える。後者の場合、「生命、自由及び幸福追求に対する権利」を定めた憲法一三条は、包括的規定として読みうるとともに、ここからプライバシー権等の個別の権利を導き出すことができる格好の媒介条項である。

### ❖複数の解釈の可能性（九条を例として）

これまで見てきたように、「憲法解釈」は決して立法者意思を探ったり原意を探ることに留まったりするものではないし、また、留まってはならないものである。多様な解釈を許す文言・規範から、解釈を行う者は、みずからが憲法の理念と理解するもの（これも各自異なる）に基づいて、解釈作業に取り組んでいる。その際、著しく文言を無視する解釈や、論理が整っていない解釈は、応「**間違った解釈**」との評価を与えてよい。また、右に述べた留意点を無視した解釈は、きわめて説得力を欠くものとなろう。しかし、それなりに文言を尊重し、論理を駆使したときでも、一八〇度異なる解釈結果になることも避けられないのが「憲法解釈」という作業である。

**憲法九条**を例として、このことをみてみよう。

たとえば、一切の**武力行使**を憲法九条が禁じているかについては、一切の武力行使はなんらかの国際紛争の存在を前提としており、「国際紛争を解決する手段」でない武力行使は存在しないので、九条一項によって一切の武力行使が禁止されているとする説（A説）、パリ不戦条約が禁じた「国際紛争を解決する手段」としての戦争には自衛戦争・制裁戦争が含まれていなかったので九条一項もそれらの性格の武力行使は禁じていないが、二項で一切の戦力の保持を禁じ、交戦権を否認した結果一切の武力行使もできないとする説（B説）、一項についてはB説と同様であるが、「交戦権」とは対等な立場で「戦争」を行うときの国際法上の権利を意味し、それを二項後段は否認したに過ぎないので、「戦争」とは区別される自衛のための「武力行使」はできるとする説（C説）が論理的にありえる。

また、「**自衛隊**」については、憲法は一切の**戦力の保持**を認めておらず「自衛隊」はまさに戦力であるから違憲であるとする説（A説）、一項を受けて規定された二項で禁じる戦力には自衛のための戦力は含まれておらず、「自衛隊」はまさに自衛のための戦力であるから合憲であるとする説（B説）、「自衛隊」は防衛のための必要最小限の「防衛力」であってそれは二項の禁じる「戦力」ではないので合憲とする説（C説＝政府説）などが論理的にありえる。

### ❖解釈者の「正義」観

解釈を行う者が、主観的には「唯一で正しい客観的解釈」を指向している場合にも、実際にはそこには解釈者の価値観や現実の認識が不可避的に含まれている。漠然とした文言にどのような意味を与えるか、あるいは複数の解釈を許す規範からどの解釈を選ぶかは、決して客観的な行為ではない。そこには「どう解釈することが妥当か」という解釈者の判断が、無意識的にせよ、存在する。むしろ、現実の解釈作業においてしばしば起ることは、解釈者が「正義」（妥当）と考える結論を導くために、解釈を工夫するという現象である。たしかに、「なにが妥当か」ということと、「憲法がどう定めているか」ということは、憲法解釈を始めるにあたって峻別しておかなければならない事柄である。「自衛隊が必要だ」ということは、ただちに「自衛隊は合憲だ」ということを導くものではない。しかし、「自衛隊が必要だ」と考える者は、それを合憲とする解釈が著しく無理な場合などは別として、論理を駆使してなんとかそれを合憲とする解釈を工夫しがちである。逆の場合も基本的には同様である。そうした意味からすれば、どの憲法解釈にも、憲法解釈に先行する**解釈者の「正義」観**が存在するのである。そして解釈者のどの「正義」観が正しいかを客観的に決定する基準は存在しないので、「唯一で正しい客観的解釈」などはほとんどの場合存在しないと言える。

### ❖意図する解釈結果を導くテクニック

解釈者の考える「正義」にみあった解釈結果を導く手段となるテクニックにおいても、憲法学（法学）はさまざまなものを用意している。**拡大解釈**（憲法八一条の違憲審査の対象に条例・条約が含まれる）、**類推解釈**（皇室典範二一条の摂政の刑事的無答責から天皇のそれを類推する）、**縮小解釈**（憲法八九条の「公の支配に属しない教育」には私立学校は含まれない）、**反対解釈**（「公共の福祉」による制限は二二条・二九条以外には及ばない）とかといった**解釈テクニック**がそれである。こうしたテクニックを適宜駆使することによって、解釈者が妥当と考える結論を導き出すことは容易である。

### ❖解釈の妥当性の担保——歴史認識・現実認識

それでは、解釈の客観的な妥当性を担保するものはなんら存在しないのであろうか。厳密な意味ではおそらくそれは存在しないだろう。しかし、論理的に優れた「きれいな解釈」が説得力を持つことは当然として、解釈者の主観的・主体的な「正義」観の妥当性、ひいては解釈結果の妥当性を高めるものは、究極において「正義」観の形成に与った解釈者の**現実認識**や**歴史認識**の妥当性であろう。いくら高踏な議論を展開しても、内外の文献を引用しても、日本の現実の問題の妥当な解決に役立たない解釈は、長期的・究極的には斥けられよう。それゆえ、有力学説の結論を暗記して単に繰り返すことは論外として、単に憲法解釈のテクニックを覚えそれを駆使するだけでは、真に「憲法解釈」を行ったとは言えない。なによりも「憲法を読む（解釈する）」ということは、「歴史を読み、現実を読む」ことだと言わなければならない。歴史・現実の認識とそれを通して形成された人間観・世界観・価値観こそが、解釈結果の説得力や妥当性を左右するものとなるのである。その意味からすれば、「憲法解釈」を志す者は、なによりも歴史・現実を学ぶ者でなければならない。

## 憲法解釈の主体とその意義はなにか

### ❖公権解釈・公定解釈

権力を国民から委託され行使する立法府や行政府は、その立法や行政の執行過程において、なんらかの憲法解釈をしばしば行っている。テロ対策特別措置法による自衛隊の海外派遣や大嘗祭への公金支出等も、特定の憲法解釈に基づいて行われた。これらの憲法解釈は、次に述べる学者の憲法解釈とは異なり、実効性を伴っており公的性格を持つものであるから「**公権解釈**」である。この種の「公権解釈」が何かを明らかにすることも憲法解釈学の課題の一つではあるが、しかし、結局この種の「公権解釈」も最終的には裁判所によってその当否が決定される。その意味では、「裁判所、なかんずく最高裁判所が憲法と考えるものが日本の憲法である」と言える。したがって、**裁判所による憲法解釈**＝憲法判例こそが日本の**公定憲法解釈**である。このように、裁判所による憲法解釈は特別の位置を占めるものであるから、「制定法主義」の日本においても判例は格別に重要である。

## ❖憲法学者の解釈の意義と限界

けれども、憲法解釈にもっぱら携わっているのはそれを業とする憲法学者である。ちょっとした書店に行けば、彼（女）らの執筆した憲法解釈中心の教科書が棚を埋めている。私たちはそれらを通して、基礎的な知識を得るとともに、学説の分岐を知ることができ、特定の憲法学者がどのように憲法を読んだかを知ることができる。そして、ある場合には、特定の学者や解釈学説に共鳴することにもなる。しかし、**学者による憲法解釈**は、あくまでも彼（女）個人の「正義」観に基づく私的な解釈でしかない。また、多くの学者の一致する解釈結果であっても、それだけではただ学者の「通説」「多数説」に過ぎず、公定の解釈にはなりえない。「これが憲法の内容だ」という公定解釈は、あくまでも裁判所によって行われるものに限られている。

それでは学者による**解釈学説**の提示は無意味であろうか。もちろんそうではない。「判例法主義」をとる英米においても、学説は将来の判例に影響を与える有力な源であるが、厳格な判例拘束性のない「制定法主義」の日本においては、学説は将来の裁判所の判決により大きな影響を及ぼすものとして機能している。大学等において将来の法曹候補者を自説に基づいて教育することによる影響はさておき、学説は判例を支持することで裁判所に自信を与え、判例を整理することで裁判所に指針を与え、判例を批判することで裁判所に反省を迫り、判例を欠く問題への答えを示すことで裁判所の将来の判決に手掛かりを与えている。そして、裁判所を名宛人とするこの種の解釈学説は、裁判所の判例を踏まえた、裁判所で通用する解釈を目指すものでなければならないだろう。

また、必ずしも裁判所に提起されない憲法問題とか、技術的理由で裁判所が判断を避けるような憲法問題も日常的に無数に発生している。たとえば、女性の天皇を否定する皇室典範の合憲性、自衛隊の合憲性、首相の靖国神社公式参拝の合憲性とかである。こうした問題について、学説は立法府や行政府、ひいては国民を名宛人として指針を示している。

他方、立法府・行政府や将来の裁判所に影響を与えるものとして、一般の人々による「憲法運動」等があることも忘れてはならない。学説はこうした運動に根拠を与え励ますものとしても機能する。環境保護運動や反戦運動に対して、これまで一部の憲法学説の果たしてきた役割には大きいものがあった。こうした運動等を名宛人とする憲法解釈は、「環境権」「平和的生存権」といったスローガンを提示する点で功績があったが、しかし、運動の説得力を高めるためには解釈学説自体の説得力も高まらなければならないだろう。この点では、裁判所を名宛人とする場合と本質的には異ならないと言うべきである。

### ❖「神々の争い」と解釈者の責任

さて、解釈主体が裁判官であると、学者であると、あるいは一般人であるとを問わず、解釈が究極的には各人の「正義」観に基づく主体的な決断であるとするとき、どの「正義」観が正しいかを決めることは客観的には不可能であり、それはいわば「神々の争い」である。憲法自体も特定の「正義」観に立脚しているが、その「正義」観がなんであるかについても、各人の「正義」観によって異なる認識がなされるのであるから（異なる基本原則認識の可能性）、「憲法自体の『正義』観に立つべきである」と述べてもあまり意味はない。したがって、「正義」観の根拠になっている事実を争ったり、特定の「正義」観に基づく論理展開の巧拙や説得力は問いうるとしても、「正義」観自体については批判がありうるのみである。

そして、「唯一で正しい客観的解釈」などは存在せず、解釈作業が各人の「正義」観に基づく主体的な決断であるなら、そこには特定の決断を行ったことについての解釈者の責任が生じる。もはや客観的認識を理由として責任を免れることはできない、これが一九五〇年代に展開された「法解釈論争」の一つの結論でもあった。「憲法解釈」の性格をこのように把握するとき、解釈者にとっての歴史認識・現実認識の重要性は、再度確認されることになろう。

〈ステップアップ〉

憲法（法）解釈の性格やあり方等については、さまざまな議論が展開されており、その議論を理解するためにはある程度法律学を学んでいることが前提となる。その意味で、高度な本（たとえば、ニクラス・ルーマン『法システムと法解釈学』（日本評論社））は後の学習に待つことにして、憲法解釈の基本的あり方を講じた文献を例示的に提示する。
① 小林直樹『新版　憲法講義　上』（東京大学出版会、一九八〇年）第一章第三節II
② 杉原泰雄編『講座　憲法学の基礎3　憲法学の方法』（勁草書房、一九八四年）所収の岩間昭道、山内牧弘論文
③ 高見勝利「芦部憲法講義ノート拾遺第二回」法学教室二三九号（二〇〇〇年）

（横田耕一）

Bridgebook

# 第5講義 誤った憲法解釈——許されない解釈方法

## はじめに

憲法解釈のあり方については、憲法解釈は正しい憲法の意味の認識なのかそれとも解釈者の価値判断を伴う実践なのか、憲法解釈の正しさないし客観性はどのような基準で判断されるのか、憲法解釈にはどのような方法がありまた作法があるのか、憲法解釈の基準は何か、解釈者が誰であるか(裁判官であるのか、国会議員であるのか、市民であるのか)によって憲法解釈のあり方が異なるのか等々、さまざまな点が議論されてきた。「正しい」憲法解釈の方法の探求は永遠の課題だと言っても過言ではない。しかし、〈こういう方法での憲法解釈は許されない〉といった憲法解釈のいわば禁じ手を指摘することはできるであろう。以下、許されない解釈方法を用いている「誤った憲法解釈」にはどのようなものがあるかについて検討を加えていこう。

## 憲法と法律の逆転

憲法は最高法規であり、法律以下の法令は憲法に違反してはならない（憲九八条一項）のであって、法律以下の法令は憲法の規範内容に反していないか否かを問われねばならない。それゆえ、法律規定に引きづられて憲法を解釈することは主客転倒をさせるものであり、**憲法の最高法規性と矛盾する「誤った憲法解釈」**である。

たとえば、**刑事手続上の保障**に関する憲法の諸規定を、刑事訴訟法に引きづられて解釈することは、誤った憲法解釈である。憲法三四条前段は、理由を告げられ、弁護人依頼権を与えられなければ抑留・拘禁されないと定めている。この理由の告知について、刑事訴訟法は被疑者・被告人の逮捕、勾留、勾引にあたって犯罪事実、被告事件、公訴事実の要旨を告知するものと定めている（六一条・七六条一項・二〇三条一項・二〇四条一項）。ここから、憲法三四条前段で告知されるものとされている「理由」とは、犯罪事実の要旨を指すと直ちに解釈するとすれば、それは法律に引きづられた誤った憲法解釈である。憲法三四条前段で告知されるべきとされている「理由」が何かは、同条の理由告知の保障の意義・根拠に照らして解釈されねばならないのであって、法律によってどう定められているかによって決められるべきものではないのである。私自身は、「理由」の告知は、公権力による身体の拘束に正当な理由が必要であるからだけでなく、被疑者・被告人の防御権を保障するためにも要求されているのだと理解しているので、憲法三四条前段の「理由」には、犯罪事実だけでなく、身体の継続的な拘束を必要とする実質的合理的理由を含むと解するのが適切であると考えている。しかし、憲法三四条前段の「理由」告知の保障の意義についての一定の理解に基づき「理由」は犯罪事実だけであると解し、そうした憲法解釈に基づき刑事訴訟法を合憲であると解釈することも、ありうる解釈である。要は、法律の定めを最初から当然視しての憲法解釈は許されないということである。

さらに、憲法七六条一項は「すべて司法権は……裁判所に属する」と規定しているが、裁判所が司法権以外の権限を行使できるかについては明言していない。他方、裁判所法三条一項は、裁判所は、日本国憲法に特別の定めのある場合を除いて一切の法律上の争訟を裁判するほか、「その他法律において特に定める権限を有する」と規定している。国会議員の選挙の効力を争って有権者や候補者が提起する選挙訴訟（公選二〇四条）や地方公共団体の長や職員による違法な公金支出があるなどとして住民が提起する住民訴訟（地自二四二条の二）において裁判する権限は、この「その他法律において特に定める権限」であるとされている。そして、この裁判所法の定めから直ちに、憲法上、裁判所は司法権以外の権限を行使することができるし、裁判所にどのような司法権以外の権限を与えるかは立法政策の問題であると解するとしたら、それは法律に引きづられて憲法を解釈する誤った憲法解釈である。裁判所が司法権以外の権限を行使できるか、また、そこに限界はないかという問題は、憲法による司法権の裁判所への付与の意義、司法権の性格についての考察に基づき判断されるべきものである。

このように法律規定に基づいて憲法を解釈することは許されない憲法解釈である。しかし、**生存権についての抽象的権利説**は、法律によって憲法上の権利の内実が確定されることを認めている。抽象的権利説は、憲法二五条一項の定める生存権はそれだけでは具体的な請求をすることができない抽象的な権利であり、社会保障立法によって生存権が具体化され具体的な請求権となると説くのである。そして、社会保障法上の受給権は法律によって具体化された生存権であるので、行政機関による受給権の侵害は当該法律に違反しているだけでなく、憲法二五条違反であるし、国会が正当な理由なしに法改正をし受給権を制限あるいは剝奪することは憲法上許されない、とされる。ここでは、法律の定めた内容が憲法上の権利の内容となるとされている。これに対しては、「下位規範に先行して確定しているはずの憲法上の法規違反の内容が、下位の制度の有無ないし内容によって逆に規定されてしまう」という難点があるとの批判がありうる。しかし、最高法規である憲法が、その具体化を下位規範に委ね、下位規範の定めたところを憲法の具体的な保障内容とするということは、論理的にはありうることである。ただし、こうした憲法解釈およびそれに基づく法律解釈は自覚的になされなければならない。法律が憲法の内容を規定するというのは異例なことであるのだから、ある憲法の規定がそのような異例の要請を含むものであるということが、説得力のある理由によって示されねばならないのである。

さらに、憲法が例外的にその要求内容の確定を法律に委ねているといった憲法解釈をとる場合でなくとも、憲法解釈にあたって法律を持ち出すことが一切許されないとは言えないであろう。法律が自己と同じ憲法解釈に基づくものである場合、そうした憲法解釈に基づく法律の制定・運用を、それによって当該憲法規定の目的が十分実現されているとして、補強的に持ち出すことは許されるであろう。その意味では、憲法解釈にあたって憲法と法律以下の法規範との視線の往復は、不可欠である。

## 伝統による憲法の軽視

次に、誤った憲法解釈として、伝統による憲法の軽視が挙げられる。その例を天皇の代替わりの儀式に関する**政府の憲法解釈**に見ることができる。

**天皇の代替わりの儀式**が一部は国事行為として行われ、他は「皇室行事」として行われ国費が支出されたが、そうした国事行為や国費支出が憲法の政教分離規定(憲二〇条三項＝国の宗教活動の禁止、八九条＝宗教団体への公費支出の禁止)や国民主権原理に反しないかが問題となった。たとえば、国事行為としての**即位の礼**(典二四条)の内容は、国民主権原理や**政教分離原則**との関係で配慮はなされたものの、皇室の伝統に従った形で具体化されたものであった。すなわち、即位礼正殿の儀、祝賀御列の儀、饗宴の儀が国事行為とされたが、それらの内容は、戦前の登極令に従ってとり行われた昭和天皇の即位儀式の内容に、日本国憲法に配慮して一定の修正(剣璽と共に国璽、御璽も台の上に置かれた、天皇が勅語ではなく「お言葉」を述べた、内閣総理大臣が軒下ではなく正殿内で寿詞を述べた等)を加えたものであった。しかしながら、宗教的性格を有する大嘗祭と国事行為である即位の礼との分離が不完全であるため、即位の礼も宗教的性格を帯びてしまっており、憲法の政教分離規定に違反することになっていたとの批判や、実際の即位の礼の内容が国民主権原理に反していたとの批判を受けた。また、政府は、皇室神道に基づく儀式として行われた大嘗祭に宮廷費を支出したが、そのような大嘗祭への国費支出が憲法の政教分離規定に違反するのではないかとの批判も受けた。

当時、政府は、憲法の政教分離の要求と皇室の伝統との調整を図りこのような形にしたと説明した。たとえば、政府は、「即位の礼」のあり方について「憲法の趣旨に沿い、かつ、皇室の伝統等を尊重したものとするとの観点から」検討を加えた結果であるとして正当化しようとした(政府見解「『即位の礼』の挙行について」)。こうした憲法も伝統も尊重するという立場は、一見するとあちらも立てこちらも立てるバランス感覚のあるものという印象を与えるかもしれないが、憲法解釈の方法として誤ったものである。というのも、この憲法と皇室の伝統の両者の尊重という立場では、憲法の要請と皇室の伝統とが対等の別個の要請であるとされることとなっているが、それでは憲法の最高法規性を否定したことになる。日本国憲法下では、皇室についての定めである皇室典範は法律にすぎず(憲二条)、皇室典範の制定とその運用が憲法に違反することはできないのであり、皇室に関する事柄についても日本国憲法は最高法規として妥当しているのである。それゆえ、日本国憲法の下では、憲法と皇室の伝統とを同列に置くことは許されない。天皇の代替わりの儀式等について皇室の伝統を尊重することが許されるとすれば、まず、憲法の要請の範囲・内容を明らかにし、そうして明らかにされた憲法の要請の範囲内においてのみなのである。

## 政策論とルールの混同

政府は、日本国憲法は、国際法上国家に認められる**自衛権**(国連憲章五一条のいう個別的自衛権)——外国から武力攻撃を受けた場合に軍事力によって反撃する権利——を放棄していないとし、そのことを根拠に、**憲法九条**二項で保持しないとされている「**戦力**」とは、自衛のための必要最小限度を超える実力を指すのであり、自衛のために必要な最小限度の実力(**自衛力**)にとどまっている自衛隊は合憲であると主張してきた。ただ、この自衛力論を、主権国家である以上は当然に自衛権を有するということのみで正当化しようとするならば、それは**政策論**とルールとを混同する許されない憲法解釈となる。

そうした嫌いのある政府答弁の例としては、次のようなものが挙げられる。すなわち、「日本は固有の自衛権というものを独立国である以上放棄したものではない、従いまして他国から急迫不正の侵害を受けた場合に、その自衛権を行使するという形において武力抗争をすることも「憲法九条」第一項は放棄したものではない」。「国家が自衛権を持っておる以上、国土が外部から侵害される場合に国の安全を守るためにその国土を保全する、そういうための実力を国家が持つということは当然のことでありまして、憲法がそういう意味の、今の自衛隊のごとき、国土保全を任務とし、しかもそのために必要な限度において持つところの自衛力というものを禁止しておるということは当然これは考えられない」(一九五四年一二月二一日衆議院予算委員会での林修三内閣法制局長官の答弁)。

ここでは、独立国である以上当然に有する自衛権の行使を憲法が不可能にしているはずがないという前提があり、それにあうように憲法を解釈しようとしている。国家たるもの外国から武力攻撃を受けた場合に武力によって反撃することは当然であり、憲法もそれを禁ずるような非常識なことをしているはずがないという願望あるいは政策論が先にあるのであって、政策論とルールとが混同されているのである。

また、憲法九条を法規範ではなく**政治的マニフェスト**(宣言)であると解する見解についても政策論とルールとの混同が指摘できる。この見解は、現実の国際社会においては国家が軍事力によって自己の安全を図るのは当然のことであって、現実の国際社会を措定するかぎり「戦力不保持」という字句は明らかに不合理であるという認識から出発する。そして、字句に執着してナショナル・セキュリティを置き去りにするような憲法解釈は正しい解釈ではないとして、憲法九条二項は「平和への意志」を表した修辞的表現で飾られた政治的マニフェストにすぎず、法的効果は発生しない、と説くのである。この見解は、憲法のテキストだけでなく、憲法九条制定の事情と当時の社会的雰囲気や、現在の国際的社会状況を考慮に入れて、国民の真の福祉に合致すると考えられるような正しい解釈を決定する「社

**会学的解釈方法**」をとるものであるが、結局は非武装の非現実性・非合理性が憲法九条の法的効果の否定という結論を導く決め手となっている。このように憲法九条が法規範としての性格を有するかどうかを、解釈者の現実認識や政策判断からただちに決定しようとすることは、政策論をルールと混同するものである。

さらに、**緊急逮捕合憲論**にも政策論とルールとの混同の嫌いがある。憲法三三条は、現行犯である場合を除き令状によらなければ逮捕されないと定めているが、刑事訴訟法は、さらに、「死刑又は無期若しくは長期三年以上の懲役若しくは禁錮にあたる罪を犯したことを疑うに足りる充分な理由がある場合で、急速を要し、裁判官の逮捕状を求めることができないとき」に、事後にただちに令状を求めることを条件に、無令状での逮捕を認めている（緊急逮捕＝刑訴二一〇条）。現行犯でない場合に無令状で逮捕するこの緊急逮捕を憲法三三条に照らして正当化することは、困難である。これに対しては、憲法三三条が「令状によらなければ」というのは「令状の根拠によらなければ」という意味であり、逮捕の直後に逮捕状が発せられれば令状による逮捕と言えるという説明がなされることがある（準令状逮捕説）。しかし、この説をとった場合、事後に逮捕状を請求して令状が発付されなかった場合の緊急逮捕を正当化することができない。そこで、緊急状態において重大犯罪について事後にただちに令状を請求することを条件に身柄を拘束することが社会治安上必要である、として緊急逮捕を正当化しようとする見解が述べられている。しかし、この立場は、「憲法がその文言通り逮捕を現行犯逮捕と令状逮捕に限っているとすれば治安維持にとって不都合である」という政策的判断によって緊急逮捕を正当化しようとするものであって、政策論をルール論に優先させる誤った憲法解釈である。

以上見てきたように、政策論からただちに憲法の意味内容を引き出そうとするのは、政策論とルール論とを混同する許されない憲法解釈である。もっとも、憲法解釈から政策論を完全に閉め出すことは不可能である。たとえば、憲法九条一項について言えば、伝統的な国際法上の用語法では「国際紛争を解決する手段」としての戦争という語は侵略戦争を指すものとして用いられてきたことを根拠に、『国際紛争を解決する手段』としての戦争を放棄する九条一項は侵略戦争のみを放棄するものである」と解釈し、このような理解は現在の国際社会における安全保障の方法として合理的であるという政策論によってそれを補強するのは、許される解釈態度である。政府の憲法九条一項解釈はそのようなものと理解すべきであろう。

## 憲法の文言の無視

もっとも、「陸海空軍その他の戦力」を自衛のための最小限度を超える実力と解する**政府の憲法解釈**は、「陸海空軍その他の戦力」という文言から許される解釈の余地を超えており、解釈の枠を超えた「解釈」であると批判されてきた。実際、憲法九条二項につき**憲法変遷**（憲法違反の事実の継続によって憲法改正と同じ結果になること）が生じたかどうかという議論があるが、論者の多くは、自衛のために必要な最小限度の実力は戦力ではないという解釈が「解釈の枠」を超えていることを前提としている。

たしかに、通常、憲法の文言は憲法解釈の超えてはならない「枠」として機能する。解釈の対象は憲法典というテキストであるから、その文言が解釈の基準となるのは当然であり、そうであるならば少なくとも憲法の文言の辞書的な意味からはずれるような解釈は許されないはずである。たとえば、憲法三六条が、「公務員による拷問及び残虐な刑罰は、絶対にこれを禁ずる。」と定めているのに、例外的に拷問や残虐な刑罰が許される場合があるとするのは、明らかに誤った解釈である。憲法九条二項について言えば、「戦力」とは、「陸海空軍その他の」という修飾語が付いていることからして、陸海空軍の名に値するような「戦う力」、すなわち軍事力、軍隊を指すものと解される。それゆえ、九条二項の「戦力」を、すべての軍事力ではなく、自衛のための最低限度を超える実力なのだという解釈は、文言上許されうる限界を超えた解釈と言わざるをえない。

もっとも、文言の辞書的な意味に反した解釈をしてはならないといっても、憲法の文言にはあいまいなものが多いので、明らかに文言に反した憲法解釈と言えるような場合はそうはないであろう。さらに、文言に反する解釈がつねに許されないとまでは言えない。たとえば、憲法八二条二項は、「裁判所が、裁判官の全員一致で、公の秩序又は善良の風俗を害する虞があると決した場合には、対審は、公開しないでこれを行ふことができる」と、裁判の公開の例外を定めている。しかし、最近では、裁判の公開がかえって訴訟当事者のプライバシーの権利や経済的自由を侵害してしまうことがある点が注目されており、公開が訴訟当事者のプライバシーの権利や企業秘密を害するおそれがある場合に裁判を非公開とすることができるように憲法を解釈しようとのさまざまな試みがなされている。ある説は、憲法八二条二項の「公の秩序……を害する虞がある」場合には、プライバシーの権利が害されるおそれがある場合を含むと解する（公序説）。他の説は、「公の秩序又は善良の風俗を害する虞がある」場合というのは非公開にできる場合の例示であって、「公の秩序又は善良の風俗を害する虞がある」とは言えなくても、プライバシーの権利が害されるおそれがある場合など訴訟当事者の権利を守るために必要であれば非公開にできる、と解する（例示説）。また、別の説は、訴訟当事者の裁判を受ける権利を保障するため必要があれば、憲法八二条二項の定める場合とは別個に裁判を非公開にすることができる、と説いている（裁判を受ける権利説）。これら三つの説のいずれも、九条二項の「戦力」はすべての軍事力ではないとする解釈と同程度、憲法の文言に反しているが、ただちに、誤った憲法解釈手法がとられているとは言えないであろう。ただ、憲法の文言から離れ、あるいは文言と矛盾する解釈をするためには、文言から離れる程度に応じて、そのように解する根拠（そのように解する必要性・現実の要求、憲法の構造等）を明確に説得力ある形で示すことが求められるのである。

政府の憲法九条二項解釈は文言に反した解釈である。政府は、例外的に許される文言に反した解釈であることを説得力ある形で示さねばならないのである。

## 文言への過度のこだわり

憲法の文言は憲法解釈にあたって「枠」ないし基準として機能する。しかし、文言だけが解釈の基準というわけではなく、他の憲法規定や憲法の全体構造、憲法の基本原理・理念等に照らして文言への過度のこだわりが明らかに不当である場合もある。そうした文言に過度にこだわった憲法解釈は誤った憲法解釈である。

たとえば、外国人が享有しうる人権の範囲につき、条文に「何人も」とある人権は享有でき、「国民は」とある人権は享有できないという説があった（文言説）。しかし、日本国憲法制定にあたって外国人の享有可能性を考慮して「何人も」「国民は」という主語が選択されたわけではないので、人権規定の主語にこだわると、外国人に国籍離脱の自由（憲二二条二項）を認めるというように、非常に奇妙なことになってしまう。それゆえ、人権規定の主語にこだわって**外国人の人権享有主体性**を決定しようとするのは、誤った憲法解釈である。

また、憲法七三条六号は「この憲法及び法律の規定を実施するために」**政令**を制定することを内閣の職務として挙げている。この条項の文言にこだわれば、内閣は憲法を実施するために政令を制定する、すなわち法律を媒介とせず憲法を直接実施するための政令を制定することが認められるという解釈がなされるかもしれない。実際、当初にはそのような学説もあったし、一九五五年に内閣が褒章条例を政令として制定した際にはそうした解釈に依拠していた節がある。しかし、憲法四一条が国会を唯一の立法機関としていることからして、内閣が憲法を直接実施する法規範を制定することは認められない。内閣が憲法を直接実施する政令を制定しうるという解釈は、「必ず『法律』という形で定められなければならない実質的立法は、国民の権利を制限し国民に義務を課す法規範のみを指す」という戦前の法規概念をとらない限り成立しえないからである。それゆえ、憲法を実施する政令を憲法七三条六号の「憲法……の規定を実施するために」という文言を理由に認めようとする憲法解釈は、誤った憲法解釈である。

さらに、憲法三四条後段は「正当な理由がなければ」拘禁されないと規定しているが、そこから抑留については正当な理由は不要であると解するとすれば、それは過度に文言にこだわった誤った憲法解釈である。三四条前段は、抑留・拘禁をされるにあたっては「理由」をただちに告げられなければならないと規定しているが、身体の拘束である以上その理由が正当なものであることは当然であるからである。

## おわりに

以上、許されない解釈方法を用いている「誤った憲法解釈」として、法律規定に引きづられた憲法解釈、憲法と伝統とを対置させる解釈、政策論ないし願望からただちに引き出される憲法解釈、憲法の文言を無視する憲法解釈、憲法の文言に過度にこだわる憲法解釈を見てきた。ただ、憲法解釈にあたって法律規定や伝統、政策論を考慮に入れることは許されないわけではなく、それらを「正しく」考慮に入れた憲法解釈は許される。また、憲法の文言の無視は通常許されないが、憲法の文言に反する憲法解釈がつねに許されないわけではなく、憲法の文言への過度のこだわりもまた許されない憲法解釈である。結局、「誤った憲法解釈」が何かを問題にしても、それだけで検討は終わりえず、あるべき憲法解釈手法の探求という永遠の課題へと導かれるのである。

（市川正人）

〈ステップアップ〉

① 内野正幸『憲法解釈の論理と体系』（日本評論社、一九九一年）

憲法解釈論の本質は「憲法上要請されるか否か、禁止されるか否か」を指摘するものであるという立場（「厳格憲法解釈論」）から、憲法解釈の作法を説いている。

② 古野豊秋『違憲の憲法解釈』（尚学社、一九九〇年）「第四章　違憲の憲法解釈」

裁判官の憲法解釈へ「枠」を提供することを憲法解釈学の役割とする立場から、憲法解釈の「枠」の内容を検討している。

③ 赤坂正浩「憲法解釈の枠について——憲法変遷論への一視角」新正幸ほか編『憲法制定と変動の法理』三五七頁（木鐸社、一九九一年）

文言や原理、論理が憲法解釈の枠となるかどうかを検討している。

# 第6講義　憲法解釈と正確な事実の認識

Bridgebook

## 裁判における「事実」の問題

### ❖法規の適用と事実の認定

(1)　司法権を行使する裁判所は、当事者間の紛争にかかわる事実を確定し、これに対して法規を適用することにより紛争を解決しなくてはならない。この法規の適用を行うために、裁判所は、まず、法規を適用すべき事実が何であるかを公平な立場で認定しなくてはならない。

つまり裁判所は、訴えとして提起された法律上の争訟を判断するに際し、一定の法的効果が結び付けられている事実が果たしてあったのかどうかを、手掛りとなる資料（証拠）に基づいて、公正な形で確かめなくてはならないのである。

(2) そのための手続は民事訴訟――行政事件を含む――では「口頭弁論」、刑事裁判では「公判手続」と呼ばれ、ここで証拠調べが行われることになるが、その場合「裁判所において当事者が自白した事実及び顕著な事実」のように、裁判所にとっては改めて証明する必要のない事実もある（民訴一七九条参照）。

その「**顕著な事実**」の中には、いわゆる**公知の事実**、すなわち「通常の知識経験をもつ社会の一般人がその存否の確実なことについて少しも疑いをはさまない程度に知れわたっている事実」――これは「裁判所に知られているので、裁判所に顕著な事実となり、証明を要しない。民事訴訟法上、公知の事実は証明する必要がなく、自白の対象とならないが、反証を挙げることは許される」と説明される（竹内ほか①四三〇頁）。――も含まれる。しかし、裁判所に対して申立てが行われた法律上の争訟である以上、当事者の間で主張される事実の存否について争いがあるか、またはその内容が食い違っているかするのがふつうである。

したがって、裁判所としては、基本的に、争っている当事者双方の主張または立証に基づいて、一定の法的効果が結び付いている係争事実の存否やその内容を認定しなくてはならないことになる。

### ❖判決事実と立法事実

(1) こうして訴訟当事者の主張・立証の目的となり、裁判所が法規を適用すべき対象として認定すべき事実（係争事実）は、しばしばアメリカ法の用語を借りて adjudicative facts、すなわち「**判決事実**」

といわれることがある（ときに「司法事実」と訳されるが、必ずしも適切でない）。この「判決事実」は、代表的な辞典によれば、次のように説明される（田中②二三頁）。

「司法的手続で認定すべき事実。法律上の紛争で争われる当該事件に固有の事実。事件当事者がどのような行動をしたのかなど、過去に生じた具体的個別的な事実をさす。……司法事実は、法を適用する前提となる事実であるため、裁判では、証拠に基づき当事者に立証の機会を保証する trial（正式事実審理）を経て認定される。法律の合憲性の判断や法律の解釈のためには、法律のもたらす社会的影響に関する事実を知る必要があるが、これは一般的事実であり、legislative facts（立法事実）とよばれる。」

(2)　ここにおいて、「判決事実」と対比される形で「立法事実」（legislative facts）の観念が登場していることが注目される。その説明――つまり「法律のもたらす社会的影響に関する事実」として理解するもの――は、しかし、必ずしも一般的ではなく、これについては、むしろ次のように理解されているようである（竹内ほか①一四四〇頁）。

「法律の制定の基礎にかかわる社会的・経済的事実。法律の合憲性を審査するとき、法目的及びその目的達成のための手段が合理的であるためには、立法事実に支えられていなければならないし、社会的・経済的変化のためにそれが認められなくなっているときは、立法時に合憲であった法律も違憲とされる余地が生ずる。それゆえ、憲法訴訟における立法事実の審査の重要性が強調される。」

＊　なお、アメリカ行政法においては、もともと「立法事実」とは法律問題または政策問題に関する一般的事実をいい、「判決事実」（裁決事実）とは具体的事件における当事者に関する事実をいうものとされる。そして、とくに行政手続法上の問題として「判決事実」については trial-type の聴聞、すなわち正式事実審理の要素をそなえたヒアリングを要するが、「立法事実」についてはそれを要しないとする理論と一体的に用いられることが多い（E. Gellhorn=R. Levin etc. ③）。

(3)　以下では、このような理解に立って議論を進めるが、立法事実というものが単にある法律の立法理由・法律制定史から抽出される事実を意味するものであるなら、その検証という作業は、これまでにも具体的な裁判の中で法律の規定の趣旨を探ったり、意味を確定したりする形で現に行われてきたところであり、それをとくに強調する意味はない。

ここで、立法事実ということがとくに言われるのは、立法者の主観的意図のみに目を奪われることなく、ある法律の規定の憲法適合性そのものをいわば客観的に精査するためである。この作業は、とくに——右の説明に示唆されているように——制定時には合憲と考えられた法律についても具体的な争訟事件が提起された時点において再検査に付すという点において、大きな意味をもつことになる。

### ❖立法事実と憲法訴訟

(1)　この**立法事実の認定**という問題は、憲法問題を争点とする具体的な訴訟事件、すなわち憲法訴訟において、一体どのような意義をもつのであろうか。憲法訴訟論の第一人者であった故芦部信喜教授によれば、この点については以下のポイントが注意されるべきだという（芦部④一八一頁以下）。

① 立法事実の分析・論証が要求されるのは、とくに、法律によって一定の制限を課することが憲法上認められている基本的人権（例、職業選択の自由）を規制する法律の合憲性が争われるときである。このような法律は一定の事実状態を前提としてはじめて認められるので、当該法律の立法目的および立法目的を達成する手段の合理性を判断するためには（この場合、合理性があれば合憲となる）、できるかぎり社会科学の成果を利用して、立法事実を明らかにすることが必要不可欠である。

② 立法事実は、法律の基礎にあって、それを支えている――法律の背景となる社会的・経済的――事実であるが、憲法訴訟で問題となるのは、立法当時の過去の事実そのものではなく、現在すなわち裁判時において、立法を支える事実に合理性があるか否かを明らかにすることである。したがって、ある法律または法律の規定を支えるポリシーが変転する社会の事実状態に適合しなくなった場合は、立法時の立法事実に合理性が認められるものであっても、現在合理的な根拠が存在しないことを主張・立証して、合憲性を争うことができる。

③ 法律を支える事実とは、立法目的の合理性ないしそれと密接に関連する立法の必要性を裏づける事実だけでなく、立法目的を達成する手段が合理的（とくに精神的自由が問題になる場合は必要最小限の意を強く含む）であることを基礎づける事実をいう。というよりも、憲法訴訟において立法

事実のもつ最も重要な面は、この立法目的達成手段の合理性に関するものだといっても過言ではない。

(2) こうした意義をもつ立法事実を認定する方法についてはどうか。有力な考え方によれば、この「立法事実の顕出方法」としては、「**裁判所による確知**」のほか、立法を支える社会的事実を論述することに力点を置いた「**ブランダイス式上告趣意書**」によるもの、そして当事者主義に基づいた証拠調べ——とくに専門家証言——によるものなどがある、といわれる(江橋⑤八五頁以下、高橋⑥一一四八頁以下など参照)。

ここにまず、**裁判所による確知**(Judicial Notice)とは、一般に、「裁判所が、訴訟手続上、証拠によらずに、一定の事実の存在を認める行為」であり、「その事実については、当事者による立証は不要となり、反証も許されなくなる。これが許される範囲は、公知の事実や、確実な証拠により正確かつ容易に認知することのできる事実に限られている」と説明される(田中②四八三頁)。

また、**ブランダイス式上告趣意書**(Brandeis brief)とは、後に合衆国最高裁判事となるブランダイスが、弁護士時代に、女性労働者の最長労働時間を一日一〇時間に制限するオレゴン州立法の合憲性が争われた事件において、その内容のほとんどを長時間労働が女性の健康に与える悪影響に関する医学的論証、証言、統計資料で占め、伝統的な法律論はわずかしかないという異例の上告趣意書を作成したことから、アメリカで広く用いられるようになったもので、立法の根拠にある社会的事実に注目することの重要性を強調する新しい方式の上告趣意書をいう（田中②一〇九頁参照）。

(3)　こうした立法事実論が日本で意識的に採用されたのは、一般、にいわゆる**適正配置規制**——しばしば**距離制限制**といわれる——を設けていた薬事法の規定を違憲とした憲法訴訟（判例①）であるといわれている。

しかし、右のような「立法事実」論による限り、たとえば、いわゆる津地鎮祭事件・愛媛玉串料訴訟などの政教分離原則が問題となった事案（後述参照）については、立法事実を訊ねるという方法は、ほとんど意味をもたないといってよい。というのも、そこでは立法部の立法行為などが問題とされたわけではなく、争いの対象となったほとんどの行為は公的機関の行った儀礼的な事実行為にすぎないからである。

とはいえ、立法事実の探求が大きな意味をもつ事案がまったくないわけではない。それがいわゆる国有境内地処分法の問題であるが、以下ではこれについて多少検討を加えることにしよう。

## 国有境内地処分法の合憲性問題

### ❖社寺境内地処分問題をめぐる論議

(1)　いわゆる**国有境内地処分法**——正確には、日本国憲法の施行直前に公布された「社寺等に無償で貸し付けてある国有財産の処分に関する法律」（昭和二二年法律五三号）という——は、**政教分離原則**

の一環を形づくる憲法八九条に定められた宗教団体に対する国有財産供用の禁止との関係が争われた、数少ない立法例である。

この法律は、国有地である寺院の境内地その他の付属地を無償または時価の半額で譲渡することを定めたものである。その合憲性については、すでに一九五八（昭和三三）年に最高裁判所の判断があり（判例②）、学説上も、沿革上の理由を根拠とした合憲論が支配的である。その論法は消極的合憲論または弁明的合憲論というべきものであるが、代表的なコンメンタール（逐条解説書）によれば、以下のごとくであった（宮澤＝芦部⑦七四二頁参照）。

「この場合は、元来が明治初年に寺院の所有権がかならずしも確立していなかった際に、それらの土地を無償で国有にしたもので……、寺院がそれらの土地に対して、なんらかの特殊的な利益を主張する権利を有することは漠然と承認されていたような事情もあり、いわば寺院はそれらの土地に対して一種の不確定な請求権的な利益をもっていたとみとめられた。こういった特殊な沿革的な事情にもとづいて考えると、右の法律のとった措置は、寺院のそれまでもっていたそうした請求権的利益を承認し、これにそれらの土地の所有権を移転したという性格をもつものと説明できるので、その法律は、その意味でかならずしも憲法本条［八九条］に違反するものでないと解された。すなわち、その寺院に無償で国有地を譲渡するという措置は、ひとえにそういった特殊な沿革的理由にもとづいてのみ是認された……。」

(2)　ここでは、寺院等の「一種の不確定な請求権的な利益」が「漠然と承認されていた」ということが強調されているが、これは誤解を招きやすい、あいまいな説明といわざるをえない。

というのは、そもそも国有境内地処分は、信教の自由や所有権を保障した明治憲法の下において、明治初年の社寺上地または地租改正によって官有に編入された森林原野等を返還する措置として始められたものである(その点に関する考察については、とくに大石⑧二〇一頁以下を参照されたい)。その問題は、国有土地森林原野下戻法(明治三二年法律九九号)および同法に対する解釈を通して寺院等の下げ戻し請求を認めた数多くの行政裁判所の判決を契機として、社寺境内地還付法案・寺院等国有境内地処分法案まで用意された後、宗教団体法とともに制定された「寺院等ニ無償デ貸付シアル国有財産ノ処分ニ関スル件」(昭和一四年法律七八号)――これは第一次国有境内地処分法といわれる――によって、ようやく立法的な解決に向かうという、長い経緯をたどったものである。

同法にもとづく譲与または売払いの作業は、戦況の悪化にともなって中止されたが、日本国憲法の制定とともに、信教の自由と政教分離という二大原則に基づく新たな国有境内地処分法が必要とされるに至った。そこで日本側は、連合国最高司令官総司令部(GHQ)と協議を重ねて、確実な証拠のある社寺境内地については、「社寺等の宗教活動を行うのに必要なもの」に限って無償で譲与し(一条)、それ以外のものについては、同じく「社寺等の宗教活動を行うのに必要なもの」に限って時価の半額で売り払うこと(二条)などを内容とする法律――これは第二次国有境内地処分法といわれる

――を制定したのである。

同法の制定後まもなく、総司令部の中には、確実な証拠がないのに半額売払いを認める制度はおかしいと問題にする者もいたらしい。しかし、新たな国有境内地処分法は総司令部の意向にそった形で練り上げられた法律でもあり、その後の法改正もその点とはまったく関係がない。

### ❖国有境内地処分法の合憲性

(1)　このようにみてくると、いわゆる国有境内地処分法の合憲性に関する通説的な論法、つまり寺社等の特殊な利益や権利主張が漠然と承認されていたという通俗的な説明には、大きな問題が含まれていることが判るであろう。

まず、そうした説明は、明治後期以来の社寺境内地返還問題にまでさかのぼる明治憲法下の立法的努力および行政裁判所の解決策をまったく無視ないし軽視したものである。また、違憲論はもちろん、沿革的理由を根拠とする弁明的な合憲論も、この問題を判断するのに必要な資料を十分に提供する努力を怠っており、その結果、合憲論も違憲論も適切な判断資料を欠いた議論に終始していたといわざるをえない。

その点において、前記の最高裁判決（判例②）も、特殊な沿革的理由があり、過渡的措置であるから合憲であるとのみ述べたことは、今日の眼で見ると、いわば立法事実論のアプローチを欠いたままの合憲論にすぎないように思われる。そのため、学説からは「単なる沿革が合憲の理由になるかは疑わしい」との強い批判があり、これに同調する論者も少なくなかったのである。

さらに、元来、いわゆる国有境内地処分法の合憲性の問題性は、後の学説が問題視した同法一条所定の無償譲与にあるのでなく、むしろ半額売払いの制度(二条)にあったことは明白である。前者については確実な根拠のある場合に限られていたので、そこに疑義はなかったのであって、今日的な視点からみても、同法の由来を考えれば、そこに問題があるとは考えられない。

(2) この点について注目すべき判断を示したのは、いわゆる**富士山頂譲与事件**に関する一九七四(昭和四九)年の最高裁判決である(判例③)。というのも、それは、第一審である名古屋地裁判決が――大蔵省管財局編『社寺境内地処分誌』(一九五四年)という確実な資料によりつつ――社寺境内地処分問題をめぐる経緯を詳しく跡付けたのをうけて、次のように判示しているからである。

「旧国有財産法に基づき社寺等に無償貸付してある境内地のうち、社寺上地等により国有となった土地については……これを元来所有権者であるべき社寺等に無償で返還(譲与)することとして制定されたのが「国有境内地処分」法であると解されるのであり、そのゆえにこそ、法に基づく国有財産関係の整理が日本国憲法第八十九条の趣旨に反するものではないといいうる。……旧国有財産法に基づく社寺等に対する国有境内地等の無償貸付関係……を清算するにあたり、ただ単にその消滅のみをはかるとすれば、上記の沿革的な理由から従来社寺等に認められていた永久、無償の使用権をゆえなく奪うこととなり、財産権を保障する日本国憲法の精神に反する結果となるのみならず、その結果、社寺等の宗教活動に支障を与え、その存立を危くすることにもなりかねないのであるが、そのような結果は、実質的にみて特定宗教に対する不当な圧迫であり、信教の自由を保障する日本国憲法の精神にも反するところである。……なお、法二条による半額売払の制度は、社寺上地等により国有となった沿革を有する土地であっても、明治初年における事実の挙証が困難であることを考慮し、かつ、旧国有財産法による無償使用権に対する補償を含めた趣旨のものとして、その合理性を認めることができる。」

このように、いわゆる国有境内地処分法は、現行憲法の基本原理をなす宗教的自由と政教分離原則との間に合理的な調整を図ろうとしたものであって、そこにいわば積極的な合憲性が認められるのである。したがって、同法に関する憲法判例としては、単なる沿革を理由として合憲と判断したさきの昭和三三年大法廷判決ではなく、むしろ立法事実の認定を的確に行った右の富士山頂譲与事件に関する昭和四九年第三小法廷判決こそ、参考にされるべきものであろう。

＊　なお、後述の愛媛玉串料訴訟における可部恒雄判事の反対意見は、現行憲法八九条に関する戦後の論議の乏しさに触れ、「旧帝国議会での審議当時、宗教関係者が最も怖れたのは、明治政府によって国有化された、名義上の国有財産である神社・寺院の境内地等が、この規定を根拠にして全面的に取り上げられるのではないか、ということであった」点を指摘している。これは、正しくここに述べた国有境内地処分法の問題に関する立法事実のアプローチにもつながるものである。

裁判における事実認識・歴史認識

### ❖判決事実としての歴史的事実

憲法は、本来、政治的なものであり、その規定はかなり理念的なものである。そのため、ある国家行為が憲法の規定に反するとして問題となる憲法裁判または憲法訴訟では、憲法の規定それ自体または問題となった国の行為の意味とともに、しばしば規定の背景にある歴史的事実またはそれが設けられることになった歴史的経緯なども問題とされる。

これは、一定の事実について歴史的な評価を求めるものであるが、そうした事実はこれまで述べた意味における立法事実とはまったく関係がない。ただ、裁判所が問題とされた国の行為について憲法上の争点を判断するに際して、その基礎となるものであるから、そうした事実は、いわば広い意味における係争事実、すなわち判決事実の一つを形づくるとみることができよう。

そして、その事実に対する歴史的な認識の違いが法的な判断の分かれ目になることもあるが、そもそも問題となっている当の事実または観念自体について、理解があいまいなままに議論が行われていることも、実は決して稀ではない。以下では、最近の愛媛玉串料訴訟における最高裁判所大法廷平成九年四月二日判決（判例④）を素材とし、そこに登場する「国家神道」イメージの問題との関連で、その点について具体的に検討することにしよう。

❖事実認識・歴史認識の問題

(1)　衆知のように、愛媛玉串料訴訟とは、愛媛県が靖国神社または護国神社の挙行した例大祭・みたま祭または慰霊大祭に際し、玉串料・献灯料または供物料を県の公金から支出して奉納した行為が、憲法二〇条三項および八九条に違反するのではないかとして争われた事件である。これについて最高裁判所大法廷は違憲判断を示したが、この中で多数による法廷意見は、次のようにいう。

「我が国では、大日本帝国憲法に信教の自由を保障する規定(二八条)を設けていたものの、その保障は「安寧秩序ヲ妨ケス及臣民タルノ義務ニ背カサル限ニ於テ」という同条自体の制限を伴っていたばかりでなく、国家神道に対して事実上国教的な地位が与えられ、ときとしてそれに対する信仰が要請され、あるいは一部の宗教団体に対し厳しい迫害が加えられた等のこともあって、同憲法の下における信教の自由の保障は不完全なものであることを免れなかった。〔日本国〕憲法は、明治維新以降国家と神道が密接に結び付き右のような種々の弊害を生じたことにかんがみ、新たに信教の自由を無条件に保障することとし、更にその保障を一層確実なものにするため、政教分離規定を設けることに至ったのである。」

(2)　このような「明治維新以降国家と神道が密接に結び付き」云々とする「国家神道」理解は、一九七七(昭和五二)年のいわゆる津地鎮祭事件最高裁大法廷判決(判例⑤)以来のものであるが、それが妥当な歴史認識といえるかどうかは疑わしい。

というのも、そもそも「国家神道」とは、日本占領に当たった連合国軍のいわゆる神道指令（一九四五年一二月一五日）の中で、「政府の法令に依つて宗派神道或は教派神道と区別せられたる神道の一派、即ち国家神道乃至神社神道として一般に知られたる、非宗教的なる国家的祭祀として類別せられたる神道の一派」と初めて定義されたものであり、よく使われる「国家神道体制」という用語も、そこに由来している。こうした法的・制度的な標識にしたがえば、国家神道の成立は、少なくとも、内務省の中に宗教局と区別された神社局が設けられ、その所管に属する国家神道と宗教局の所管に属する宗教神道（教派神道）とが明確に区別された一九〇〇（明治三三）年以降のことと考えるべきであって、これが今日の一般的な認識といってよい。

したがって、まず、「明治維新以降国家と神道が密接に結び付き」云々といった程度の歴史認識には、大きな問題があるといわざるをえない。また、本来「国家神道」とは、このように明確な意味をもった限定された観念なのであるが、それが明確な定義を伴って用いられることはあまりない。それは、むしろ漠然と神社制度・宮中祭祀・天皇制イデオロギーの諸要素またはそうしたニュアンスをもって用いられ、したがって、神社や天皇制に対する論者の主観的な価値観または消極的・否定的な態度と結びついて用いられる傾向が強い。そうだとすれば、少なくとも「国家神道」について述べるときは、それが何を意味するかを明確に示すべきであり、その点を説明することなく議論を展開しているのはおかしいように思われる。

(3)　ところが、個別意見の中には、そうした意識もなく国家神道の問題に関する言及がある。すなわち、まず高橋久子判事によれば、「信教の自由は、心の深奥にかかわる問題であるだけに、いまだに国家神道の残滓が完全に払拭されたとはいい難い」という。この「あるだけに」で接続された一文の意味するところは正直いって私にはよく解らないが、尾崎行信判事もまた、「国家神道の復活」を懸念して、次のようにいう。

「本件の玉串料等の奉納は、その金額も回数も少なく、特定宗教の援助等に当たるとして問題とするほどのものではないと主張されており、これに加えて、今日の社会情勢では、昭和初期と異なり、もはや国家神道の復活など期待する者もなく、その点に関する不安はき憂に等しいともいわれる。しかし、我々が自らの歴史を振り返れば、そのように考えることの危険がいかに大きいかを示す実例を容易に見ることができる。……憲法がその条文に明示した制度を求めるに至った歴史的背景を想起し、これを当然のこととして、異論なく受容した制定者始め国民の意識に思いを致せば、国は、憲法の定める制度の趣旨、目的を最大限実現するよう行動すべきであって、憲法の解釈も、これを要請し、勧奨するよう、なされるべきものと信じ、本意見を述べるものである。」

(4)　ここでは、あたかも「国家神道の復活」が現行憲法の下で――つまり憲法改正を経ずして――制度上可能であるかのように説かれているが、当然のことながら、こうした見方に対しては強い反論がありうる。すなわち、まず、反対意見（少数意見）に立つ三好達長官によれば、次のごとくである。

「靖国神社や護国神社と国や地方公共団体とのかかわりに関して、世情、国家神道及び軍国主義の復活を懸念する声がある。戦前の一時期及び戦時中において、事実上神社に対する礼拝が強制されたことがあり、右危惧を抱く気持は理解し得ないではない。しかしながら……政教分離規定を設けた憲法の下では、国家神道の復活はあり得ないし、平和主義をその基本原理の一つとする憲法は、軍国主義の十分な歯止めとなっている。……靖国神社や護国神社と国や地方公共団体とのかかわりにつき、そのような危惧を抱くのは、短絡的との感を免れず、日本国民の良識を疑っているものといわざるを得ない。」

ここに登場する「軍国主義」の意味も、実は、あまりはっきりしない憾みがあるが、その点はともかく、可部恒雄《かべつねお》判事の反対意見も、別の観点から「国家神髄」論を批判し、次のように論じている。

「玉串料等の奉納行為が社会的儀礼としての側面を有することは否定し難く、そのため右行為の持つ宗教的意義はかなりの程度に減殺されるものといわざるを得ず、援助、助長、促進に至っては、およその実体を欠き、徒らに国家神道の影に怯えるものとの感を懐かざるを得ない。……宗教関係学校法人への巨額の助成を許容しながら微細な玉串料等の支出を違憲として、何故、論者は矛盾を感じないのであろうか。すべて、戦前・戦中の神社崇拝強制の歴史を背景とする、神道批判の結論が先行するが故である。……国家神道が消滅してすでに久しい現在、我々の目の前に小さな悪の芽以上のものは存在しないのであろうか。」

(5) このように、これらの反対意見で説かれる「国家神道」は、さきに示した制度的な意味で用いられているのであって、高橋・尾崎両判事が説いたような観念とは、明らかに異なったものである。高橋・尾崎意見は、額面通りに受け取るなら、政教分離原則を採用した現行憲法の下でも、制度としての「国家神道」を定めることが可能だと考えているかのごとくであるが、むろん、そうではあるまい。それはむしろ、いわばイデオロギーとしての「国家神道」を前提としたためであろうが、実は、そのこと自体、最近の「国家神道」に関する研究成果を反映したものとはいえないように思われる。

このことからも判るように、しばしば憲法解釈にとっては「正確な」事実の認識が必要であるといわれるが、問題はそれほど単純ではない。ここで「事実の認識」というとき、それがさきに定義した立法事実でないことはもちろんであるが、さらに判決事実でも公知の事実でもないのであって、もっぱら歴史的に解釈されるべき事実の問題である。それに対する評価・判断は、本来、裁判所のなすべきことではないし、なしうることでもない。歴史的事実についても多様な評価・判断が可能なのであって、研究は絶えず蓄積される。したがって、裁判官が得た一つの認識をもってただちに裁判判決の基礎にすることは、大きな問題を含んでいるといわざるをえない。その意味において、歴史的な事実の認識・評価については裁判所にとって限界があるのである。

〈ステップアップ〉

① 竹内昭夫ほか編『新法律学辞典（第三版）』（有斐閣、一九八九年）
② 田中英夫編『英米法辞典』（東京大学出版会、一九九一年）
③ E. Gellhorn=R. Levin, Administrative Law and Process, 4th ed., 1997, pp. 223, 292; Kenneth C. Davis, Administrative Law, 3rd ed., 1972, pp. 160, 164.
④ 芦部信喜『憲法訴訟の理論』（有斐閣、一九七三年）
⑤ 江橋崇「立法事実論」芦部信喜編『講座 憲法訴訟』第二巻（有斐閣、一九八七年）
⑥ 高橋和之『憲法判断の方法』（有斐閣、一九九五年）
⑦ 宮澤俊義＝芦部信喜『全訂 日本国憲法』（日本評論社、一九七八年）
⑧ 大石眞『憲法史と憲法解釈』（信山社、二〇〇〇年）

判例①――最大判昭和五〇年四月三〇日民集二九巻四号五七二頁
判例②――最大判昭和三三年一二月二四日民集一二巻一六号三三五二頁
判例③――最三判昭和四九年四月九日判時七四〇号四〇頁
判例④――最大判平成九年四月二日民集五一巻四号一六七三頁
判例⑤――最大判昭和五二年七月一三日民集三一巻四号四四九頁

（大石　眞）

# IV

# 憲法判例の読み方と考え方

## ――憲法解釈の実際と意味の学び方

第7講義　憲法裁判の社会的影響の大きさ
――訴訟当事者と裁判官の判決づくり

第8講義　最高裁判所判例の拘束性

第9講義　憲法裁判の手法
――憲法判断に特有の方法と審査基準

Bridgebook

# 第7講義 憲法裁判の社会的影響の大きさ
## ——訴訟当事者と裁判官の判決づくり

### 憲法裁判の持つさまざまな機能

❖違憲審査を行う裁判所は「憲法の番人」であるはずの存在である

戦後、日本国憲法の下で取り入れられた違憲審査制は、裁判所による憲法保障の役割を担うものと考えられている。それは、議会制民主主義の下での多数者支配に対する不信感から多数決によっても覆すことのできない憲法規範の実効性を担保すると共に、議会制民主主義の機能不全を補完する機能を果たす。そこでは、裁判所は、憲法に適合する法秩序の維持という目的のために、違憲審査という方法で政治部門をコントロールすることを期待されることになる。

❖裁判所の違憲判断には、違憲状態解消のため政治部門の対応が期待される通説・判例は、日本国憲法八一条の違憲審査制を、具体的な事件に付随して行われる付随的審査制であって、ドイツ型の憲法裁判所制度とは異なり、法律の憲法適合性の審査そのものを目的とせず、違憲の法律をそのまま事件に適用することによって訴訟当事者の権利を侵害しないようにする「私権保障型」であると解している。その結果、裁判所の違憲判断によって、訴訟当事者は、違憲の法律から自己の権利が保護されることになる。

ただ、実際にはそれだけにとどまらず、違憲判断には政治部門による対応措置が期待され、多少の時間的ずれがみられるものの、現実に国会による対応がなされることになる。たとえば、最高裁は一九七三年に刑法二〇〇条の**尊属殺重罰規定**を違憲と判断した（判例①）が、その後、国会はその規定を二〇年以上そのままで放置していたものの、一九九五年の刑法の現代語化のための改正に際して、尊属殺人罪だけでなくその他の尊属に関連する重罰規定をも削除するという対応をとっている。また、一九七五年の最高裁の**薬事法距離制限規定**の違憲判断（判例②）の場合には、判決後、国会は、速やかに違憲とされた薬事法の規定を改正した。さらに、最高裁による場合だけでなく、下級裁判所による違憲判断であっても、たとえば、**堀木訴訟**第一審の神戸地裁による児童扶養手当法の併給禁止規定の違憲判断（判例③）に対して、国会は、訴訟当事者の属する集団を併給禁止の対象から外す法改正を行っている。ただし、この堀木訴訟の場合には、一九八二年の最高裁の合憲判断に対応して、国会は一九八五年に再度法改正を行い元に戻すという、合憲判断（判例④）に対する対応をも示すことになった。

❖裁判所の判断とは無関係に裁判で憲法問題を提起するだけでも社会的に意味を持つことがある

最高裁を頂点とする司法裁判所による違憲審査制は、憲法裁判所制度のように違憲判断に直接的な法的効力が認められないものの、それが適切に運営されれば政治部門に対する裁判所からの働きかけというある種の事実上の機能において、紛争の解決および訴訟当事者の救済という法的な機能を超えて、憲法適合的な法秩序の維持に重要な役割を果たしうる。ただ、とくに最高裁において顕著に見られるように、問題とされる法律等の国家行為に対する違憲判断の少ない現状では、市民の活動と連携する形で憲法問題を提起して展開される裁判そのものにも重要な機能を見出すことができる。そこでは、裁判所の判断にかかわらず、憲法問題を争点として裁判が提起されることによって、何らかの変化が発生する。以下では、その一例となる指紋押捺拒否運動という一種の市民運動に端を発して提起された一連の憲法裁判とそれによって発生した変化の一端を概観する。

## 憲法裁判としての指紋押捺拒否事例

❖指紋押捺制度に抗議する八〇年代以降の拒否運動から憲法裁判は始まった

一九五二年の外国人登録法（以下、外登法という）の制定により、日本に在留する外国人（当初は六〇日以上の在留であったが、一九五八年の法改正で一年以上の在留になった）は、入国時または出生時等から一定期間内の外国人登録の新規登録申請および一定期間ごとの切替（確認）申請（一九五六年の法改正では三年ごとに、一九八二年の改正では五年ごとになった）が義務づけられるとともに、申請に際しては登録原票・登録証明書・指紋原紙などに指紋の押捺が義務づけられ、義務違反者には一年以下の懲役・禁固または三万円以下（一九八二年改正では二〇万円以下）の罰金が科せられることになった。この制度の導入に対しては、同じ年に発効したサンフランシスコ平和条約によって日本国籍を喪失した在日韓国・朝鮮人をはじめとする人々からの強い反対の声があがり、実際に指紋押捺が実施されたのは、外登法制定・施行の三年後であった。

指紋押捺制度導入の背景には、当時の社会情勢から不正登録、写真の貼り替えによる登録証明書の不正使用などの不正行為が続出し、在留外国人の居住関係・身分関係を行政当局が正確に把握しえないという事情が存在していた。制度導入後、たしかに不正登録等は減少したが、他方で、この指紋押捺制度は外国人を犯罪者扱いするものであるとの批判が強まってくる。そして、もはや戦後の混乱期と同じように考えることができなくなった一九八〇年代には、この制度の廃止を訴え、在日韓国・朝鮮人が中心になって指紋押捺拒否運動が積極的に展開されるようになった。その結果、押捺拒否者は外登法の義務違反者として起訴され、ここに指紋押捺という制度の単なる政策的是非にとどまらず、その制度がそもそも憲法に合致するのか否かが裁判所を舞台に争われることになった。

## ❖指紋押捺制度の違憲性とその存在意義

指紋押捺拒否事件での憲法上の争点は概ね以下の二点に集約される。指紋は個人識別の最も有効な手段であり、個人のさまざまな情報の中でも非常に価値の高いものの一つであることから、憲法一三条によって保障された**プライバシーの権利**ないしは**私生活上の自由**から「みだりに指紋を採取されない権利」が導き出され、外国人から指紋を強制的に採取する外登法の指紋押捺制度はこの権利を侵害するのではないか、また、個人の居住関係・身分関係を明確にするための制度として日本人には戸籍ならびに住民票の制度があるが、そこには指紋押捺義務はなく、さらに法律上の義務違反者に対しても大部分が過料であって、外登法のように刑事罰を科しているのはほんの例外的な場合にすぎず、同じく日本国内に居住している外国人を不合理に異なって取り扱っており、外登法の指紋押捺制度は憲法一四条の**平等原則**に違反するのではないか、ということである。

以上の憲法上の権利侵害の有無を考えるために、なにゆえに外国人にだけ指紋の押捺を義務づけるのかという実質的な制度の存在意義が問われることになる。たしかに制度の導入の背景になった二重登録等の不正行為は、戦後の混乱期、登録しなければ配給を受けられないという劣悪な日本国内の食糧事情が背景にあり、その後の日本社会における生活状況の好転によりもはや不正行為をする現実的必要性が減少したことから、不正行為を防止するという指紋押捺制度導入の目的は合理的根拠を欠くに至っているのではないか。また、技術の進歩により運転免許証や日本人のパスポートのように写真を用いても偽造等を防止しながら十分同一人性の確認を行うことができるのではないか。さらに、指紋採取は犯罪と深く結びついて意識されており、指紋押捺を強制することは外国人に犯罪者でもないのに犯罪者扱いされたという屈辱感、不快感を与え、深く人格を傷つけられたという感情を抱かせることになり、それは個人の尊厳を害することになるのではないか。そして、これらの問題の検討によって指紋押捺制度の憲法適合性が審査されることになる。

### ❖裁判は、指紋押捺制度を合憲と判断した下級裁判所による有罪判決から始まった

一九八四年、横浜地裁（判例⑤）と東京地裁（判例⑥）は、指紋押捺制度の合憲性を認め、押捺拒否者（＝刑事事件の被告人）に対して有罪の判決を下した。前者は、指紋押捺を拒否した在日アメリカ人についての事件で、指紋押捺制度について裁判所が初めて判断を下したものであり、後者は、当時日本国内に在留する外国人の大部分を占める在日韓国・朝鮮人の一人（本人は韓国籍の人物）で、かつ、最初に指紋押捺を拒否した人物についての事件であって、両者共に、マスコミをはじめとして世間の大きな関心を集めていた。どちらの裁判所も、憲法一三条によって何人もみだりにその意に反して指紋を採られない権利を保障されていること、指紋押捺が犯罪捜査を連想させ、押捺を求められることによって不快感・屈辱感を覚えさせることがあることを認めながら、結論的には、外登法の指紋押捺制度はその趣旨・目的等において合理性を有するものであるから、違憲の主張は失当であるとした。この二つの裁判所の判断がその後の下級裁判所における事件の展開の大まかな道筋を開いたといえる

ので、ここでは、この二つの判決の内容を簡単に見ておくことにする。

どちらの判決も、基本的に、国家の主権の存在を前提にして現在の国際社会が構成されており、その国の国民が国家の構成員として国家に対して身分上の恒久的結合関係を有するのに対して、外国人は在留国の構成員ではなく、在留国との関係は場所的な居住関係を根拠とするものであり、国民と外国人との基本的な地位の相違から合理的な理由に基づき合理的に必要な程度で内外人の取扱いに法律上の差異を設け、外国人に対して権利の一部を特別に制限することがあっても、それはやむを得ないこととして一般に認められている、という判断がその根底にある。その上で、外登法は在留外国人の登録を実施することによって外国人の居住関係・身分関係を明確ならしめ、もって在留外国人の公正な管理に資するという合理的な目的の下に制定されたものであり、外国人の居住関係・身分関係を明確にするためには登録人の同一人性の確認が何よりも必要であって、指紋は万人不同、終生不変という特質を有する個人の同一人性識別のための最も秀れた科学的手段であるとして、外登法の立法目的の合理性およびその目的と指紋押捺制度との合理的関連性が示される。そして、たとえ行政目的のためであっても指紋押捺は犯罪捜査を連想させ、心理的抵抗から不快感ないし屈辱感を抱かせるという欠点があるが、外国人登録の正確性を維持するためには現在のところ必要不可欠な手段である、とする。このように、外登法の立法目的ならびに指紋押捺制度の合理的必要性が認定され、結局、憲法一三条の趣旨より「何人もみだりにその意に反して指紋を明らかにすることを求められない権利」が保障されているが、外登法の指紋押捺制度は、公共の福祉のために認められる合理的な理由と必要に基づくもので憲法一三条に違反するものではなく、また、わが国の構成員である日本国民とその構成員でない外国人との間の基本的地位の相違によって合理的な根拠に基づく内外人の取扱いの差異にすぎず憲法一四条にも違反しない、と判断された。

ただ、同じように指紋押捺制度を合憲と判断してはいるものの、両判断には若干の相違点もある。とくに、写真による同一人性の確認という他の代替的で有効適切と考えられた手段について、横浜地裁は、内外人をできるだけ差別せずに取り扱うという平等原則の保障に鑑み、それがあれば外国人にだけ指紋押捺制度を採用する合理的理由はないことになるとして「より制限的でない他の選択しうる手段」の有無について言及する（ただし、写真による同一人性の確認もこれのみをもってはきわめて困難ないしは不可能な場合があって万全とはいえず、他の方法を不要とするほどの有効適切な手段であるとはいえず、その他に適切な代替手段も見当たらないとする）一方で、東京地裁は、写真を「より制限的でない他の選びうる手段」として指紋押捺に代替させることができるとの前提に立って考えても、どのような手段を採用するかは立法裁量の問題にとどまり、代替手段があることで直ちに指紋押捺制度が存在根拠を失うとは考えられないとして、「より制限的でない他の選択しうる手段」の基準による審査そのものを否定している。また、訴訟当事者との関係で、東京地裁は、日本で生まれ、日本式の生活を行い、完全に日本に定着し社会的生活関係において日本人と実質的に差異のない在日韓国・朝鮮人に指紋押捺を強制することはその生活実態を無視しており憲法一四条に違反するという被告人の主張に対して、たしかに定住外国人を外登法の適用対象から除き、別の法律を適用することは立法裁量に属するが、いかに生活実態を同じくする定住外国人であっても居住関係・身分関係を明確にすることについて日本国民と異なる規制を受けることはやむをえないというべきであるとして、定住外国人に対して指紋押捺義務を課すことも憲法一四条に違反するものではないとしている。

❖運動の拡がりに対応して訴訟件数は増加したが、下級裁判所は合憲判断を下し続けた

横浜地裁・東京地裁の判決が下された一九八四年、在日韓国人の間で指紋押捺についての「拒否者の会」もつくられて、押捺拒否運動はますます活発化し、全国的に拡がりをみせるようになっていった。そのために、押捺義務違反としての刑事事件だけでなく、指紋押捺を拒否したための再入国申請に対する不許可処分や在留期間更新に際しての期間短縮処分の取消を求める行政事件、指紋押捺拒否に基づく逮捕および指紋の強制採取に対する国家賠償訴訟などが提起され、裁判所で指紋押捺制度の合憲性が争われる訴訟類型・形態も増加するようになった。しかし、運動の拡大や訴訟件数の増加も下級裁判所の判断の変化を招来することはなく、下級裁判所は指紋押捺制度を合憲と判断し続けるだけであった。

## 裁判と同時進行した社会的反響と最高裁の判断

### ❖指紋押捺拒否運動の展開に伴い、社会的に批判が高まり、法律もたびたび改正された

一九八四年の「拒否者の会」の結成は、実はその翌年の一九八五年に約三七万人の在留外国人の大量切替えをひかえていたことが一つの要因になっていた。また、この年の新聞紙上でも、在日朝鮮人による国連人権小委員会への問題提起の報道と共に、世論が指紋押捺制度を人権侵害であるという考えに傾きつつあることを報じていた。そして、それと共に興味深いのは、実際に外国人登録事務の執行にあたっていた地方公共団体の多くや全国市長会が指紋押捺制度の廃止ないしは改正を要求する意見の採択や決議を行っており、また、経団連までもが取引・商売関係で日本に在留する外国人からの苦情により、彼らを代弁して指紋押捺制度に対する批判を申し述べるに至っていたのである。

下級裁判所での合憲判断にもかかわらず、これらの批判や社会の反響の大きさを考慮してか、一九八五年には、従来黒インキによる回転押捺が要求されていた指紋採取の方法が無色の薬液による平面採取による方法へとまず運用改善がなされた。ついで一九八七年の法改正では、指紋押捺は一年以上日本に在留する一六歳以上の外国人に対して登録申請の際の原則一回限りとされ、五年ごとの切替(確認)申請の際の再押捺義務は原則としてなくなった。ただ、この段階ではまだ在留外国人からの一律の指紋採取という制度そのものはなくならず、改正前の切替(確認)申請での押捺拒否者に対する罰則はそのまま維持され、問題は何も解決されていないといわれていた。その後、わが国の国際化の促進や

韓国との関係正常化の必要性という事情もあってか、日韓政府間協議を経た一九九二年の法改正では、永住者や特別永住者（在日韓国・朝鮮人やその子孫が含まれる）には指紋押捺に代えて写真、署名ならびに一定の身分関係事項の登録による方法が採用されるようになった。そして、後述の最高裁判決にもかかわらず、一九九九年の法改正（二〇〇〇年四月一日施行）により、非永住者に対しても指紋押捺制度は廃止され、永住者等についての切替（確認）申請期間も七年に延ばされた。

**❖押捺拒否者に対する刑事事件は昭和天皇死去に伴う大赦令によって免訴とされた**

一九八七年の法改正で残されていた改正前の押捺拒否者に対する処罰の問題は、**昭和天皇の死去に伴う大赦令**によってあっけない形で政治的に決着がついてしまった。すなわち、押捺拒否行為であっても改正法によれば不処罰となる事案は大赦の対象とされ、多くの刑事事件は、切替（確認）申請に際しての押捺拒否に関するものであったために、裁判所における憲法判断なしの免訴の判決を受けることで終結してしまったのである。ただ、この段階では指紋押捺制度そのものは残っていたために、当事者は、上訴によって上級裁判所（とくに最高裁）の実体判断を受ける機会を奪うものであるとして、強く反発することになった。

刑事事件の展開とは別に、行政事件や国賠訴訟では法改正に関連して下級裁判所で興味ある判断が下された。たとえば、一九八八年の東京高裁の判決（判例⑦）では、二回目以降の指紋押捺拒否を理由として再入国申請を不許可にすることは法改正の趣旨にも反し、法務大臣の裁量の範囲を越えるものではないかと考えられないではないとの見解(ただし、違法性判断の基準時は処分時であるという訴訟技術論で不許可処分は適法とされた)を示し、一九九四年の大阪高裁の判決(判例⑧)では、一九八五年の指紋押捺拒否行為を行った当時、定住外国人に対して指紋押捺の強制を続ける実質的な必要性は乏しくなっており、それを強制することは、人権を制限する必要性が充分でないという点で憲法一三条に、国民との不均等な取扱いをする合理的根拠が乏しいという点で憲法一四条に違反するのではないかと疑うに足りる状況にあったと考えられ、このとらえ方に社会的根拠があることは一九九二年改正法によって示されたとの判断を下した(ただし、社会情勢の変化に伴う法改正のための合理的期間論を用いて、本件での指紋押捺強制自体は違憲であるとはいえないとされた)。結局、いかに法改正が行われたとしても、指紋押捺制度の憲法適合性についての法的決着は、この段階ではまだついていなかったということができる。

❖政治的には廃止の方向だが、最高裁は、合憲判断を下した

一九九五年、最高裁は、はじめて指紋押捺制度についての憲法適合性に関する判断を下した(判例⑨)。この事件での指紋押捺拒否は新規の外国人登録申請に際してのものであったために大赦令の対象にならずに、刑事事件としてそのまま審理が続けられていた。最高裁は、まず、指紋は指先の紋様であり、それ自体では個人の私生活や人格、思想、信条、良心等の個人の内心に関する情報とはならないが、性質上万人不同・終生不変であって、採取された指紋の利用方法次第では個人の私生活あるい

はプライバシーが侵害される危険性があり、その意味で指紋押捺制度は国民の私生活上の自由と密接な関連を持っていることを確認した上で、憲法一三条の個人の私生活上の自由から何人も「みだりに指紋の押捺を強制されない自由」が保障されていて、国家機関が正当な理由もなく指紋の押捺を強制することは憲法一三条の趣旨に反して許されず、この自由の保障はわが国に在留する外国人にも等しく及ぶとし、指紋それ自体が持つ特性から憲法一三条による自由を導き出し、それを外国人についても保障されているとの判断を下した。

以上のような考え方にたって、最高裁は、具体的に指紋押捺制度の検討を行うが、その前提として、「みだりに指紋の押捺を強制されない自由」も国家権力の行使に対して無制約に保護されるものではなく、公共の福祉のため必要がある場合には相当の制限を受けることは憲法一三条に定められていると ころという判断を付け加える。その上で、外登法の指紋押捺制度は、在留外国人の登録を実施することによって外国人の居住関係・身分関係を明確ならしめ、もって在留外国人の公正な管理に資するという外登法の目的を達成するため戸籍制度のない外国人の人物特定につき最も確実な制度として制定されており、その立法目的には十分な合理性があって、かつ、必要性も肯定できるとする。そして、具体的な制度内容については社会の状況変化に応じた改正が行われているが、本件当時の内容は、押捺義務が三年に一度で、押捺対象指紋も一指のみであり、その強制も罰則による間接強制にとどまり、精神的・肉体的に過度の苦痛を伴うものとまではいえず、方法としても一般的に許容される限度を超えない相当なものであったと認められるので憲法一三条に違反するものでないことは明らかとの判断が下された。さらに、最高裁は、指紋押捺制度には前述の目的、必要性、相当性が認められ、戸籍制度のない外国人については日本人とは社会的事実関係上の差異があって、その取扱いの差異には合理的根拠があるので外登法の指紋押捺制度は憲法一四条にも違反しない、としている。

この最高裁判決は、そこでの判断方法を含め、指紋押捺制度の問題についての下級裁判所の判断を基本的に是認するするものといえるが、下級裁判所において取り上げられていた写真による同一人性確認という代替的手段の問題には一切触れておらず、また、下級裁判所で一部認められていたような指紋押捺による屈辱感・不快感の存在にすら言及せずに簡単に精神的・肉体的苦痛を伴うものではないとするなどの点で、下級裁判所の判断よりも後退しているのではないかという問題も提起できる。なお、最高裁は、一九九六年の在留期間更新申請に際しての短縮処分の取消訴訟の判決(判例⑩)において、この一九九五年の判決を引用して指紋押捺制度の合憲性を確認している。

## 指紋押捺拒否事例をふりかえって——市民と裁判と政治過程

### ❖裁判所は、外国人の処遇を立法政策の問題として法的問題の処理には非常に消極的

最高裁の判断に示されているように、裁判所は、社会の大きな反響や法改正という政治的対応にもかかわらず、指紋押捺制度の憲法上の評価を非常に消極的な姿勢で行っている。そこには、指紋押捺

制度に関する判決と同じ年の一九九五年に下された外国人の地方参政権の問題について、地方選挙で外国人にも選挙権を付与するのか否かはもっぱら立法政策に関わる事柄であって、選挙権を認めないことが違憲の問題を生ずるものではないとした最高裁の判断（判例⑪）にも見られる通り、国際社会における主権国家の存在から外国人の処遇については国家の裁量とする考えを前提に、法的評価としては、法律によって具体化されている内容の合理性だけが問題になると考えているように思えるふしがある。つまり、たとえ外国人の処遇について憲法上の問題が提起されようとも、それは立法政策上問題になることがあっても、法的には国会によって決定された内容の不合理性だけをチェックすればよいとする考えがうかがえる、ということである。そしてそれと同時に、たとえ社会情勢を考慮した法改正が行われても、裁判所としては、問題とされた行為時の適用法令の法的評価を行えばよいだけとする姿勢も見られる。その結果、法改正によって規制が緩和されていようが、適用法令の必要性を裏付ける立法事実の評価に際しても改正された事後法を考慮に入れるという見解には触れず、もっぱら問題の行為時における適用法令の表面的審査に終始しているという問題も提起できるのではないだろうか。

❖外国人による問題提起によって憲法上の新しい自由が確認されたことは評価に値する

批判をあげればきりがないが、裁判所の判断に対して評価できる点がないわけでもない。消極的姿勢の中にも、裁判所は、初期の違憲審査の基本姿勢であった抽象的な「公共の福祉」論によらず、一応外登法の立法目的およびその目的達成のための手段としての指紋押捺制度の合理的必要性の審査を外見的にでも行っている。そのような裁判所の判断の中で、とくに、日本国民によって提起されたわけではない問題の憲法上の評価のために、裁判所は、憲法一三条の趣旨から「みだりに指紋の押捺を強制されない自由」という不文の人権内容を導き出し、その存在を確認した上で、その自由を日本国民に対してだけでなく外国人にも保障されるとした点は評価に値する。そこには、もちろん指紋の持つインデックス情報性という特性から個人の私生活との関連性を認めやすかったという事情もあろうが、権利創出にも消極的な裁判所、とくに最高裁の思わぬ対応があり、指紋押捺制度に対する社会の反響に裁判所が応えた最低限の回答といえるのではないだろうか。ただ、せっかく不文の人権内容としてその自由を導き出しながら、包括的人権の一内容としての権利内容としては、根拠となる憲法一三条の条文から公共の福祉による相当の制約も受けるとするのはあまりにもその評価が低いのではないかという問題は提起できるであろう。

❖市民の批判的視点から政治過程である民主主義のプロセスを動かすことが人権保障にとって重要

指紋押捺制度を巡る問題は、それが外国人を対象にするものであったことから、本来の政治過程における民主主義のプロセスより排除されている人々の憲法上の権利の侵害が争われたものであった。したがって、違憲審査が民主主義の機能不全を補充し、多数者によっても侵害し得ない人権保護を一つの機能にしているとすれば、裁判所はその点を考慮に入れてもよかったのではないかという点が指摘できるかもしれない。ただ、現実には、日本国民をも含む形での社会的影響の大きさから法改正がその都度行われ、結局、時間がかかったものの制度の廃止という結果に終わったことは、裁判所の判断に対するマスコミをも含めた市民の反応の大きさが制度の改善にとって非常に重要であるということを示す一つの例となっている。この点を考慮に入れて指紋押捺制度に対する一連の市民運動や裁判の経過を眺めてみれば、今後も憲法問題に対する裁判所の態度が急に積極的になるとの変化を考えることができない以上、違憲審査を通じての憲法上の法的仕組みによる憲法保障に過度の期待をするのではなく、憲法問題が提起された裁判を契機にして、裁判所の判断に対する市民の批判的な観点からの監視を通して、本来の政治過程である民主的プロセスを動かすことでわれわれの人権保障を図っていくという方法もより一層重要になってくるのかもしれないということができる。

〈ステップアップ〉

指紋押捺制度の憲法問題を考える際の参考文献としては、

① 横田耕一「外国人登録法の指紋押捺制度の合憲性」法政研究五六巻二号（一九八九年）一頁。
② 浦部法穂「指紋押捺強制とプライバシーの権利」ジュリスト九〇八号（一九八八年）四六頁。

指紋押捺拒否事例での裁判所が用いたさまざまなテクニックを知るための参考文献としては、

③ 中谷実「外国人の人権――在留期間更新、再入国、出国、私生活の自由――をめぐる司法消極主義と積極主義（一）（二）・完」南山法学二四巻二号（二〇〇〇年）一頁、同三号（二〇〇〇年）一頁。

判例①——最大判昭和四八・四・四刑集二七巻三号二六五頁
判例②——最大判昭和五〇・四・三〇民集二九巻四号五七二頁
判例③——神戸地判昭和四七・九・二〇行集二三巻八＝九号七一一頁
判例④——最大判昭和五七・七・七民集三六巻七号一二三五頁
判例⑤——横浜地判昭和五九・六・一四判例時報一一二五号九六頁
判例⑥——東京地判昭和五九・八・二九判例時報一一二五号一〇一頁
判例⑦——東京高判昭和六二・九・二九行集三九巻九号九四八頁
判例⑧——大阪高判平成六・一〇・二八判例時報一五一三号七一頁
判例⑨——最判平成七・一一・一五刑集四九巻一〇号八四二頁
判例⑩——最判平成八・二・二二判例時報一五六二号三九頁
判例⑪——最判平成七・二・二八民集四九巻二号六三九頁

（井上典之）

Bridgebook

# 第8講義　最高裁判所判例の拘束性

## 最高裁判所判例は法準則を提供する

最高裁判所は、わが国の司法権の頂点に位置する裁判所である。したがって、その判断は社会的、政治的に大きな影響を与える。他方その判決は、後の同種の事件を扱う裁判所が従うべき法準則（ルール）を提供することが多い。そのようなとき、最高裁判所の判決は、判例（先例）として拘束性をもつことになる。

このような判例としての拘束性について、これまでさまざまな形で議論されてきた。具体的には、拘束力の程度について、英米法でいう先例拘束性の原理との異同が論じられてきた。また、拘束力の範囲について、判例変更の要件が取り上げられてきた。しかし、これらの問題を考える前に、まず実際に最高裁判所が先例をどのように扱ってきたかを見てみる必要がある。判例としての拘束力の程度・範囲といっても、最高裁判所が先例の存在を重視していなければ、そもそも議論する意味はない。また、その先例の扱いが不十分であれば、判例の拘束力の程度・範囲は明確とはならないからである。

## 最高裁判所の先例の扱い方は多様である

最高裁判所の先例の扱い方はどのようなものか。その特徴について、最近の研究では、憲法判例について最高裁判所の先例の扱い方が多様であることが指摘されている。具体的には、先例を一件あるいは複数あげて、それらの先例の「趣旨に徴して明らかである」とするタイプ、最高裁判所の争点に対するある判示が示された後に、先例を参照としてあげるタイプ、両者の特徴をもつハイブリッド・タイプ、新たな先例を作るために過去の先例がわざわざ用いられるタイプなど、種々雑多な様相を呈しているといわれる（戸松①一九七頁）。

これらのタイプのうちとくに検討を要するのは、先例の「趣旨に徴して明らかである」とするタイプと新たな判例を作るために過去の先例がわざわざ用いられるタイプである。先例の「趣旨に徴して明らかである」とするタイプは、先例により明らかであるとせずに、「趣旨に徴して」というあいまいな言葉を用いている。その理由が、よく指摘されるように、できる限り事件を機械的、一律的に処理しようとする点にあるとすれば、事件の内容はそれぞれ異なるはずであるから適当ではない。

とくに、先例が一度に複数引かれた上で、その「趣旨に徴して」とされている場合には、複数の先例を使って、新たな判例をつくるというタイプと重なり合い、それぞれがどのような意味をもつのかは十分な説明なしには理解しにくい。このような場合には、過去の先例を的確に位置づけることが求められ、その説明には多大の注意と努力が求められるはずである。

## 最高裁判所の先例の扱いには不十分なものもある

これまでの最高裁判所の先例の扱いには、不十分なものも散見される。その具体例としてこれまで多くの学者によって指摘されてきた最高裁判所の判決が、条例による有害図書の自動販売機への収納禁止規制の合憲性が争われた**岐阜県青少年保護育成条例違憲訴訟判決**（判例①）である。

最高裁判所は、この事件で自販機収納禁止規制が憲法二一条一項の保障する表現の自由に反するという上告趣旨を認めなかったが、その理由を以下のように述べている。「有害図書の自動販売機への収納禁止の規制が憲法二一条一項に違反しないことは、当裁判所の各大法廷判例（昭和二八年(あ)第一七一三号同三二年三月一三日判決・刑集一一巻三号九九七頁、昭和三九年(あ)第三〇五号同四四年一〇月一五日判決・刑集二三巻一〇号一二三九頁、昭和五七年(あ)第六二一号同六〇年一〇月二三日判決・刑集三九巻六号四一三頁）の趣旨に徴し明らかであるから、所論は理由がない。」

この判決の先例の扱い方は、裁判官の個性が出ているアメリカの判決と比べると、きわめて簡潔である。しかし、この判決にはこのような印象にとどまらない多くの問題が指摘されている（横田②八九頁以下参照）。ここでは三つの問題点をあげておく。

第一に、判決では**先例の引用**が必要最低限でしかなされておらず、この問題に精通している者以外は、判決で引用された各先例の具体的な内容を知ることが困難である。内容を知るために、それらの判例について自分で直接判例集にあたることが必要となる。

第二に、判例集にあたってみて昭和三二年の判決が**チャタレイ事件判決**、昭和四四年の判決が**悪徳の栄え事件判決**、そして昭和五七年の判決が**福岡県青少年保護育成条例事件判決**であるとわかったとしても、それらの判決が本判決とどのように関係するのかが不明確である。この事件で争われたのは、青少年の健全な育成を阻害するおそれのある**有害図書**の自販機収納禁止規制の合憲性である。なぜ、チャタレイ事件や悪徳の栄え事件のように**わいせつ文書**の規制の合憲性が争われた事件や、条例の中の淫行等の処罰に関する規定を合憲とした福岡県青少年保護育成条例事件に対する判決が、先例として引用されるのか判決文からは明確ではない。

第三に、第二の点と関連して、三つの判例の趣旨を最も広く捉えた場合には、およそ有害な環境を浄化するための規制は合憲であるという政策を示したようにもとらえうる。しかし、裁判所の判決で政策が示されるのは奇異に感じられるから、もう少し法的な色彩の濃い判断が考えに浮かぶ。その場合でも、わいせつ文書はもちろんのこと、すべての有害図書を規制しても、憲法二一条一項には違反しないということになるのであろうか。先例の「趣旨に徴して」というあいまいな言葉からは結論が引き出しにくいといえる。

## 判決で示そうとした法準則はなにか

もっとも、判決は前述の引用部分に続いて、もう少し焦点を絞った形での説明を付け加えている。それによれば、有害図書が青少年の健全な育成に有害であることは社会共通の認識であって、自販機による有害図書の販売は購入意欲を刺激しやすく、書店等における販売よりも弊害が大きいとされる。また、自販機収納禁止規制は、従来の審議会に諮った上での有害図書の個別指定という形式では、必ず生じてしまう審議中の期間を利用しての販売という脱法行為に有効に対処しようとする、必要かつ合理的な規制であるとされる。そして、説明は規制が成人との関係においてある程度制約をもたらすとしても、「青少年の健全な育成を阻害する有害環境を浄化するための規制に伴う必要やむをえない制約」であるとする。

最高裁判所が、この判決で示そうとした法準則は、いま述べた説明の箇所かもしれない。そうであるとすると、引用された三つの先例は、この説明のどこに関係してくるのであろうか。この点が明らかにならないと、後の同種の事件で従わなければならない法準則の内容は明確とはならない。

というのは、前述の判決の説明に従った場合でも、自販機への有害図書の販売規制を合憲としたのか、自販機への有害図書の収納禁止規制を合憲としたのか、あるいは両方の規制を合憲としたのかが明らかではないからである。かりにこの点が明確であるとしても、この種の規制に対する合憲性の判断基準として、判決がどの程度厳格な審査基準を適用することを認めたのかも、説明が青少年の場合に表現の自由がどのような意義をもつのかについて触れていないため、必ずしも明らかではない。判決で示された基準は緩やかなようにみえるが、伊藤裁判官の補足意見は、厳格な審査基準を基本にしつつ若干緩和された形の審査基準が適用されるべきだとしているからである。この事件の重要性から見て、審査基準について、最高裁判所がどのように考えているかについて、より明確で詳しい説明が必要であろう。

以上、岐阜県青少年保護育成条例事件判決を具体例として、判決を判例として理解する際の問題点について述べてきたが、このことは最高裁判所が判例を重視していないということではない。むしろ、最高裁判所では判例中心主義の考え方が強いと言われる(大野③一〇五頁)。その意味では、判決が後の裁判を拘束するか否かをめぐる議論について、実務上はすでに決着が付けられていたといえる。

## 判例という言葉はさまざまな意味で用いられてきた

かつて、学説の中には、憲法七六条三項の「すべて裁判官は、その良心に従ひ独立してその職権を行ひ、この憲法及び法律にのみ拘束される」との規定を厳格に理解して、判例は法律の中に含まれないから、後の事件で裁判所が法的に拘束されるという意味での法源性は有しないとする見解もみられた。しかし、現在では、七六条三項の趣旨は、「裁判があらかじめ定められた客観的基準（＝法規範）に準拠してなされるべきこと、および法規範以外の何ものにも拘束されてはならないことを意味する」（浦部④四九頁）とされ、判例もその中に含まれると解されている。

そこで、最近では**判例の法源性**を実質的に何らかの形で認めた上で、先例拘束性の性質をどのように解するかが焦点となってきた。その場合に重要なことは、判例の意味の取り方によって、判例の法源性の理解が異なるという点である。**判例**という言葉は、少なくとも四つの意味でこれまで使われてきた。第一に、判決と同じ意味で用いられる。第二に、判例集という場合のように「判決例」の意味で使われる。第三に、同じ趣旨の判決が繰り返され確定したと考えられる場合に、それら同趣旨の判決を判例と呼ぶことがある。第三の場合は、いわゆる慣習法に近い理解の仕方であり、制定法中心主義の考え方となじみやすい。これに対し、第四の判例の用い方として、判決の基礎とされた一般法理の意味に使われる場合がある。英米では一般にこのように理解され、一回の判決でも判例は成立する。この立場は、判例の拘束力を絶対的なものとみない点に特徴がある。

### 事実上の拘束力論を示す判決

一般的にいえば、わが国の伝統でもある**制定法主義**の下では、法源の意味が厳格に解され、判例の拘束力の絶対性が語られやすいのに対し、判例法主義の下では法源や判例の拘束力の意味について、緩やかな理解が示される。ただ、わが国の場合、戦後の日本国憲法の下で司法権の観念は英米流のものとなり、制定法主義の伝統との調整が必要となった。そこで、わが国は制定法主義の国であるから、司法権の理解は英米流であっても、先例拘束性の原理はとられておらず、判例は事実上の拘束力をもつにとどまるとする事実上の拘束力論が有力に主張されている。

事実上の拘束力といっても、それは単なる現実の状態をさすのではなく、「最高裁判例の事実上の拘束力ということから、……特別の事情のないかぎり最高裁判例に従わなければならないという、規範的命題が引き出されている」（浦部⑤二三五頁）という点に特徴がある。

具体的には、昭和四九年の春闘日教組スト第一審判決（判例②）が、以下のように事実上の拘束力論の考え方を述べている。「審級制度をとる訴訟制度のもとにおいては、最高裁判所の判例がもつべき判例統一の機能やこれによって法的安定をはかるべき必要性を軽視することはできない。とくに、最高裁大法廷による判断、しかもその度重なる同旨の判断内容は、実務上最も尊重され、下級審に対し強い事実上の拘束力を認められなければならないと考えられる。このことは審級制度から必然的に導かれる要請であって、個々の判例の内容が検察官や被告人のいずれにとって有利であるか不利であるかといった事柄によってその結論が直接左右されるべき性質のものではない。」

## 事実上の拘束力論は下級審判決が法的に拘束されないとする

この判決は、最高裁判所判例が下級審に対してもつ「強い事実上の拘束力」の根拠を審級制度に求めている。その他法律上の根拠として、判例に相反する判断を上告理由として規定している刑事訴訟法四〇五条や裁判所法一〇条などがあげられることがある。裁判所法一〇条は、事件を大法廷、小法廷のいずれにおいて扱うかを最高裁判所の定めるところによるとしつつ、「憲法その他の法令の解釈適用について、意見が前に最高裁判所のした裁判に反するとき」には小法廷では裁判をすることができないとする。事実上の拘束力論は、この規定を判例が審級制度の下で事実上の法源をなしていることに鑑みて、法令解釈の統一性と安定性を高めるという点から、判例対立の防止や判例変更への慎重さを求めるためのものとみる。また、事実上の拘束力論の論拠として、裁判官の職業上の責務もあげられる。下級審裁判官は、国の裁判組織の一員として、最高裁判所の判例に従うべき職業上の責務を負うというのである。

このような事実上の拘束力論によれば、下級審の判決は、先例によって法的に拘束されるものではないことになる。「先例と反する下級審の判決は最高裁判所によって破棄ないし差戻しの可能性が大きいという意味で、下級裁判所が最高裁判所に拘束されるにとどまる」（芦部⑥七〇頁）からである。したがって、下級裁判所の裁判官も場合によっては、より良い判例を求めて、あえて先例に反する判決をし、判例の変更を促すことができることになる。

実際、下級審判決の最高裁先例に対する取扱いは、多様である。前述の春闘日教組スト事件第一審判決のように、特段の事情のない限り最高裁判所の判例の強い拘束力を認める判決もあれば、他方において最高裁判例に言及することなく独自の立場で判断を示す判決もあり、その中には、「かなり大胆な先例の否認ないし実質的変更の態度」(芦部⑥五五頁)を示していると指摘される下級審判決も存在する。

## 事実上の拘束力論には問題がある

しかし、この事実上の拘束力論には問題がある。第一に、その根拠についてみてみると、はたして判例の拘束力が、「審級制度から必然的に導かれる要請」であるといえるか否か疑問である。審級制度をどのように定めるかは、司法のあり方にかかわる政策の問題であり、議会の制定する法律に委ねられているといえる。また、法律の合憲性を審査する違憲審査権が裁判所に認められている憲法の下で、そのような理解が適切といえるか疑問が残る。

第二に、事実上の拘束力論の利点についてである。事実上の拘束力論の下で利点とされる、下級審によるリベラルな判決がつねに数多く見られるかといえば、そのようには言いがたい。むしろ、わが国では司法の官僚化が進み、裁判官が法律家個人として自立した地位をもちにくい状況を考えると、「わが国の法制度は判例法主義ではないから判例は法ではないと言って、かえって最高裁は抽象的なかたちで法を定立し、判例は事実上の拘束力しかもたないと言って、自己に対する先行判例の拘束力を意識することなくルーズに判例を変更するという……逆説的状況」(高橋⑦一四一頁)の成立が懸念される。

## 先例拘束性の原理を正面から受け止める必要がある

このようにみてくると、事実上の拘束力論は、最高裁判所判例とは異なる下級審の判決の余地を許容する点で評価されるものの(樋口⑧七〇〇頁)、今後は先例拘束性の原理を正面から受け止める必要があるように思われる。そうすることによって、審級制度を根拠にする事実上の拘束力論ではみられない最高裁判所自体への拘束という問題が浮かび上がるからである。

正面から受け止める場合に問題となるのは、事実上の拘束力論が前提としている、**先例拘束性の原理**は、判例の絶対的拘束力を認めるものであるという見方である。たしかに、判例法主義国における判例の拘束力が厳格なものと理解された時期も存在する。しかし、アメリカではそもそも判例の拘束力を厳格には解してこなかった。また、判例に厳格な拘束力を認めることで知られたイギリスでも、一九六六年に貴族院は判例の絶対的拘束力を認めないとした。さらに、そもそも**判例の拘束力**という点について、大陸法系と英米法系の間の相違を絶対的なものとみるべきではない。判例法主義であれ制定法主義であれ、明文の形をとらない判例の拘束力は制定法にくらべ弱いものだからである。むしろ、先例拘束性の原理を考え、その下で先例を発展させていくなかで、判例をより説得的にするように寄与しうる技術について論議を深めていくことが可能になるように思われる。

また、先例拘束性の原理を認める場合には、司法権に内在する機能として**判例による法形成**ということを考えることになる。判例による法形成は、先例に拘束されない立法の場合とは異なる。しかし、法形成には立法による法形成と判例による法形成とがあるとした上で、わが国のような大陸法系に属するとされ、制定法が重要性を有する場合には、「新しい問題に直面したときに法律家がその推論の基礎として第一次的に用いるのは成文法」(田中⑨一〇頁)であるという点で、判例の果たすべき役割には一定の限界があり得ると考えていくべきであろう。

その意味で、判例による法形成について、法律によって制約を加えることはできるが、しかしその制約は万能ではなく、ことに違憲審査制をとる国においては、判例による法形成を実質的に立法によって否定することは、憲法上の根拠があればともかく、そうでなければ困難であるといえよう。

## 先例拘束性の原理とは、具体的にはどのような内容のものか

先例拘束性の原理をとるとした場合に、まずその根拠がどのようなものかが、問題となる。法的安定性、予見可能性などがあげられることもあるが、最も重要な根拠は、**公平の観念**であろう。判決は元来個別具体的な事件の解決のためになされるが、しかし先例拘束性の原理の下では、ひとたび判決

がなされると、後に同種の事件が生じた場合に裁判所は同じ解決を与えるべきことが要請される。有力な見解は、日本国憲法においても、憲法一四条の法の下の平等や憲法三二条の「裁判所において裁判を受ける権利」が、公正の観念に裏打ちされたものであるべきことを指摘している(佐藤⑩二七七頁)。

次に問題となるのは、先例拘束性の原理とは、具体的にはどのような内容のものかということである。第一に、先例拘束性を持つ判決は、原則的には最高裁の判決であることがあげられる。もっとも、それは下級審裁判所の判決が判例となる可能性を否定するものではない。第二に、判例として意味を有するのは、判決のすべてではない。一般に、判例として意味をもつのは、その判決の中でも**レイシオ・デシデンダイ**(ratio decidendi　判決理由ないし主論)にあたる部分であるとされる。すなわち、「『主文』で述べられた結論を導く上で意味のある法的根拠・理由づけ」(佐藤⑩二七八頁)である。判断を導く上で必ずしも必要ないものは**傍論**(obiter dictum)と呼ばれる。レイシオ・デシデンダイと傍論との区別は困難であるが、その区別は判例の内容を決める上で重要な意味をもつことになる。

### レイシオ・デシデンダイには大きく二つのタイプがある

レイシオ・デシデンダイは、大きく二つのタイプに分かれる。第一に、ある事件における**重要な事実に対する法的判断**という形の法準則である。その場合、「重要な事実」とは、平等や法的安定性の要請から「ある程度事件の個性を捨象した、抽象化された定型的事実でなければならない。」たとえば、

『悪徳の栄え』という書物が猥せつ文書だと判断された判例の法準則」は、「『悪徳の栄え』は猥せつ文書にあたるのではなく」、「これこれの性的描写を含む文書は、猥せつ文書にあたる」という一般性をもった形のものでなければならないとされる（高橋⑦一六二頁）。なお、英米では、「人名、時、場所、種類、金額は、裁判官が特にそれらを重要な事実であるとする場合を除いて、重要な事実ではないと推定すべきである」とするグッドハートの示した指針が良く知られている（金築⑪一四四頁）。

第二に、**一般的命題の法準則**があげられる。それは、「法令を具体的事件に適用する前提として、法令の規定の意味内容に解釈を加え、法令の用いる概念に定義を与え、あるいは法的判断の規準を示す判例から抽出される法準則である」。具体的には、わいせつ文書の例において、それまでのわいせつの概念が漠然不明確であるというような点が批判された場合に、判決がそれに答える形でわいせつの定義を与えた場合などがそれに当たる（高橋⑦一六三頁）。

そのほかのものは**傍論**とされる。具体的には、「判決文中で述べられた、法律判断の結論を正当化するための理論的説明や、法制度や法規の趣旨の一般的解説、ないしは法解釈の一般的指針」（金築⑪一六一頁）などである。

先例拘束性の原理をいま述べたようにその内容を捉えた場合、最高裁判所は「基本的には、当該事件・争訟の確かな事実的基盤に立って、特定された問題について判断すべきであって、不必要に一般的・抽象的な理論の呈示に立ち入らないように自制すべき」（佐藤⑩二八〇頁）ことになる。

## 憲法判例の特殊性

憲法判例も、判決のうちに示された規範的意味が重要であるという点で、その他の判例と異ならない。憲法判例としての拘束力を持つのは、基本的には判決中のレイシオ・デシデンダイである。

しかし、憲法判例はその他の法分野の判例と異なり、事実的命題に関する法準則に対する一般的命題に関する法準則の比率が高くなることに加えて、そもそも憲法の性質から先例以外に経済的実態、政治的な事情などが重要性をもつ場合が多いことが指摘されうる。そのようなことから、アメリカでは、憲法判例の拘束力の緩和が、憲法典の改正や立法部による事後的匡正が困難であること、憲法の規定が少なく当初の予想を超える事態には対応しがたいことなどを根拠に有力に主張されている。わが国においても、同様な見解が見られる（伊藤⑫二〇頁）。しかし、他方において判例も法源であるとするなら、変更が必要とされる十分な理由を示すことが、先例に対する配慮として求められる。

このような二つの相反する要請のもとで、「憲法判例と他の種の判例とを同一次元でとらえるべきか、あるいは、憲法判例の重さを考慮しその変更には特別の要件の充足が必要と解すべきか」、あるいは、逆に、他の判例とは異なる「憲法判例の変更の柔軟性を帰結すべきか」（佐藤⑩二八六頁）という、三つの考え方が存在する。

このうち、憲法判例と他の種の判例とを同一の次元におきつつ、「国民の基本的人権を縮減する方向での判例変更は、裁判所かぎりで人権を奪うに等しいものであるから、原則として許されない」（浦部

④五七頁）と述べる立場は、なぜ人権のみかを十分に説明しきれない憾みがある。そこで、一般には憲法判例の変更の柔軟性を帰結すべきであるとする立場とされる。たしかに、憲法判例の場合には、その変更は憲法改正により可能ではあるが、国会の立法の場合よりも困難である。そのような特性を考えた場合には、憲法判例について、最高裁判所は立法部に判例の変更を委ねるという選択肢をもたないことになり、他の法分野と異なり、判例変更の柔軟性が求められる必要性が高いといえる。

しかし、「他方で、憲法判例の変更を柔軟にするべきか否かは、そういう憲法判例の特性を第一次的理由にするのではなく、時代の変化に応じた社会の要請に裁判所が憲法上の諸価値をどこまで即応させるべきかという実質的理由によって決まるのではないか」（高橋⑦一七二―一七三頁）という疑問を禁じ得ない。それは、結局のところ、最高裁判所の裁判の公平性、客観性、裁判官への信頼性という正当性の基礎をみずから掘り崩してはならないという限界を有するということである。

そのような意味で、**全農林警職法事件大法廷判決**（判例③）での田中二郎裁判官ら五裁判官の意見での以下の指摘が想起される必要がある。「最高裁判所が最終審としてさきに示した憲法解釈と異なる見解をとり、右の先例を変更して新しい解釈を示すにあたっては、その必要性および相当性について特段の吟味、検討と配慮が施されなければならない。」なぜなら、「**憲法解釈の変更**は、実質的には憲法自体の改正にも匹敵するものであるばかりでなく、最高裁判所の示す憲法解釈は、その性質上、その理由づけ自体がもつ説得力を通じて他の国家機関や国民一般の支持と承認を獲得することにより、はじめて権威ある判断としての拘束力と実効性をもちうるものであり、このような権威を保持し、憲法秩序の安定をはかるためには、憲法判例の変更は軽々にこれを行うべきものではなく、その時期および方法について慎重を期し、その内容において真に説得力ある理由と根拠とを示す用意を必要とする」からである。

それでは、どのような場合には**憲法判例の変更**が求められるのか。この点で参考になるのは、一九九二年のアメリカにおける人工妊娠中絶事件である**ケーシー事件**（判例④）に対する判決である。この事件では、一九年前の人工妊娠中絶を規制する州法を違憲とした**ロー対ウェイド事件判決**（判例⑤）を変更するべきか否かが争われたが、相対多数意見は先例拘束性の原理を重視してロー事件判決を維持するべきだとした。その際、相対多数意見は、憲法判例を変更するか否かについては、四つの点を考慮するべきであるとした。すなわち①判例の中心的な法準則が実際に機能していないと考えられるか否か、②判例を変更することが、これまでそれに依拠してきた市民に極端な不公正さを与えることとなく、あるいはそのような判例に依拠してきた社会の安定性に重大な損害を与えることなく、できるか否か、③判例が下されて以後の法理的発展が、判例の中心的な法準則を法理としては時代遅れのものとし、社会によって信頼されないものとしているか否か、④判例の基礎となる事実がかなり変化し、判決の中心的な準則がもはやそのような事実に適用するという関連性をもたずあるいは正当化されえないものとしてしまったか否か、の四点である。

以上、最高裁判所判例の拘束性について、最高裁判所による先例の扱い方とその問題点、現在のわが国の代表的な見解である事実上の拘束力論の内容とその限界、そして、最近の有力説である法的拘束力を認める立場についてみてきた。その結果、気がつくことは、最高裁判所判例の拘束性が学説の対立をよそに実務の場では広く認められていることである。ただ、そのような事態をどのように評価し、あるべき判例理解の方法を確立するかは、今後のより精緻な議論の積み重ねにかかっているといえよう。

〈ステップアップ〉

① 戸松秀典「最高裁判所の憲法判例における先例の扱い方について」高柳信一先生古稀記念論集『現代憲法の諸相』（専修大学出版局、一九九二年）
② 横田耕一「有害図書規制による青少年保護の合憲性——岐阜県青少年保護育成条例違憲訴訟最高裁判決をめぐって」ジュリスト九四七号（一九八九年）
③ 大野正男『弁護士から裁判官へ——最高裁判事の生活と意見』（岩波書店、二〇〇〇年）
④ 浦部法穂「最高裁判所の判例」『憲法学（6）』（有斐閣、一九七七年）
⑤ 浦部法穂「判決の効力と判例理論」法学セミナー増刊『憲法訴訟』（一九八三年）
⑥ 芦部信喜「憲法判例の拘束力と下級審の対応」『国家学会百年記念　国家と市民第一巻』（有斐閣、一九

八七年）
⑦　高橋一修「先例拘束性と憲法判例の変更」芦部信喜編『講座　憲法訴訟　第三巻』（有斐閣、一九八七年）
⑧　樋口陽一「判例の拘束力・考――特に憲法の場合」佐藤功先生古稀記念『日本国憲法の理論』（有斐閣、一九八六年）
⑨　田中英夫『英米法研究１　法形成過程』（東京大学出版会、一九八七年）
⑩　佐藤幸治『憲法訴訟と司法権』（日本評論社、一九八四年）
⑪　金築誠志「主論と傍論――刑事判例について」『司法研修所論集一九七三―II』（司法研修所、一九七三年）
⑫　伊藤正己「憲法判例の変更」公法研究二二号（有斐閣、一九六〇年）

判例①――最判平成元九・一九刑集四三巻八号七八五頁
判例②――東京地判昭和五五・三・一四判例時報九六七号一七頁
判例③――最大判昭和四八・四・二五刑集二七巻四号五四七頁
判例④――Planned Parenthood of Southeastern Pennsylvania v. Casey, 505 U.S. 833 (1992)
判例⑤――Roe v. Wade, 410 U.S. 113 (1973)

（大沢秀介）

Bridgebook

# 第9講義 憲法裁判の手法
## ――憲法判断に特有の方法と審査基準

## この講義のテーマについて

この講義では、憲法裁判においてどのような手法が使われるのか、そして、なぜその手法が使われるのか、ということについて考えることにする。しかし、その考察に入る前に、あらかじめいくつかのことを確認しておかなければならない。

### ❖憲法裁判の意味

まず、**憲法裁判**とは何を指しているかについて、確認をしよう。憲法裁判とは、憲法訴訟に対して裁判所が判断を下すことである。ところが、この憲法裁判ということばは、民事裁判や刑事裁判とは異なる性格をもっている。民事裁判や刑事裁判は、それぞれ民事訴訟法や刑事訴訟法などの手続法に従って行われるのに対し、憲法裁判には、憲法訴訟法などといった訴訟手続法が存在するわけではない。それでは、憲法裁判を行うために、裁判所はどうしているのだろうか。実は、憲法裁判とは、民事事件、刑事事件、さらに行政事件として裁判所にもたらされた訴訟・事件において、憲法上の争点が含まれているとき、それについて裁判所が判断を示している場合をとらえているのであり、独自の訴訟手続を必要としていないのである。

また、このことに関連して、日本の裁判制度のもとでは、裁判所は、訴訟・事件の解決が目的であって、憲法判断を下すこと自体を目的としているわけでないことにも注意を向けなければならない。すなわち、裁判所は、民事、刑事、行政の事件を解決するために裁判を行うのであって、たとえ当事者が憲法問題に触れていても、事件の解決には必要がないと判断した場合は、それを無視することができるのである。憲法八一条は、裁判所に対して、合憲性の審査をする権限、すなわち、**司法審査権**（**違憲審査権**、**違憲立法審査権**、**法令審査権**ともいう）を与えているが、その権限の行使については、このような性格を伴っていることが重要である。そして、このような性格の制度は、訴訟・事件を解決するために必要な限りで合憲性の審査をするので、**付随的審査制**と呼ばれている。

**❖裁判に働く基本原則――合憲性推定の原則**

次に、裁判所が訴訟・事件を解決するために、憲法問題についての判断が必要となり、立法の合憲性について審査しようとするときには、重要な原則が働いていることにも注意しなければならない。すなわち、立法の合憲性を問題とする——話を分かりやすくするため、国会が制定したある法律の規定について違憲だとの主張がなされている場合を想定する——といっても、その法律は、国民の代表者である議員が国会において、憲法に違反することはないと判断して成立させたものであるはずだから、裁判所がそれを違憲であり無効だと判断するには、それ相応の理由がなければならないといえそうである。つまり、法律については、**合憲性推定の原則**が働いており、違憲の法律の存在は例外だといってよい。

### ❖種々の手法の存在

このように、憲法裁判にかかわる制度が付随的審査制であり、そこに合憲性推定の原則が働いているため、裁判所が行う憲法判断は単純なものでなく、いろいろな手法を採用することになる。それを類型化すると、二つの方法に分類することが可能である。その一つは、正面から憲法判断を行う方法であり、他は、憲法判断を避ける方法である。ただし、前者の場合でも、立法府の判断を広く尊重したり、違憲の疑いをかけない判断手法を用いるときは、後者の場合と結果としては変わらないことになる。その様相については次の節でみることにする。

また、裁判所が合憲・違憲の判断を下すにあたり、いかなる理由に基づいて結論に至ったかについて注目する必要がある。その理由中に認められる判断の基準は、**司法審査の基準**、あるいは単純に審

**査基準**と呼ばれているが、それは、判例が生んだ法として、憲法秩序の形成に役立つ。とりわけ、憲法訴訟を提起しようとする者にとっては、判例で形成された審査基準に照らして、いかなる違憲の主張を組み立てればよいかを検討することができるのである。そこで、後に（一八八頁）、代表的な審査基準について、その働きをみることにする。

さらに、裁判の結論に関しても、訴訟・事件を解決することと、憲法判断が及ぼす影響力との関係を考慮して、裁判所は、工夫をこらした手法を用いていることを知ることができる。これについても、具体例を示しながら説明する（一九三頁）。なお、憲法裁判について、しばしば合憲判決とか違憲判決といわれるが、判決の主文――裁判の結論を示す部分――に、憲法判断が現れるのではないことも確認しておかなければならない。また、裁判所が行う裁判には、判決、決定、命令の三つの方式があり、判決ということばは、これら三つの方式を含めた意味としてもしばしば使われるが、合憲判決・違憲判決の呼び方は、その広い意味の判決の語によるものである。そこで、以下では、内容の正確な把握をするため、合憲の裁判・違憲の裁判ということにする。

## 憲法判断の方法

### ❖憲法判断の回避

裁判所は、憲法問題についての判断を避けて、訴訟・事件を解決する方法を採ることがあるが、その場合を二つの方法に分類することができる。その一つは、当該憲法問題が高度の政治性を有するから、裁判所があえてそれについての判断をしない、という判断姿勢を示す場合である。これは、**政治問題の法理**とか**統治行為論**と呼ばれる手法である。他は、憲法判断に立ち入らなくても当該訴訟・事件の解決ができるから、憲法判断を回避するという方法である。

具体例を示そう。第一の手法を使った代表例は、**砂川事件**に対する一九五九（昭和三四）年の最高裁大法廷判決（判例①）である。その事件の争点は、日米安全保障条約が憲法九条に違反するか否かであったが、最高裁判所は、安全保障条約が高度の政治性を有すること、また、その内容の合憲性についての判断には、内閣や国会の高度の政治的ないし自由裁量的判断と表裏をなす点が少なくないことを強調したうえで、「〔安全保障条約が〕違憲なりや否やの法的判断は、純司法的機能をその使命とする司法裁判所の審査には、原則としてなじまない性質のものであり、従って、一見極めて明白に違憲無効であると認められない限りは、裁判所の司法審査権の範囲外のものであって、それは第一次的には、右条約の締結権を有する内閣およびこれに対して承認権を有する国会の判断に従うべく、終局的には、主権を有する国民の政治的判断に委ねられるべきであると解するを相当とする」と述べている。

もう一つの例として、一九六〇（昭和三五）年の**苫米地《とまべじ》訴訟**に対する最高裁大法廷判決（判例②）がある。その訴訟で主張された憲法問題は、昭和二七年八月二八日に行った内閣の解散が違憲といえるか否かというものであった。これに対して最高裁判所は、次のように説いた。すなわち、司法審査の対象について、「直接国家統治の基本に関する高度に政治性のある国家行為のごときはたとえそれが法律上の争訟となり、これに対する有効無効の判断が法律上可能である場合であっても、かかる国家行為は裁判所の審査権の外にあり、その判断は主権者たる国民に対して政治的責任を負うところの政府、国会等の政治部門の判断に委され、最終的には国民の政治判断に委ねられているものと解すべきである」と述べたうえで、「衆議院の解散は、極めて政治性の高い国家統治の基本に関する行為」であるから、その合憲性の判断は、司法審査の対象とならないと結論している。

このような例は多くあるわけでなく、例外的存在だとはいえるが、高度に政治的な問題についての合憲性の判断を裁判所が避け、内閣や国会の政治部門、さらに主権者である国民に最終判断を委ねる場合があることは確かである。そして、裁判所がこの憲法判断回避の手法を採用する理由は、政治的な場面に司法権が巻き込まれないようにしようとするためだとみることができる。

第二の憲法判断回避の手法は、付随的審査制の性格をよく反映したものということができる。すなわち、憲法判断によらないで訴訟・事件が解決できるのなら、裁判所は、そちらの道を選び、憲法論議に立ち入らないというものである。その代表例として、恵庭事件に対する一九六七(昭和四二)年の札幌地裁判決(判例③)がある。それは、自衛隊の演習用の通信線を切断した者が、自衛隊法一二一条の「その他防衛の用に供する物」を損壊したとして起訴された刑事事件に対するものであるが、裁判所は、当該通信線が「その他防衛の用に供する物」に該当しないと認定したうえで、被告人の行為が

「自衛隊法一二一条の構成要件に該当しないという結論に達した以上、もはや、弁護人らの指摘の憲法問題に関し、なんらの判断をおこなう必要がないのみならず、これをおこなうべきでもないのである」と説いて、自衛隊法が憲法九条に違反するとの被告人側の主張には答えないで、事件を終結させたのであった。

この判決に対して、自衛隊法の規定の解釈に無理があるとの批判があるが、裁判所は、たとえ無理であろうとも、法解釈の段階で事件処理をして、憲法判断を回避しようとしたものと受け止めることができる。

### ❖立法府に対する裁量統制

裁判所が違憲の主張に対して憲法判断を避けることなく、正面から応えるとき、司法審査権が積極的に行使されるはずであるが、裁判例をみると、裁判所は、いろいろな手法を用いて、必ずしも積極的とはいえない審査を行っている。その様子は、立法府の政策決定に対して司法権がどの程度合憲性の統制を行おうとするのか、という観点からみることができる。立法府は、立法にかかわる政策決定に関して、憲法上、裁量権を与えられているが、司法審査は、これに対する合憲性の統制を行うことだと見るわけである。若干の実例により、このことを考察してみよう。

まず、**公共の福祉論**という方法による場合がある。これは、次のような三段論法によっている。すなわち、憲法の保障する権利・自由は絶対無制限でなく公共の福祉のための制限を受ける。当該制限は公共の福祉のために設けられている。したがって、当該制限は合憲である、とするものである（判例④）。この判断方式では、公共の福祉の内容について立ち入った詮索をせずに、裁判所は、人権制限の根拠として、その正当性を単純に容認してしまう傾向がある。最高裁判所が発足して以来二〇年ほどの間、そのような判例傾向が顕著であった。

これと同様に、立法府に対する裁量統制が緩やかなものとなる判断方法として、**比較衡量法**がある。これは、一方で、憲法が保障する人権の価値を、他方で、その人権を制限することにかかる価値である社会的利益ないし公共の利益を比較して、どちらの価値が重いかをみる判断方法である。人権侵害を理由とする憲法訴訟では、通常、法令により制限、禁止された個人の人権と、その制限、禁止にかかる公的利益との対立であるといえるから、この比較衡量法が採用されやすいといえる。しかし、単純にこの判断方法を用いると、後者の社会的利益・公共の利益の方が重視されやすく、人権保障が不十分だとの批判が生じることとなる。

それでは、人権保障を促進するために、裁判所は、立法府に対する裁量統制をつねに厳しく行えばよいのかというと、そうともいえない事情が認められる。それは、経済的自由に属する人権のように、ある程度、立法による制限が憲法上も容認されている人権と、表現の自由に代表される精神的自由のように、民主主義の政治体制の維持とか、個人の人格形成等との関連で、立法による制限に厳しい目を向ける必要がある人権とを、同列に扱うのは適当でないからである。そこで、裁判所は、経済的自由に対する制限立法と、精神的自由に対する制限立法との間で司法審査の厳格度を異なるものにし、前者については緩やかに、後者については厳格に審査するという**「二重の基準」の法理**を採用すべきことが求められる。実際に、最高裁判所の判例においても、種々の問題点が認められるが、その法理が取り入れられているといってよい（その若干の実際例を、司法審査の基準の様相との関連で後にみることとする）。また、「二重の基準」の法理とは直接結びつかないが、その関連で、社会福祉立法や租税立法に対する司法審査において、立法府の権限の著しい逸脱や濫用がみられないかぎり、立法府の裁量を尊重するという**広い立法裁量論**が採用されていることにも注目する必要がある（判例⑤）。

以上みた手法よりも裁判所による憲法判断が積極的に行われる場合として、**合憲限定解釈**という方法がある。その代表例は、昭和四〇年代のはじめの頃、公務員の労働基本権を厳しく制限する法律の規定について、最高裁判所が行った裁判の場合である。そこでは、公務員に対して一律に争議権の行使を禁止する法律の規定について、法律を合憲としつつ、労働基本権を保障する憲法二八条の趣旨を生かすため、法律の適用範囲を限定する解釈を行ったのであった。その結果、争議行為を行った公務員が無罪となった例がある（判例⑥）。その例のように、人権保障を促進するために合憲限定解釈の方法が用いられることは、最高裁判例ではあまりなく、それとは対照的に、法律の違憲性を除去するために使われることの方が日立っている。その代表例が一九八五（昭和六〇）年の**福岡県青少年保護育成条例事件判決**である（判例⑦）。その判決で、最高裁判所は、条例中の「淫行」という語について、積極的な定義づけをして、犯罪構成要件として不明確であり違憲だとする批判を斥ける判断を下した。これに対して、裁判官の中には、解釈の限界を超えたとの強い批判をした反対意見の立場もみられた。

ところで、立法府の裁量を排除して、積極的な司法審査をするためには、裁判所が**立法事実論**を展開することが必要である。立法事実とは、法律の制定を根拠づけ、法律の合理性を支える社会的・経済的・文化的な一般事実のことである。裁判所が法律の合理性を支える立法事実が存在しないとか、立法時には認められたかもしれないが、現在は立法事実が存在しない、あるいは変化している、といった判断を下すならば、合憲性推定の原則が排除されることになる。ただし、立法事実論を積極的に展開するか否かの決断は裁判所自身が行うのであって、そうであるから、憲法裁判は、それを行う裁判官の姿勢が内容を左右するともいえるのである。

### ❖行政権に対する裁量統制

司法権による合憲性の統制は、行政機関の行った行為、すなわち行政処分に対する関係でもみることができる。そして、**行政処分**は、法律にその根拠があるのだが、根拠法律が合憲でも、処分そのものが違憲となる可能性はある。それは、行政権に対して法律により裁量権が認められており、その裁量権の行使の逸脱・濫用が違憲だと非難される場合として現われるのである。これに対して、裁判所は、種々の審査基準によって対応している。

## 審査基準

審査基準とは、裁判所が司法審査権を行使して合憲・違憲の結論に至った理由中で示す判断の基準のことを指し、それは、判例を通して確認できる準則（ルール）としての性格をもっている。そして、その厳格度によって、緩やかな基準、中間の基準、厳格な基準の三つに類型化することができる。

### ❖緩やかな基準

司法審査の厳格度が緩やかであれば、当然のことながら憲法判断の結論は合憲となる。この結果をもたらす審査基準は、前述した公共の福祉論、比較衡量法、広い立法裁量論といった判断方法と共に用いられ、その内容は、要するに、立法目的や目的達成の手段について、単純に合理的か否かを問うもので、**単なる合理性の基準**と呼ばれる。

単なる合理性の基準によると必ず合憲の結論となる、と決め付けることはできない。それは、立法の措置が著しく合理性を欠き明らかに裁量の逸脱・濫用と見ざるを得ないような場合を除き、裁判所の司法審査権の行使を控えるといったように、単なる合理性の基準が明白性の原則と共に適用されるところに示されている。すなわち、著しく合理性を欠いているとき、明らかに裁量の逸脱・濫用であると認められるときには、当該立法について、違憲の判断を下す余地を残しているからである。

しかし、通常は、この基準によるとき、合憲性推定の原則が強く働いているとみることができ、そのような様相の判例分野をみて、憲法訴訟の提起者はいかなる違憲の主張をしなければならないかを把握することができる。つまり、違憲の主張を裁判所に説得するためには、立法に明らかな不合理性が存在することを立証しなければならないのである。

❖中間の基準

中間の基準は、その名称どおり、審査の厳格度が緩やかな基準と厳格な基準との中間にあることを特色とする。また、緩やかな基準である単なる合理性の基準より厳格度が強いことから、**厳格な合理性の基準**とも呼ばれる。最高裁判所による違憲の裁判では、いかなる審査基準を用いているかあまり明確でない場合があるが、一九七五（昭和五〇）年の**薬事法距離制限規定違憲判決**（判例⑧）では、この基準を適用したとみることができる。すなわち、最高裁判所は、立法裁量論を基礎にして、薬事法の立法目的に合理性を認めて合憲としつつも、その目的を達成する手段である薬局開設に対する距離制限規定（適性配置基準ともいう）について、立法目的との間に合理的関連を支える立法事実が存在せず、違憲だと結論しているからである。

このように、立ち入った審査のもとに合理性の存在を否定する手法から発展して、定式化した手法となる場合もある。それは、当該法令の目的が重要なものであるか、さらに、その目的と目的達成の手段との間に実質的関連性があるか否かを問うものである。そして、民法九〇〇条四号但書の**非嫡出子の相続分規定**が平等原則に違反すると主張された事件に対して、最高裁裁判官の少数意見は、この方式の基準の適用を提唱している。

❖厳格な基準

厳格な基準は、裁判所が人権の制限根拠を厳しく問うことに特徴がある。判例では、制限をうける人権との関係で、いくつかの基準がみられるが、違憲の裁判が少ないことに関連して、最高裁判例にそれほどめざましい構築がなされているわけではない。

**明白かつ現在の危険の基準**（テスト）は、憲法裁判のこれまでの展開の過程で最もよくその適用が求められたものであり、表現行為を規制する法律の適用について、その法律が本来意図していた明らかに差し迫った危険が存在するか否かを問うものである。最高裁判所は、集会の自由の規制について、この基準の適用を説いているが、違憲の結論に至ってはいない（判例⑩）。なお、法令の規定の適用でなく、規定内容そのものの解釈にもこの基準を採用すべきとの考えがあるが、判例で定着していない。

次に、**より制限的でない他の選びうる手段のテスト**（**LRAの基準**とも呼ばれる）も、よく適用が求められる基準である。その適用例は、公務員の政治的行為を禁止している公務員法および人事院規則が憲法二一条等に違反するとして争われた猿払事件に対する第一審判決（判例⑪）にみられる。その判決で、裁判所は、「法の定めている制裁方法よりも、より狭い範囲の制裁方法があり、これによってもひとしく法目的を達成することができる場合には、法の定めている広い制裁方法は法目的達成の必要最少限度を超えたものとして違憲となる」と説き、適用違憲の裁判（一九三頁をみよ）を行ったのであった。しかし、最高裁判所は、そのような審査の仕方を拒否している。

政教分離原則違反を問題とする憲法訴訟に対しては、**目的・効果基準**の適用により判断される傾向が定着している。そして、注目すべきは、最高裁判所がこの基準を適用して、県知事の行った行為を政教分離原則に違反して違憲だと結論した**愛媛玉串料訴訟判決**（判例⑫）が登場したことである。その判決で、最高裁判所は、県知事の行為について、その目的が宗教的意義をもち、その効果が特定の宗教への援助、助長、促進になり、さらに県と神社等とのかかわり合いが相当とされる限度を超えているとして、憲法二〇条三項の禁止する宗教的活動に当たると判断したのであった。

他に、法律の規定が明確であるかを審査する**明確性の基準**、あるいは、漠然としているか、また、過度に広汎な内容となっているかを問う基準（**漠然性の法理、過度の広汎性の法理**と呼ぶ）があるが、最高裁判例では、それを用いて違憲とする結論に至った例はない。

### ❖審査基準の課題

以上は、審査基準の実際を若干の適用例を示しながらみたのであるが、審査基準の働きを知り、分析するためには、それでは不十分であり、最高裁判例を中心にして、もっと系統的にみる必要がある。審査基準は、準則（ルール）としての性格をもつと先に述べたが、それは、ある審査基準を実際の問題に適用すると自動的に結論が出てくるといった公式の性格を意味しているわけではない。このことを確認するためにも、判例の系統的かつ徹底した観察が必要となるのである。判例をよくみるということは、実際に生じた、あるいは生じると思われる憲法問題をめぐって、審査基準の働きが論議されることになる。観念的論議をしたり、審査基準の一人歩きがなされるならば、説得力をうしなうこととなる。審査基準は、あくまで裁判の場で機能を発揮するのであり、憲法裁判の実際の展開とともに議論が深まるものである。

## 合憲・違憲の裁判

### ❖合憲の裁判

はじめに確認したように、憲法裁判が付随的審査制のもとで行われ、合憲性推定の原則が働くこと、さらに、各所でみたように、最高裁判所が立法府や行政権に対して強い裁量統制機能を発揮しようとしないことなどが原因となって、憲法裁判の実際は、合憲の裁判の場合の方が圧倒的に多い。しかし、合憲の裁判といっても、その理由をみるといろいろな意味合いがあり、それを視野にいれて、判例の発展の余地を理解する必要がある。

たとえば、前掲の**非嫡出子相続分規定訴訟決定**（判例⑨）においては、最高裁裁判官の多数が合憲の結論に一致したものの、六人の裁判官が三つの補足意見を示し、さらに五人の裁判官の反対意見が付されており、このような意見の分かれ方とその内容を分析すると、現状を強く容認した合憲判断とは読み取れない。

また、訴訟・事件を訴訟手続上の理由で解決して、実体判断に立ち入らない場合でも、下級審で憲法論議がなされていた経緯に照らし、「念のため」として、最高裁判所が当該争点に関連する憲法上の見解を示すことがある（判例⑬）。その論旨は、合憲とするものであっても、それは、最高裁判所の一般的見解（傍論という）であって、合憲の裁判だとはいえない。

❖違憲の裁判

違憲の裁判は、文面上違憲、適用違憲、および処分違憲の三つの類型に分けることができる。すでに指摘しているように、最高裁判所による違憲の裁判の例は少ないのであるが、そのうち**文面上違憲**の裁判では、目的審査においては合憲だが手段審査において違憲とする例が目立っている。たとえば、一九七三（昭和四八）年の**尊属殺重罰規定違憲判決**（判例⑭）では、刑法二〇〇条（一九九五年改正前）の立法目的は合憲であるが、目的達成の手段である刑罰について、「必要な限度を遥かに超え、普通殺に関する刑法一九九条の法定刑に比し著しく不合理な差別的取扱いをするものと認められ、憲法一四条一項に違反して無効」としている。あるいは、すでに触れたように、**薬事法距離制限規定違憲判決**においても、立法目的達成の手段について憲法二二条違反だとしている。

これに対して、**適用違憲**という手法もある。これは、当該事件に適用されている法律の規定の文面については合憲であるが、その法律を当該事件に適用することにおいて違憲だとするものである。これには、適用法律について限定解釈を加えたうえで、合憲となるところを超えた適用の仕方であるというように、前述した合憲限定解釈の手法と関係する。また、すでにふれたように、より制限的でない他の選びうる手段のテストを適用した上で、この適用違憲の裁判をする場合もある。ただし、最高裁判所は、これまでこの裁判方式を採用したことがない。

さらに、行政機関の行った行為、すなわち処分が違憲だと裁判する**処分違憲**の方式がある。これの具体例は、すでに言及した**愛媛玉串料訴訟**判決である。

### ❖裁判方法の課題

憲法訴訟の性格に応じて、最高裁判所が工夫をした裁判の方法を示すことがある。**事情判決**とか**違憲の警告判決**と呼ばれるものがその例であるが、日本の裁判方法にはそのような特殊な方法をもっと取り入れるべきとの課題が認められる。それは、憲法裁判がしばしば立法・行政の部門（政治部門と呼ぶことができる）との相互関係を無視できないからである。また、裁判所は、政治過程の政策決定行為と正面から対決することを避けつつ、訴訟・事件を通じて、望ましい憲法秩序を提示することが要請される場合が少なくないからである。この要請にどう応えるべきかが課題となっている。

〈ステップアップ〉

この講義の内容についてさらに深めた勉強をするために

① 戸松秀典『憲法訴訟』（二〇〇〇年、有斐閣）

憲法裁判の具体的議論の様子を知るために

② 野中俊彦＝江橋崇＝浦部法穂＝戸波江二『ゼミナール憲法裁判』（一九八六年、日本評論社）

判例①——最大判昭和三四・一二・一六刑集一三巻一三号三二二五頁
判例②——最大判昭和三五・六・八民集一四巻七号一二〇六頁
判例③——札幌地判昭和四二・三・二九下級刑集九巻三号三五九頁
判例④——たとえば、ⓐ最大判昭和二八・三・一八刑集七巻三号五七七頁、ⓑ最大判昭和三八・一二・四刑集一七巻一二号二四三四頁、ⓒ最大判昭和四三・一二・一八刑集二二巻一三号一五四九頁を参照
判例⑤——堀木訴訟に対するⓐ最大判昭和五七・七・七民集三六巻七号一二三五頁、および、サラリーマン税金訴訟に対するⓑ最大判昭和六〇・三・二七民集三九巻二号二四七頁参照
判例⑥——全逓東京中郵事件の最大判昭和四一・一〇・二六刑集二〇巻八号九〇一頁
判例⑦——最大判昭和六〇・一〇・二三刑集三九巻六号四一三頁
判例⑧——最大判昭和五〇・四・三〇民集二九巻四号五七二頁
判例⑨——最大決平成七・七・五民集四九巻七号一七八九頁
判例⑩——ⓐ最大判昭和二九・一一・二四刑集八巻一一号一八六六頁、ⓑ最三小判平成七・三・七民集四九巻三号六八七頁
判例⑪——旭川地判昭和四三・三・二五下級刑集一〇巻三号二九三頁
判例⑫——最大判平成九・四・二民集五一巻四号一六七三頁
判例⑬——ⓐ最大判昭和二八・一二・二三民集七巻一三号一五六一頁、および、ⓑ最大判昭和四二・五・二

四民集二一巻五号一〇四三頁

判例⑭——最大判昭和四八年四月四日刑集二七巻三号二六五頁

（戸松秀典）

# V

# 主要な憲法論争の意味を考える

## ――憲法の根本問題

第10講義　代表民主制と議院内閣制
第11講義　違憲審査制――憲法裁判所の是非
第12講義　憲法と条約
第13講義　団体の自律権と労働組合

Bridgebook

# 第10講義　代表民主制と議院内閣制

## 代表民主制の諸態様

### ❖日本国憲法における統治のあり方は代表民主制か？

日本国憲法は、前文で、「日本国民は、正当に選挙された国会における代表者を通じて行動し」と規定するとともに、「そもそも国政は、国民の厳粛な信託によるものであつて、その権威は国民に由来し、その権力は国民の代表者がこれを行使し、その福利は国民がこれを享受する」と定めている。こうした規定から、日本国憲法は、一般に、統治のあり方として代表民主制を採用していると解されてきた。

しかし、このような理解にはもう少し踏み込んだ考察が必要とされるように思う。なぜなら、代表民主制は、実際にはかなりニュアンスに富んだ統治のあり方だからである。つまり、国民と統治の関わりを代表者の選出に限定しているものから、それにとどまらず直接民主制的な制度を組み込むことによって、国民と統治のより直接かつ密接な関わりを実現するものまで、代表民主制のあり方にはかなりの広がりがあるのである。では、日本国憲法における代表民主制は、この広がりのどのあたりに位置づけることができるものであろうか。

ところで、今日、「代表民主制」という言葉は、その意味するところを深く吟味することなく、あたかも自明のごとく用いられている。しかし、一つの言葉の中で結びつけられている「代表(制)」と「民主制」はつねに親和的で、両者の間に緊張関係は存在しないと解してよいのであろうか。議論の起源にさかのぼって検討する必要があるであろう。

### ❖「代表・民主制」とは？

ここでは、モンテスキューとルソーという二人の著名な思想家を取り上げ、彼らの「代表制」と「民主制」に関する議論を簡単に見ておくことにしたい。

**モンテスキュー**の主たる関心は政治的自由の確保にあったが、その実現のために主張されたのが国家権力の分割と均衡であった。そして、統治の仕組みを構想するにあたっては、「代表制」も一つのキー・コンセプトとされていた。彼は述べている。「自由な国家においては、自由な魂をもつとみなされるあらゆる人間が自分自身によって支配されるべきであるから、人民が一団となって立法権力をもつべきであろう。しかし、それは強大な国家では不可能であり、弱小の国家では多くの不都合を免れがたいので、人民は自分自身ではなしえないことをすべてその代表者を通じて行わねばならない。(中略)代表者たちのもつ大きな利点は、彼らが諸案件を討議できることである。人民はそれに全く適しない。これは民主制の重大な不都合の一つをなしている」(モンテスキュー①)。

こうしたモンテスキューの議論からは、彼が「代表制」に対し非常に好意的であることが読み取れよう。しかも、彼の「代表制」においては、代表者と人民あるいは国民の間にきわめて大きな隔たりが存在していることを忘れてはならない。

では、ルソーはどうか。よく指摘されているように、彼は、「代表制」に対し消極的であった。彼は言う。「主権は譲りわたすことができない。これと同じ理由によって、主権は代表されえない。主権は、本質上、一般意思のなかに存する。しかも、一般意思は決して代表されるものではない。それはそれ自体であるか、それとも別のものであるかであって、決してそこには中間はない。人民の代議士は、だから一般意思の代表者ではないし、代表者たりえない。彼らは人民の使用人でしかない。彼らは、何一つとして決定的な取り決めをなしえない。人民が自ら承認していない法律はすべて無効であり、断じて法律ではない」(ルソー②)。

こうして、ルソーは、「主権」概念と「一般意思」論に基づいて、「(直接)民主制」的な統治構造を正当化しようとしたのである。したがって、彼の考えによれば、もし何らかの理由によって、「代表制」

的統治構造を制度化しなければならない場合であっても、そこでの代表者はあくまでも人民の使用人でしかありえず、代表者と人民の間の距離、すなわち「代表制」と「民主制」の隔たりはできる限り小さなものであることが要請されることになる。

その後の代表民主制のあり方、つまり「代表制」と「民主制」の結びつき方の具体的なありようは、以上に概観した、モンテスキューとルソー、この二人の思想や論理のせめぎ合いと、そこから生まれる妥協の結果として決定されていくことになろう。フランス憲法史は、まさにこのせめぎ合いの舞台であった。

❖フランスにおける代表民主制論

フランスでは、統治のあり方について、三つないしは四つのタイプに分類して論じられている。三つに分ける考え方によれば、統治のあり方は、①代表制、②半代表制もしくは半直接制、③直接制の三つに区分される。これに対して、四つに分ける説は、①代表制、②半代表制、③半直接制、④直接制の四つのタイプに区分する。ここでは、後者の四つに分ける説を取り上げ、四つの類型それぞれの内容について概観することにする。

まず、順序は前後するが、直接制から簡単に見ることにしよう。これは、代表制の対極に位置づけられる統治のあり方である。そこでは、国民は、仲介者を介することなしにすべての法律を採択し、もし可能であれば他のあらゆる国家的決定をも行う。こうして議会は存在しないか、少なくとも原理上は必要とされない。古典古代のポリスにおける統治のあり方がその例とされるが、今日このようなあり方を採用している国家は皆無といってよいであろう。したがって、代表民主制のバリエーションを考察しようとするときには、残る三つの類型に関する理解が重要となる。

**代表制**から検討することにする。代表制においては、諸々の代表機関が国民の名で主権を行使し、国民は単に代表者を選出するにとどまり、しかも代表者は憲法上独立性を保障される。すなわち、代表制は、代表者を被代表者の拘束の下に置く命令的委任や、国民の一般意思の直接的表明を可能にする直接民主制的制度とはまったく相容れない統治のあり方である。したがって、「**純粋代表制**」と表現される場合もある。

次に**半代表制**だが、このあり方においては、国民は直接決定を下すことはないが、代表者に事実上もしくは政治上の影響を与えることはできるとされる。つまり、そこでは、代表者は、選挙人の多数によって表明された実際の国民意思をできるかぎり正確に表現し実行することが要請されることになるのである。なお、多くの論者は、議会の**解散制度**を、半代表制を特徴づける代表的な制度として位置づけている。

最後に、半代表制と直接制の間に位置づけられるのが**半直接制**である。そこでは、決定権は国民と代表者に分配され、しかも代表者はかなりの程度において選挙人団の監督に服する。そしてそれだけでなく、法律は依然として基本的には代表者としての議会によって制定されるが、一定の重要な問題に関しては、国民が議会の外でみずからの意思を直接表明し、決定することができるとされる。直接民主制的な制度が組み込まれた代表民主制といえよう。

### ❖今日的な代表民主制は半直接制か?

フランスでは、半代表制をもって最も実現可能な統治のあり方と考えている論者もいないわけではないが、半直接制こそが民主主義を実現する最も現実的な統治形態もしくはデモクラシーの具体的なありようとされている。そして、このように理解されている理由としては、少なくとも次の二点を指摘することができる。まず第一に、現行第五共和制憲法の主権に関する規定(三条)があげられる。とくに「人民は、代表者によっておよびレフェレンダムの方法によって、主権を行使する」という箇所である。このような主権行使の態様に適合する統治のあり方は、半直接制をおいてほかにないであろう。次に第二の理由としては、比較憲法的な観点からのものが考えられる。すなわち、現代のヨーロッパ各国の憲法の傾向として、一方で代表制的なあり方を基本的に維持しながら、他方で国によって程度の差はあるが、国民投票(レフェレンダム)や国民発案(イニシアティブ)といった直接民主制的な制度がかなり積極的に取り入れられていることを指摘することができるのである。こうして、現在のヨーロッパ各国の「憲法」や「統治」、そしてそれらと「国民」との関わりについて考察しようとするとき、半直接制概念を抜きにしてそれを行うことはほとんど不可能である。今日的な代表民主制は半直接制である、といっても過言ではない。

## 日本国憲法における代表民主制

### ❖日本国憲法の位置づけは?

日本国憲法は、さきに見た前文の規定を前提として、四一条で、国会を「国の唯一の立法機関」と位置づけるとともに、五九条一項で、「法律案は、この憲法に特別の定のある場合を除いては、両議院で可決したとき法律となる」と定めている。つまり、通常の政治において最も重要とされる法律について、国会以外の機関(有権者を含む)の関与を必要としないで成立するものとしているのである。代表制的要素がより強く出ている側面といえよう。しかしながら、他方において、日本国憲法は、限られた形ではあるが、直接民主制的制度を導入している。すなわち、地方特別法の制定に関する住民投票制度(九五条)と憲法改正に関する国民投票制度(九六条)である。

では、こうした**日本国憲法の代表民主制**のあり方を、どのように位置づけたらよいであろうか。半直接制に位置づけられるとする考え方がある。そしてその際重視されているのは、憲法改正に関する**国民投票制度**の存在である。つまり、両議院で各々総議員の三分の二以上という特別多数によって議決されたものが、国民投票の単なる過半数で覆えされることを認める制度は、代表制の要素を弱め、直接民主制の契機を強く働かせることになる、と理解するのである。

しかしながら、こうした考え方には、次のような疑問を提起することができるであろう。立法に関する国民投票制度を一般的な形では定めていない日本国憲法を、半直接制に位置づけることは果たして妥当であろうか、という疑問である。「立法をめぐる国民と議会の間の権限分配」に着目して半代表制と半直接制の区分を考えるならば、立法権を国会に独占させている日本国憲法の代表民主制の構造は、限りなく半代表制に近いところに位置づけられることになりはしないか。どういう形にせよ、立法に関する国民投票制を導入していることの多いヨーロッパ諸国の憲法のあり方との比較のうえで、日本国憲法の代表民主制を半直接制と位置づけるには困難がともなうように思われる。「半代表制と半直接制の間の代表民主制」という位置づけも、ありうる一つの選択肢かもしれない。

ともあれ、政治は、国民の意思すなわち民意に基づいて行われなければならないとすれば、日本国憲法の半直接制に傾斜した運用が検討されてしかるべきであろう。

### ❖立法に関する国民投票制度を導入することは許されるか？

日本国憲法の半直接制的なあり方での運用、すなわち国民が統治とより直接的な形で関わりうるような方向での運用を考えていく場合に問題となる制度は、国民投票制度と解散制度の二つである。

ここでは、まず、国民投票制度について簡単に検討することにしよう。**国民投票制度**とは、国民が、直接、国家意思の形成に参加するために投票を行う制度のことである。ただし、この制度の具体的なあり方は多様である。とくに、国民投票の法的効力に着目した分類が重要である。つまり、国会で採択された法律案等を国民が最終的に決定する効力を認める「裁可型」ないしは「決定型」国民投票と国会等の決定前に諮問的に実施され、国会の決定に対して法的拘束力をもたない「諮問型」もしくは

「助言型」国民投票との区別である。

先述したように、日本国憲法は、憲法改正と地方特別法に関して決定型の国民投票と住民投票の手続を定めているだけである。したがって、四一条や五九条の規定をも視野に入れて考えるならば、通常の立法について決定型の国民投票を認めることは憲法改正をしない限り不可能であろう。問題は諮問型のそれが許されるか否かである。この点については、学説だけでなく実務もこれを理論的には肯定してきた。「憲法は、間接民主制を国の統治の機構の基本原理としており、（中略）法的な効力をもつ国民投票制度には否定的に解せざるを得ないが、第四一条の原則に触れない形において、『個別的な事案について国民全体の意思を御審議の参考にされるために国民投票に付するという制度を立てること』は憲法違反になるとは考えない」というのが政府の従来の考え方なのである。

しかしながら、実際には、これを現実に実施しうる体制は整備されていない。国民投票としては最も穏健なあり方である諮問型のそれをも封じ込めたままの代表民主制は、半直接制からきわめて遠ざかった存在といわざるをえない。実施の諸条件をさまざまに考慮したうえで、国会の立法機能を活性化するためにも、諮問型・助言型の国民投票を制度化することがより積極的に検討されてしかるべきであろう。

❖日本国憲法における議会と政府の関係

議会と政府の関係のあり方に関して、日本国憲法が議院内閣制を採用していると解することにはほとんど争いはない。そしてそのような理解は、以下の憲法上の諸規定から導かれている。①内閣は、行政権の行使について国会に対して連帯して責任を負う（六六条三項）。②内閣総理大臣および国務大臣の過半数は、国会議員の中から選ばれなければならない（六七条・六八条一項）。③内閣総理大臣の指名は、国会の議決でもってなされる（六七条）。④内閣は、衆議院で不信任の決議案が可決され、または信任の決議案が否決されたときは、一〇日以内に衆議院が解散されない限り総辞職しなければならない（六九条）。⑤内閣総理大臣および国務大臣は、いつでも議案について発言するために議院に出席することができ、また答弁や説明のため出席を求められたときは、議院に出席しなければならない（六三条）。

こうした規定のあり方からは、議会と政府の間の厳格な権力分立を特徴とする大統領制や議会に権力が集中することによって政府の独立性が認められない議会統治制を導き出すことはできない。日本国憲法が、議会と政府の間の柔軟な権力分立を特徴とする議院内閣制を採用していると解される理由である。

## ❖議院内閣制の本質と解散制度

ところで、**議院内閣制の本質**を何に求めるかについては、学説上対立がある。均衡本質説と責任本質説の間での争いである。

議会と内閣の均衡を重視する**均衡本質説**は、議会の不信任決議権に対抗する不可欠の武器として内閣に解散権を認め、それによって議会と内閣が均衡するところに議院内閣制の本質を求める。これに対して、**責任本質説**によれば、議院内閣制の本質を、内閣が議会に対して政治的責任を負うことに求め、議会の不信任決議権に対抗する解散権が存在しなくても議院内閣制でありうるとされるのである。

いずれの説を妥当とするかは、議院内閣制を他の政府形態から区別する際の議論においてはそれなりの意味をもとうが、日本国憲法における政府と議会の関係の仕方が議院内閣制であるとの結論を引き出すための決め手としてはそれほどの重要性はもたないように思われる。どちらの説をとっても、日本国憲法が議院内閣制を採用しているとの結論に違いをもたらさないからである。

ただし、日本国憲法が採用している議院内閣制が均衡型なのかそれともそうでないかは、**解散制度**の憲法上の位置づけや代表民主制のありようとの関係を考える際には重要な意味を有することを忘れてはならない。日本国憲法は、衆議院の解散を天皇の国事行為の一つとして定めているが（七条三号）、その実質的決定権を有するものはだれか、またどのような場合に解散を決定しうるかについては明確には規定していない。**解散権論争**が展開されたゆえんである。今日、憲法上の根拠については依然として争いがあるとはいえ、実質的な決定権が内閣に帰属するということに関しては広範な合意が存している。

したがって、残る問題は、内閣はどのような場合に衆議院を解散できるかである。この点、学説では、**解散権の行使**は、重要法案や予算が否決された場合、政党の再編などで与党が少数派になった場合、そして前回の総選挙で争点にならなかった重要政策を新たに実施しようとする場合などに限定されるという見解が有力である。これに対して、無条件の不信任制度と無条件の解散制度の存在こそが、議会と内閣に対して絶えず国民の意思へ近づこうとする動因を与えるから、均衡型の議院内閣制のほうが民主的に機能する可能性をより多く秘めていると解する見解も存している。この見解は、次に見る「国民内閣制」論の文脈で展開されているものであるが、代表民主制の半直接制に接近した形での運用の主張と考えられないわけではない。選挙制度や政党制のあり方など、解散制度がこのような主張にそった機能を果たすことができる諸条件を明確にしながら、それを半直接制や半代表制との関わりで再検討する必要があることは説明を要しないであろう。

### ❖一元型議院内閣制の国民内閣制的運用

ところで、一九世紀における議院内閣制は、内閣が君主と議会の両方に責任を負い、どちらかの信任を失えば辞職を余儀なくされるというものであった。しかしその後、民主的な正当性の理念が定着するにともなって君主や大統領は形式的な元首にすぎなくなり、その結果、内閣は議会だけに責任を負うことで足りることとなった。一般に、前者のような議院内閣制のあり方を「二元型議院内閣制」といい、これに対して後者のようなあり方を「一元型議院内閣制」と呼んでいる。

日本国憲法における内閣は、その成立と存続を、もっぱら国会とくに衆議院に基盤を置いている。一元型の議院内閣制が採用されているといえよう。そして、この一元型の議院内閣制と内閣の一体性や統一性を確保するための内閣総理大臣の首長性とが結びつくことによって、日本国憲法の下では、国民→国会→内閣→大臣→官僚→国民という、一本の階統制が成立すると考えられる。別な言い方をすれば、官僚は、直接的には大臣、より根源的には国会を通して国民のコントロールに服する仕組みが構築されていると解することもできるのである。

しかしながら、実際には、こうした仕組みをゆがめる法制度上の要因が存在し、しかもそれと政党状況が組み合わさることによって、内閣はしばしば統治の要としての役割を果たすことができない事態に陥ってきた。たとえば、閣議は慣習上全会一致で運営されることになっているが、もしある国務大臣が総理大臣によって示された内閣全体の政策課題よりも自己の担当する省の利益を重視して行動するならば、結果的に全会一致は得られず、総理大臣のリーダーシップにかなり厳しい枠がはめられることになる。また、内閣と与党の関係に目を転ずるならば、そこには権力の二重構造ともいうべき現象が見られ、総理大臣を中心とする内閣とは別に与党の中に実質的な決定者が存在することもしばしば存する。こうした事態は、政策決定や運営に関する責任の所在をますます不透明なものとするであろう。

こうした事態から脱出するための一つの構想として提唱されているのが、「国民内閣制」である。この構想によれば、国政の基本となるべき政策体系とその遂行責任者たる内閣総理大臣を、国民が国会議員の選挙を通じて事実上直接的に選択し、しかもそこでの内閣が直接国民に責任を負うような形での議院内閣制の運用が追求されなければならないとされる。そして、このような運用が実現するためには、それに適合した選挙制度や政党のあり方が存在していなければならない。しかし、現状ではそうした国民内閣制の実現の前提となる要因を見出すことは難しい状況にある。わが国の議院内閣制は、憲法がそれに期待している役割を不十分にしか果たしていないといわざるをえないのである。こうした状況にあって、最近おおいに注目を浴びているのが首相公選制である。

### ❖代表民主制と首相公選論

首相公選制とは、首相もしくは内閣総理大臣を、国民が、直接、選挙で選ぶ制度のことをいう。この制度の導入を主張する議論には、二つのタイプが存する。すなわち、まず第一に、日本国憲法を改正しないで実質的に首相の公選制を導入しようとする主張がある。具体的には、総理大臣の指名手続を定めている憲法六七条は被指名者の「決定」とそれについての「議決」という二段階の手続を予定していると読み、そこから決定前に国民投票を行い、その結果に基づいて国会が首相を決定するという仕組みを構想するのである。これに対してもう一つの考え方は、憲法を改正して首相公選制を実現しようとするものである。

最近の議論の多くは後者のタイプに属しているが、その具体的内容は必ずしも明確とはいえない。つまり、今日の政治の不安定や国民の政治的疎外感等の制度的原因を議院内閣制に求め、したがって、政治的混迷からの脱出は議院内閣制を廃止し、首相公選制を採用することによってはじめて可能となるとする点では一致しているが、制度のあり方に関する具体的提案はほとんどなされていないという現状にあるのである。せいぜいアメリカの大統領制に類似した制度の採用が主張されているにとどまる。

ともあれ、問題は、代表民主制論との関わりで首相公選制をどのように評価すべきかということである。半代表制論、それも「**議会までの民主主義**」を重視する考え方の下では、首相公選制は消極的に評価されることになろう。議会選挙の重点が政府の形成よりも代表の正確性の確保におかれ、政府の形成は議会における党派や党派のリーダーに委ねられるからである。

これに対して、「**行政府（政府）までの民主主義**」、あるいは半直接制に傾斜する形で代表民主制を考えるならば、首相公選制は少なくとも原理的には否定されないことになるように思われる。選挙で、国民が政策を選択し、さらにそれを実現する責任ある主体としての首相を、制度上であれ事実上であれ直接選ぶことのできる民主制のあり方が、そこでは追求されるからである。したがって、代表民主制を半直接制に近いところで考えた場合、首相公選制はそれにより適合した制度であり、それを採用した方がよいとの結論が導かれそうである。

しかし、問題はそう簡単ではない。議院内閣制がそうであったように、首相公選制も必ずしも期待されたとおりに機能するわけではないからである。たとえば、もし議会で多数を占める政党と首相が属する政党とが異なった場合を想定してみよう。その場合、政府と議会の間に鋭い対立が絶えず出現し、その結果、政治が動かなくなってしまうこともおおいにありうるのである。また、逆に、議会の総与党化が現れた場合には、政府に対するチェックやコントロールはきわめて弱いものとなろう。つまり、議院内閣制の場合よりも重大な弊害がもたらされることは十分に考えられるのである。

したがって、首相公選制を導入しようとする際には、こうした弊害の可能性を的確に認識したうえで、議院内閣制との対比がなされるべきであり、素朴かつ安易な導入論は厳に慎むべきであろう。

〈ステップアップ〉

① モンテスキュー『法の精神』(とくに第一一編第六章「イギリスの国制について」)

② ルソー『社会契約論』(とくに第三編第一五章「代議士または代表者について」)

二人の憲法思想を理解するうえで必読の文献。

③ 大石眞『立憲民主制』(信山社、一九九六年)

「代表民主制」と「議院内閣制」を含む統治の仕組みにかかわる基本原理や制度を体系的に考察。

④ 岡田信弘「代表・民主制のアポリア」法学教室二二四号(一九九九年)

フランス憲法史を素材に、「代表制」と「民主制」の結びつき方を検討。

⑤ 高橋和之『国民内閣制の理念と運用』（有斐閣、一九九四年）

議院内閣制の理論と実体に関する比較憲法的な考察を踏まえて、「国民内閣制」概念を提唱。

⑥ 高見勝利「議院内閣制の意義」『憲法の争点（第三版）』（有斐閣、一九九六年）

日本の憲法学説史における議院内閣制の意味理解を厳密に検討。

（岡田信弘）

Bridgebook

# 第11講義 違憲審査制——憲法裁判所の是非

## 日本の違憲審査制に対するさまざまな批判

(1) 日本国憲法八一条は、「最高裁判所は、一切の法律、命令、規則又は処分が憲法に適合するかしないかを決定する権限を有する終審裁判所である。」と規定している。この「違憲審査権」が日本国憲法に導入された背景には、明治憲法のもとでの司法権の地位が立法権そして行政権に比べ低く、人権保障の要としての役割を果たすことができなかったため、司法権を強化する必要があった、という事情が存在していた。

違憲審査制がスタートした直後から、最高裁判所は違憲審査権の行使について幾度となく批判にさらされている。もっとも、明治憲法下の秩序が崩壊し、それと同時に戦後改革が進行していくなかで、最高裁判所には違憲審査権の展開にまで目配りをする余裕はなかったといえるし、現実に、違憲審査権のモデルであるアメリカ憲法判例を使いこなせる裁判官・弁護士・研究者はごく少数にとどまったのである。

初期の最高裁判例が違憲審査の方法として「**公共の福祉**」論を用いたことはよく知られている。最高裁判所は、憲法の保障する個々の人権を基準として人権制約立法の合憲性を判断するのではなく、憲法一二条、一三条の規定する「公共の福祉」にもとづいて合憲性判断を行ったのである。性的描写を含む書物が刑法一七五条が規定するわいせつ文書にあたるか否かについて、最高裁判例は表現の自由を保障する憲法二一条に論及していない（**チャタレイ事件最高裁判決**（判例①））。法律がなにがしかの合理性を有することは当然であるから、この審査方法によって違憲判決が下されることは考えられないであろう。現在の議論のレベルからすると、いささか荒っぽいこのやり方も、違憲審査制の導入と、明治憲法下での「**法律の留保**」**つきの人権保障**（立法権の優位）を併存させる方法として、違憲審査制の初期段階においてはそれなりの意味をもっていたとは言えよう。

(2)　最高裁判所ができて二〇年が経過した頃に、最高裁判所が違憲審査の職責を十分果たしているかどうかについて、アメリカ連邦最高裁判所を引き合いにだして、次のような指摘が鈴木忠一判事からなされていた。わが国の立法過程と類似する連邦法については、違憲判決は一五〇年間に七三を数えるにすぎず、この例を見ても、わが最高裁の違憲審査を云々するにあたって、もう少し気長に観察してもよいのではないか、と。

そして、右の指摘から六年が経って、最高裁判所が初めて法令を違憲とした判決を下すのである（尊属殺重罰規定違憲判決（判例②））。その後、法令を違憲とした最高裁判決は、薬事法距離制限違憲判決（判例③）、二件の衆議院議員定数不均衡違憲判決（判例④⑤）、森林法違憲判決（判例⑥）、そして郵便法違憲判決（判例⑦）があり、合わせて六件にすぎない（なお、第三者所有物没収違憲判決（判例⑧）もここに含める考え方もある）。また、右の違憲判決には精神的自由を規制する立法についてのものは含まれておらず、総じて精神的自由権に関する領域についての判例理論の低調さが浮かび上がる。

最高裁判所発足後五〇年を経過した現在、違憲審査が活性化したと考える人は少ないであろう。学界やマス・メディアではなく、経済界からも、「わが国の司法の態度は、立法裁量や行政裁量が絡む事件については、米国最高裁やドイツ憲法裁判所などに比して過度に自己抑制的と言わざるを得ない」（経済同友会）と指摘されているのである。したがって、活性化しない原因はどこにあるのか、また、その解決策はいかなるものか、が、最近盛んに議論されるようになっている。この点は、後に検討するが、ここでは、議論の前提となる二つのことを指摘しておきたい。

(3)　明治憲法下においては、憲法のみならず、裁判所制度そして訴訟法も、ドイツなどの大陸法の強い影響下にあった。一方、日本国憲法、とくに司法は、アメリカ憲法をモデルとすることとなったのであるが、権利の救済について重要な役割を担う訴訟法は依然として「ドイツ法的なるもの」であった。その結果、訴訟法が規定していないから、人権の具体的な救済が不可能となるケースが生まれているのである。

このことは不思議なことと受け取られるかもしれないが、裁判官にとって訴訟法は「金科玉条」であるということからすれば、その訴訟法が規定していないことに裁判官が踏む込むことは難しい。それを乗り越える一つの方策は、憲法に直接依拠することである。この方法を最高裁判所が選んだのは、憲法三七条一項「**迅速な裁判を受ける権利**」は、「審理の著しい遅延の結果、迅速な裁判をうける被告人の権利が害せられたと認められる異常な事態が生じた場合には、これに対処すべき具体的規定がなくても、……その審理を打ち切るという非常手段がとられるべきことをも認めている趣旨」と解した**高田事件**（判例⑨）、そして**議員定数不均衡違憲判決**（事情判決の法理）（判例④⑤）ぐらいであろう。総じて、憲法を法律とは異なるものとする認識が最高裁判例には存在し、憲法規範を正面に押し出すことなく法律レベルで憲法「的」解決を行うという思考枠組みが見られるのである。

(4)　最高裁判所における**司法消極主義の原因**について、内在的ともいえる批判を行ったのが伊藤正己元最高裁判所裁判官である（伊藤⑧）。その指摘はおおよそ次のとおりである。①「和」を尊重するわが国の精神風土から、最高裁判所内部での「和」の尊重にとどまらず、政治部門への礼譲の意識がある。②裁判の長期化から争点となる状況が既成事実化し、裁判所がこれを覆すことは難しい。③最高裁の処理件数の多さから、とくに小法廷にあっては通常事件の最終審という意識が強く、憲法の裁判所であるという考え方は生まれにくい。④大法廷回付を回避する傾向から小法廷で憲法事件が処理される（憲法判断の回避、あるいは判例を引用しての合憲判断）。⑤顔のない裁判官、いいかえると、どの裁判官にあたってもほぼ同じような判断が期待される裁判官を理想とするわが国においては、少数意見は生まれにくい。

この分析は一〇年にも及ぶ最高裁判所裁判官としての経験に基づくものであり、正鵠を射るものと思われる。最高裁判所における「和」の尊重、「顔のない裁判官」の指摘等は、憲法裁判の問題を超えてわが国の文化にも関係するものであろう。もっとも、伊藤元裁判官が右の分析に基づき、現状を不満とすれば、最高裁判所とは異なる憲法裁判所に憲法裁判を委ねるほうが望ましいとの帰結を導いている点には、後述のように、なお検討の余地がある。

## 「司法積極主義」であればいいのか——アメリカとの比較

(1)　弱すぎる司法権も問題であるが、その一方で、強すぎる司法権も場合によっては考えものである。この点についての意識は、日本国憲法への違憲審査制導入に深く関わったＧＨＱ（連合国総司令部）のメンバーにはあったことであろう。

アメリカ連邦最高裁判所は、一九二九年に始まる「大恐慌」対策として制定されたニュー・ディール立法を次々に違憲と断じた。合衆国憲法修正一四条（デュー・プロセス条項）の「自由」に契約の自由が含まれると解することにより、財産権および契約の自由を規制する社会経済立法を違憲とする連邦最高裁判例は、この時期に特有のことではなく二〇世紀初頭から継続するものであったが、それは、大恐慌をきっかけとして議会そして大統領と厳しく対立するものとなっていった。そして、一九三六年の大統領選挙で再選を果たしたローズヴェルトは、ニュー・ディール政策を支持する裁判官を連邦最高裁判所に送り込むプランを立て、そのための法案を準備するに至る。これはさすがに失敗に終わったが、しかしこのことがきっかけとなり、一九三七年に連邦最高裁判所は従来の判例を変更し、社会経済立法を違憲とすることはなくなった。

(2) この時期の連邦最高裁判所は、大不況から生じた時代の変化を読み誤り、政治部門との厳しい対立を生み出した。しかし、連邦最高裁判所が、政治部門の判断に追随するだけでは、その役割を果たしたとはとても言えないであろうし、それはそれで多くの批判が浴びせられよう。

これは、アメリカ連邦最高裁判所だけの問題ではない。違憲審査権を有する裁判所、とりわけその最終審である裁判所（わが国であれば最高裁判所）は、法と政治の狭間にあって、きわめて難しい役割を担っている。アメリカ連邦最高裁判所の例が示すように、場合によっては政治部門からの「脅迫」にさらされ、また、尊属殺重罰規定が最高裁判所によって違憲とされた後、二〇年あまり経って同規定が削除されたことからも分かるように、法令違憲の場合、みずからの判決の実現を政治部門に強いる手だてを具体的に有しない司法にとって、違憲審査権の行使という途は決して平坦ではない。それが司法が司法である所以《ゆえん》(わけ)を明確に示すことでしかないとすれば、的確な現状認識を持ち、政治部門との正面衝突をできるだけ回避しつつも実をあげる手法を開拓し(場合によっては、正面衝突が回避しえないとしても)、政治部門とは異なった司法の判断形式(判断についての合理的な説明、関係人の手続への参加を含む手続保障)を際だたせることにより、国民をはじめとした多くの支持を得ることしかないであろう。この問題は、次の「違憲審査制と民主主義」と重なりあうところが多い。

ここでは、「**司法積極主義**」をテーマとする。違憲と合憲の二つの手法を念頭において、違憲判断に踏み込むことが積極主義との理解である。わが国の最高裁判所はその意味で司法積極主義をとったことはない。しかし、違憲判決を回避するために、制定法の解釈にあたって裁判所の解釈を通じて立法者の判断を変更している可能性は否定できない(長谷部⑥七五頁)。底に潜った形での憲法判断、あるいは前述の法律レベルで憲法「的」解決を行うという思考枠組みがあると思われるのである。憲法問題とすることなく事案を解決しているとすれば、これを「**司法消極主義**」と言うことは適切ではないであろう。そうしてみると、司法積極主義か、あるいは司法消極主義か、という図式では割り切れないものがわが国の違憲審査制には存在すると思われる。

## 違憲審査制と民主主義

(1) 裁判所が違憲審査権を行使する場合、公権力による処分を違憲とすることに比べ、議会制定法を違憲とするケースは強いインパクトを持つ。たしかに、国民から選出された議員からなる議会によって制定された法律を、憲法規範に依拠することにより合憲あるいは違憲と判断する、と違憲審査制を定式化することはさほど難しくない。しかし、憲法規範は一般に抽象的な性質を有し、したがって、基準となる憲法規範の意味の確定が困難であり、人によって異なることも少なくない。さらに、一見明白に「違憲な法律」というものが希である以上、「違憲判断」を行おうとする裁判官は、前述したように、法と政治の狭間に位置することから、多くの批判にさらされることを覚悟しなければならない。こうした場合、裁判所が違憲判断に踏み切る客観的基準を探ろうとする動きがでてくるのは当然である。それがうまくいけば、裁判所がみずからの政治的志向に基づき違憲判断をしていないことを、政治部門、そして国民に示すことができるからである。

(2)　そのような試みとして、**民主主義プロセス論**が代表的なものであろう。それは、民主的政治過程そのものが傷つけられるならば、その修復を議会に委ねることはできなくなるから、裁判所がそれを修復しなければならない、とする。そして、違憲審査は民主的政治過程の維持保全の範囲内で行使されるのであって、具体的には、表現の自由、選挙の公正、そして民主的政治過程で代表を有しない少数者の権利について、裁判所は厳格な違憲審査を行うというのである。その一方で、経済的自由を制約する立法については緩やかな違憲審査を行うとする。この考え方は「**二重の基準論**」に結びつくのであるが、**民主主義と違憲審査制**とを共存させるものとして広く受け入れられている。

しかし、民主的政治過程、あるいは民主主義は、いろいろな意味を与えられるものである。たとえば、民主主義が多数決による問題の解決を意味するとして、それによってすべてを決定できるのか、かりに多数決手続によっても決定できない領域があるとすれば、その領域の画定は誰が行うのか、ということがある。**多数決手続**によっても決定できない領域があることを認めれば、そこへの公権力等の侵入の認定、そしてその排除の決定を行うことが必要になる。国家機関のうちでそのことに最も適したものは裁判所であろう。さきに述べた、「司法が司法である所以(わけ)」を思い出してほしい。さらに、民主主義過程と関わる領域をどう考えるかも難しい。信教の自由そして職業選択の自由は民主主義過程と関わらないとすると、緩やかな違憲審査でかまわないと考えられよう。また、少数者の権利については厳格な違憲審査をとするが、これを少数者の代表を促進するという観点からだけで根拠づけるのは困難である。

民主主義プロセス論は魅力的な図式ではあるが、それだけで違憲審査と民主主義との整合性を説明できるものではない。前述の「司法が司法である所以(わけ)」で見たように、政治部門とは異なる司法の判断形式などの重要性にも注目し、違憲審査権を担う裁判所の存在意義を示すことも不可欠である。月並みではあるが(月並みであることには何ほどかの真実があるともいえる)、裁判所が違憲判断に踏み込むに至る過程が説得的であるかどうかもまた決め手となるであろう。

## 憲法裁判所は代替物となりうるか

(1)　これまで見てきたように、わが国の憲法裁判は多くの問題を含んでおり、批判されることも多い。大野正男元最高裁判所判事も、「ここ二十数年にわたる日本の最高裁判所の仕事の内容は、憲法裁判所としてよりも大審院型の上告裁判所の方向を取りつつある」と述べている（大野⑨九三頁）。ここでの「**憲法裁判所**」という言い方は、最高裁判所の持つ違憲審査機能を指している点、注意を要するが、それにしても、この評価は多くの人の同意を得るものであろう。

そういうこともあって、従来の司法裁判所型の違憲審査制をやめ、**抽象的違憲審査制**を含む憲法裁判所の設置が唱えられはじめている。最も具体的な案によると（読売新聞社編『憲法　21世紀に向けて』）、①憲法判断では一審かつ終審の裁判所となる憲法裁判所の設立、②条約、法律、命令等について、内閣あるいは一定数の国会議員の申立てがあった場合に憲法判断を行う抽象的審査、そして、③具体的事件が係属している通常裁判所が、適用すべき法律の合憲性判断を憲法裁判所に求めるという具体的審査、が提言されている。

「速やかな判断を下しうる憲法裁判所」を志向するこの提案の眼目は抽象的審査にあるが、ドイツの憲法裁判所の状況を見れば、「速やかな判断」にも注意が必要である。先に取りあげた伊藤正己元最高裁裁判官がこれまで支持してきたアメリカ式の司法審査制に代えて憲法裁判所をと言いだしたのは、裁判所が政争の場となる危惧が現在ではほとんど消滅したとの理解が基礎にある。しかし、政策問題を裁判所が真っ正面から扱わなければならない「**裁判の政治化**」に加え、憲法裁判所の判例を念頭におく立法過程という意味での「**政治の裁判化**」が、ドイツについて語られている(芦部②二九一頁)。また、最近、法案を巡って連邦議会で敗北した党派が憲法裁判所への提訴を行う、あるいは旗色の悪い党派が連邦憲法裁判所の名をほのめかすということが起きていると言われている。これは連邦議会内の政治対立が、抽象的規範統制によって(基本法九三条一項二号)、あるいは、連邦最高機関の基本法上の権利・義務に関する争いを対象とする機関争訟によって(同条一項一号)、憲法裁判所に持ち込まれているといってよい。ここに「政治の裁判化」の例を見ることができよう。連邦議会内の政治対立が抽象的規範統制等を通じて「速やかに」憲法裁判所に持ち込まれるのである。

一方、市民が訴える一般的な憲法訴訟について言えば、「具体的審査」が機能しなければ、「速やかな判断」とはいかない。今の三審制に憲法裁判所を組み込むのであれば、一般的な憲法訴訟は現在より長期化することさえ予想される。そうしてみると、憲法裁判所案については憲法改正の必要があることを含めなお検討の余地が残されている。

(2)　現在の違憲審査制の問題のひとつは、**最高裁判所の負担**の大きさにある。それは、最高裁判所が「上告審」であると同時に「違憲審査権」を行使するという役割を併せ持つことに原因を求めることができよう。

そこで、(a)上告審としての機能と(b)違憲審査権の行使という役割に注目すれば、わが国の裁判制度は、簡易裁判所を一審とする場合に高等裁判所を例外的に上告審とするのだから、(a)の大部分と(b)を担っている。たとえば、違憲審査を行う憲法裁判所と、通常事件を担当する五つの連邦通常裁判所に分けられるドイツは(a)と(b)がほぼ切り離されているといってよい。また、アメリカの司法制度においては、上告審機能の多くを州の最高裁判所が担い、さらに、連邦最高裁判所が上訴を受理するかどうかを決める裁量上訴制を通じてのみ連邦最高裁判所の審理を受けられるとするのであるから、連邦最高裁判所は(b)と、(a)の一部を担うといってもその負担は日独に比し重くない。いずれにしろ、比較法的にみてわが最高裁判所の負担の大きさには注意する必要がある（裁判官等の人事権も最高裁判所が持つ）。

最高裁判所裁判官が一年間に担当する件数に目を向けると、一人あたり三六四件の主任事件を担当し、加えて一四五六件の事件に関与しなければならない（二〇〇一年の統計）。現在の最高裁判所は六〇歳台後半の裁判官を中心とするが、引退した多くの裁判官が述懐するように、年齢と仕事量を考えると最高裁判所裁判官の職務はきわめて困難な仕事の一つと言えよう。この過重な負担は、一九九八年一月より施行された新民事訴訟法によって、最高裁判所への上告制限が導入されたことによっても、著しく軽減されるとまではいかない。

(3)　わが国の最高裁判所はその基本的構造をこの五〇年余り変えていない。そこで、現在の違憲審査制の基本的スタイルは維持したまま**最高裁判所の機構改革**を行うことで違憲審査の活性化を図るということは、憲法裁判所案とは別の選択肢として考えられてよいであろう。その際、上告審機能と違憲審査機能の切り離しがポイントとなる。

上告審の役割の軽減を図るため、その大部分を最高裁判所とは別の裁判所に担わせ（特別高裁：東西二ヵ所に置き、一裁判所三〇名の裁判官）、また、最高裁判所は九名に減員したうえで全員が一つの合議体を形成し（ワン・ベンチ）、違憲審査および判例変更について判断するとともに、これまで最高裁判所の判断が示されていない新しい法律問題も管轄する。こうすることによって、最高裁裁判所は上告審としての機能も一部持ち、通常の司法裁判所の系列ともつながると思われる。図示すると、地裁→高裁→「特別高裁」→最高裁となり、見かけ上は憲法問題については四審制となるが、「特別高裁」はもっぱら憲法問題のスクリーニングの役割を担うことから、全体としての裁判に必要な時間は三審制と大差がないと考える。

右の方策は裁判所法の一部改正によって可能であり、それにより、ワン・ベンチによる最高裁判所の活性化、「憲法の裁判所」であるという裁判官の意識の高まり、さらに「顔の見える裁判官」の出現が期待される。ところで、現在の最高裁判所裁判官の出身区分を見ると、検察官出身二名を含めて、キャリア出身裁判官が八名、弁護士出身が五名、行政官出身（内閣法制局長官）が一名、外交官出身が一名、そして学者出身が一名である。最高裁判所創設当時は、裁判官五名、弁護士五名、検察官一名を含む学識経験者五名であったが、その後次第に実務に強いと思われるキャリア出身裁判官が増加していったのである。これも、最高裁判所の抱える事件数の多さに関係がないとは思われない。そこで、右方策により最高裁判所の「上告審」としての役割が軽減されれば、キャリア出身裁判官の比率を半分以下に減らした裁判官構成も可能となろう。そのうえで、最高裁裁判官が司法行政に深く関与するとすれば、最高裁事務総局のあり方に対し一定の影響を与えることも考えられる。さらに、最高裁裁判官に対する影響が大きい最高裁調査官も若手法曹を登用し、三名程度を各裁判官付きとすることも考えられてよい。

(4) 裁判制度は、法曹および下級審を含めた全体としての裁判所、訴訟法、裁判所を利用する人たち、制度運営のための財政支出など、多くのファクターによって規定されている。したがって憲法裁判も、憲法裁判所のような新しい制度を導入すればそれで十分というわけにはいかない。そうすると、まずは、現在の違憲審査制の展開を妨げているものを取り除くことが考えられるべきではなかろうか。その意味で、戦後すぐの司法制度改革から引きずったままの質的にも量的にも過重な最高裁判所の負担を解消することが、アメリカ型でもない、ドイツ型でもない、第三の類型としての違憲審査制の可能性を探る手始めになると思われる。

〈ステップアップ〉

違憲審査制については、あまりに多くの論考があり選ぶのが難しいが、この講義の内容からすると、基本書としては、**芦部**①そして**佐藤**③をあげておきたい。また、違憲審査と民主主義という難問については、近時のものとして、**市川**④、**長谷部**⑤、そして、民主主義プロセス論を最も純化した**松井**⑦である。研究者そして最高裁判官としてのキャリアを経てだされた、**伊藤**⑧、同じく最高裁裁判官を勤めた**大野**⑨は、本テーマに深く関わり、そして、独自の視点が刺激的な、**奥平**⑩も、この講義のテーマを考えるうえで重要である。最後に筆者の考えをもっと知りたいと思われる奇特な読者のために、**笹田**⑪第二章II、第三章III、**笹田**⑫を付け加えておく。

① 芦部信喜『憲法訴訟の理論』(有斐閣、一九七三年)
② 同『宗教・人権・憲法学』(有斐閣、一九九九年)
③ 佐藤幸治『現代国家と司法権』(有斐閣、一九八八年)
④ 市川正人「違憲審査制と民主制」『憲法五十年の展望II』(有斐閣、一九九八年)
⑤ 長谷部恭男「司法審査と民主主義の正当性」『比較不能な価値の迷路』(東京大学出版会、二〇〇〇年)
⑥ 同『憲法学のフロンティア』(日本評論社、一九九九年)
⑦ 松井茂記『日本国憲法』(有斐閣、一九九九年)
⑧ 伊藤正己『裁判官と学者の間』(有斐閣、一九九三年)
⑨ 大野正男『弁護士から裁判官へ』(岩波書店、二〇〇〇年)
⑩ 奥平康弘『憲法裁判の可能性』(岩波書店、一九九五年)
⑪ 笹田栄司『裁判制度』(信山社、一九九七年)

⑫　同「違憲審査活性化は最高裁改革で」紙谷雅子編著『日本国憲法を読み直す』（日本経済新聞社、二〇〇〇年）

判例①――最大判昭和三二・三・一三刑集一一巻三号九九七頁
判例②――最大判昭和四八・四・四刑集二七巻三号二六五頁
判例③――最大判昭和五〇・四・三〇民集二九巻四号五七二頁
判例④――最大判昭和五一・四・一四民集三〇巻三号二二三頁
判例⑤――最大判昭和六〇・七・一七民集三九巻五号一一〇〇頁
判例⑥――最大判昭和六二・四・二二民集四一巻三号四〇八頁
判例⑦――最大判平成一四・九・一一（判例集未登載）
判例⑧――最大判昭和三七・一一・二八刑集一六巻一一号一五九三頁
判例⑨――最大判昭和四七・一二・二〇刑集二六巻一〇号六三一頁

（笹田栄司）

# 第12講義 憲法と条約——国家の主権性と条約の拘束力

Bridgebook

## はじめに

**条約**とは、複数の国際法の主体の間で文書の形式で締結される合意をいう。国際法の主体としては、国家と国際組織とが考えられるが、日本の憲法学で考察する条約に関しては、当面、国家間での条約を考えれば十分であろう。

文書で締結される国家間の合意である以上、それが「条約」と呼ばれるか、あるいは「協定」「議定書」など、他の名前で呼ばれるかは問わない。ただ、口頭の約束は条約ではない。

条約は国際法上の法規範であり、個人同士の約束が各個人を拘束するように、締結した各国家を拘束する。それと同時に、日本を含む多くの国家では、条約は同時に国内法としての身分をも持ち、国民の権利や義務を変動させることがある（特許や著作権に関する国際条約のことを考えよ）。このように、国際法としての地位と国内法としての地位とを併せ持つのが、条約の特徴である。

大学の憲法の講義では、こうした条約のうち、国民の権利・義務に関わる条約のように法律事項を含むものや新たな財政措置を必要とする条約のように、政治的に重要な意味を持つものについては、原則として事前に国会の承認が必要であること（憲七三条三号）、国会の承認が得られないにもかかわらず締結された条約の国際法上の効力については、実務上も学説上も条件的有効説が支配していること（条約法に関するウィーン条約四六条参照）、条約の国内法としての効力については、憲法には劣るが法律には優ると考えられていること、などを学ぶはずである。

こうした細かな解釈論については、標準的な教科書や講義に譲ることとし、以下では、こうした解釈論の背景にあるいくつかの、原理的な問題について考えてみることにしよう。

## 国家の主権性と条約の拘束力

国家は主権的であるといわれる。国家権力は最高独立のものであって、他のいかなる権威に従うこともなく、その点であらゆる国家は平等だと考えられている。こうした国家権力の性格と、国家が条約に拘束されることとの間に、矛盾はないだろうか。この疑問は、条約だけではなく、国際慣習法に国家が拘束されることについても生ずる。

国家が主権的であるということが、国家は何ものにも拘束されることなく、つねに思うがままに行動できることを意味するのであれば、条約をいったん締結したとしても、後になってそれに反して行動することが国益に適うと考えるときは、条約にしばられる理由はないはずである。逆に、もし国家が自分の結んだ条約によって拘束されるのであれば、国家は実は主権的とはいえないのではないか、少なくとも「条約には拘束されるべし」という一般的な国際慣習法の権威に従っていると考えざるをえないのではないかとの疑問が生まれる。

この疑問に対する伝統的な回答の仕方は、国家はやはり主権的であるが、その主権的な力を使ってみずからの力を限定することができるというものである。国家が条約に拘束されるのは、条約に拘束されるとみずからが決めたからであり、その点でやはり主権的でありつづけているというわけである。ただ、この回答の仕方からすると、条約に拘束されているのはみずからがそう決めているからであり、拘束されないことにしようと思い直せばやはり拘束されないことになるはずである。自分で拘束されると決めたときにだけ拘束されるのでは、やはり本当に拘束されているとはいえないのではなかろうか。

また、そもそも国家がその主権的な力を使ってみずからの力を限定することができるという主張自体、首尾一貫した論理として成り立つのかという疑問もある。この疑問は、神の全能性に関する次のような疑問と同じタイプのものである：「全能の神はみずから持ち上げることのできないほど重い石を創造することができるだろうか」。もし、そうした石を創造することができないのであれば、神は全能とはいえないであろうし、逆に、そうした石を創造することができるのであれば、その石を持ち上げることのできない神はやはり全能とはいえない。同様に、みずからを拘束する条約を締結できないのであれば国家は主権的とはいえないし、いったんそうした条約を締結した以上、やはり国家は主権的とはいえない。

全能の神が存在しないことになるからといって困る人は今やそれほど多くないかも知れないが、**主権国家**が存在しないことになると、少なくとも説明に窮する憲法学者は多いかも知れない。

## なぜ国家は条約に従うのか

私はあまり困らない。というのも、伝統的な回答が前提としているような意味では国家は主権的ではないと考えているからである。国家が主権的でないのであれば、その力をいかにして拘束するかという問題も生じない。ただ、こう言っただけでは単なる形式論理で問題を処理しているかに見えるおそれがある。形式論理に関わる論点については、〈ステップアップ〉を読んでもらうこととして脇に置き、ここでは、なぜみずからのことを主権的と考えているはずの国家が、それでもなお条約に（そして国際慣習法に）従うのだろうかという実質的な問題を考えてみよう。

前節で描いたパラドックスが生ずるのは、実は、**主権的であること**を「何ものにも拘束されないこと」、いいかえれば「自分の思いのままに行動すること」と同じだと考えたからである。こうした考え方は、個人の自由について多くの人が暗黙のうちに前提としている考え方でもある。自由で自律的な個人という観念は、主権的な近代国家のイメージをモデルとして、それと手に手をとって発展し広まった観念である。自分のことは自分で決め、外部の何ものにも拘束されないで生きる個人というイメージは、まさに対内的に最高であり、対外的に独立した国家権力というイメージと相応している。人が自由であるとは、何ものにもしばられず、いつも自分の思いのままに行動できることだという考え方は自然なもののように見える。

しかし、こうした**自由**のとらえ方では、自由のほんの一側面しか理解できない。何ものにもしばられず、いつも自分の思いのままに行動できること、それが自由の価値のすべてを示しているだろうか。人が自由を求めて、圧政をしく政府に対して反抗するのは、いつも自分の思いのままに行動できるようになるためだろうか。落ちついて考えれば、こうした単なる**拘束の不在という意味での自由**、つまり**放縦としての自由**には、とくにそれを求めなければならないほど重要な価値はないことがわかるだろう。自分の好きなときにいつでも約束を破る自由、また、自分の好きなときにいつでも他人の物を奪う自由は、さして尊重にあたいするものではない。むしろ、人が大事だと思う自由とは、人間らしく暮らすために、多くの約束やルールに従いながら生きる自由である。

**約束**を例に考えてみよう。約束をすれば選択の幅は狭まる。あなたが、「四時に東京駅の銀の鈴で待ち合わせよう」と友人と約束すれば、四時にはその場に行かなければならない。約束は人の行動を拘束する。しかし、逆に、約束をすることで他人の行動も拘束することができる。相手もやはり四時には銀の鈴に来なければならない。約束をすることで、あなたの能力は実は強まっている。「あいつは全く約束を守らない」という定評のある人は、他人と約束することができないので、他人に約束を守らせることもできない。人と会うこともままならないし、仕事も与えられない。社会生活の一員として暮らすことがそもそもできない。

だからこそ、人は約束を破ったからといってとくに重いペナルティを科される場合でなくとも、約束を守るのが普通である。「約束を守らない人間だ」と評価されること自体が、社会生活の一員としては大変な不利益であり、社会生活を普通におくる能力の大幅な低下を意味するからである。つまり、約束を守り、それにしばられることで、人の能力はむしろ増大している。全能の神の例で言えば、自分が持ち上げられない石はないというのは、拘束の不在としての自由であり、そうした石をも創造しうるというのは、能力としての自由である。実際の社会生活で意味を持つのはむしろ後者の方である。

国際社会で国家が締結した条約を遵守するのも、同じ理由からである。国際社会には、国内の法秩序と違って、締結した条約を執行する信頼しうる裁判所があるわけではない。ハーグにある国際司法裁判所の権限は、国内の裁判所のそれとは比較にならないほど頼りにならない。条約の遵守を促すために相手に戦争を仕掛けるのは、リスクがあまりに大きいし、戦争は強い方が勝つのであって正しい方が勝つとは限らない。それでも、条約は多くの場合、遵守される。国際社会の一員として扱ってもらえるためには、そうしなければならないからである。

## 国家はなぜ慣習法に従うのか

国際法は、文書で表される条約の他に国際慣習法からもなる。主権国家がなぜ慣習法に従うのかという問題についても、条約と同じような説明が可能である。

慣習は国内社会にも存在する。たとえば、約束を守るべきだというのも社会的な慣習である。目上の人には敬語を使うべきだというのも、結婚式に男は黒の略例服を着ていくべきだというのもそうである。目上の人に敬語を使わない人間は失礼なやつだと思われるし、周りで黒ばかりの宴会で黄色い服を着ている人には「目立つ」というペナルティが科される。

もう少し深刻な利害が関わっている例もある。自動車が運行されている社会では、対抗車がすれ違うとき、相手を右左のいずれに見ながらすれ違うかについてルールが存在する。日本やイギリスでは、車は道路の左側を通る。アメリカやヨーロッパのほとんどの国では右側である。日本のように法律でそれが決まっていることもあるが（道交一七条四項）、自動車が導入されはじめた社会のように、法令でそれが決まっていない社会でも、安全に運転するためには、人々はどちらかにそれが決まっていてほしいと思うであろう。この場合、右側にすべきか左側にすべきかを議論することに意味はない。日本やイギリスは不適切なルールを定めていて、アメリカやフランスは適切なルールを定めているというわけではない。運転者として肝要なのは、対向車の運転者が道のどちら側を通ろうとするかを確実に予測できることである。法令でそれが決まっていない場合に、こうした問題を解決してくれるのは、慣習である。大部分の運転者が道の左側を通るのであれば、自分もそちら側を通ることが、自分の利益にも適うし、他の多くの運転者の利益にも適う。

ことばの意味や文法に関するルールも、同じような性格を持っている。ある社会の大部分の人々が、一定のルールに即したことば使いをしているのであれば、それがそのことばの本来の意味と異なっているとか、動詞の活用法が本来のルールと異なっているなどといっても仕方のないはなしである。多くの人が使うような意味でことばを使い、多くの人が従っているような文法に即して動詞を活用させなければ、無用な誤解が生じかねない。コミュニケーションが現に成り立つことが言語の肝要な点であって、教科書通りの活用になっているか否かは二次的な問題である。

国家がなぜ国際慣習法に従うのかについても、同じように理解することができる。外国の元首が国賓として訪問したとき、礼砲を何発撃つべきかについて、合理的な論拠に支えられた客観的正解があるわけではない。他の多くの国で行っているように自国も行うという選択が、誤解を避けるためには、一番賢明な選択である。外交使節の待遇も、他国の領海の航行の仕方も、相手の出方を確実に予測できるようなルールがある場合には、それに従うことが賢明である。それが自国の利益にも適うし、相手国の利益にも適う。国際的に受け入れられたルールに反して、相手に予測のつかない行動をとれば、誤解や衝突を招くことになり、誰の利益にもならない。

## 人権保障と国際社会

日本国憲法は近代立憲主義の系譜に属する。近代立憲主義は、あらゆる人は生まれながらにして平等の人権を享有することを出発点とする。こうした立場からすれば、地球上のあらゆる国家が、日本国憲法と同様の人権をその国民に保障していることが期待されるはずである。また、日本国憲法は、徹底した平和主義を原則とする憲法として知られている。憲法九条の文言を額面通りにとらえる限りでは、国家間の平和が望ましいという、当然のことが原則とされているにとどまらず、何ごとによらず、国家が武力を用いることを否定するという極端な考え方がそこではとられているかに見える。

こうした日本国憲法の立場は、国際社会との関係ではどのような意味をもつことになるであろうか。実際には、日本国憲法と同様の人権があらゆる国で保障されているわけではない。むしろ、そうした国は、ベルリンの壁が崩れた後の現在でさえ、世界ではなお少数派である。日本国憲法とほぼ同内容の人権保障の規定を含む国際人権規約に加入している国家であっても、実際にそれをどれほど誠実に執行するつもりがあるかは国ごとに精査を要する。また、国家間で平和が成り立つか否かは相手のある話であり、こちらが武力を断じて用いないというだけで平和が成り立つわけでないことは、こちらが泥棒を断じてしないからといって、泥棒にはいられることがないとはいえないことと同じである。

この一見したところの矛盾をいかに理解すべきかについては、いろいろな立場がありうる。一番素人受けしそうなのは、日本国憲法が掲げているのは、将来実現されるべき望ましい目標であって、現実の世界はまだそこまで追いついていないのだというものである。これは、旧共産圏諸国の憲法が、理想の共産主義社会像とそれに見合った現実の政治機構とを規定して、現実の共産圏国家の事態がそれに即していないのは、現実が理想に追いついていないからだと言っていたのとよく似ている。

現実の国際社会が理想の状態と程遠いことはその通りである。しかし、憲法は現実に役に立たなければ意味がない。近代立憲主義が掲げる**生来の平等な人権**という観念は、それほど現実とかけ離れたものだったのだろうか。

**近代立憲主義**という考え方が生まれたのは、宗教戦争の最中のヨーロッパのことである。根底的に異なる世界観を持つ人々が、互いに自分の世界観の正当性を主張して争えば、結局、血で血を洗う激烈な戦争状態に陥る。各自が理想とする状態の実現を目指して血みどろの戦いを続けるよりは、それほど高邁とはいえないまでも、異なる世界観を持つ人々が平和に共存し、社会生活の便宜を公平に分かち合える社会を作ろうというのが、近代立憲主義の基本的なスタンスである。そのためには、みずからが理想とするところを自分で構想し、それをみずから生きることのできる私的な生活空間と、社会全体の利益に関して人々が冷静に話しあう公共空間とを区分する必要がある。すべての人の利益に関係する公共空間には、自分の宗教や世界観のような、これこそ宇宙と人生の真実だと各自が思い込んでいるような価値を持ち込まないようにしなければならない（それを持ち込むと再び激烈な闘争が起こるので）。人が生来、平等に享受しているとされる人権、つまり信教の自由、思想の自由、表現の自由、プライバシーなどは、こうした自由な私的空間と理性的な公共空間とを何とか両立させようとする工夫の一環である。

つまり、根底的に異なる価値観が互いにせめぎ合う社会でこそ、近代立憲主義の提唱する人権の平等な享有が、人間らしい社会生活をすべての人がおくるために肝要だということになる。そして、こうした価値観のせめぎ合いと共存の要請がどこまで強いかは、各社会ごとの事実上の問題である。単一の宗教の真実性を信ずる人々ばかりからなっているという社会が本当にあれば、その社会では信教の自由を保障する必要もなければ、政教分離を定める必要もないであろう。しかし、実際にはそうした世界観の対立が存在するにもかかわらず、それを抑圧・隠蔽しながら、人権保障への要求が否定されているのであれば、それを正当化する余地はない。

また、対立があまりに苛烈であるために、異なる世界観の共存をはかることが困難をきわめる場合には、同一社会内での共存をはかることをあきらめて、むしろある種の連邦制をとったり、さらには別々の国家を作り、国境線をはさんでの共存をはかる方がより容易だということもありうるであろう。

肝心の目標は、人が人らしく生きることのできる、社会生活の便宜を公平に分かち合うことのできる、そうした社会の仕組みをいかに作るかであって、「生来の平等な人権」という観念は、それを実現するための手段である。世界のそこここで「人権」が侵害されているという報道がなされるたびに、いかなる武力を使ってでもそれをやめさせなければという声があがることがある。しかし、根底的に異なる世界観の対立がこの世からなくなることはないし、それにともなう暴力的な衝突がなくなることも、当面はない。そして、人権侵害を止めるための武力や資源も無限に存在するわけではない。なぜコソボには介入し、コンゴには介入しないのか、巡航ミサイルは使ってもよいが地上兵力は使うべきではないのか、そもそも武力を使うことが世界観の対立自体をなくすことになるのか。疑問が雲のごとくにわき出てくる。

前節でも述べたように、**平等に人権を享有する自律的個人**という観念は、**主権的な国家**という観念と手を携えて発展してきた。近代国家が国内で権力を行使するとき、少なくとも民主的政治過程を通じて、権力の濫用を抑止することが期待できる。しかし、他国の政府が人権を抑圧していることを理由に武力を行使しようとするとき、国内の民主的政治過程が、もっとも苛烈な権力である武力の行使を抑制する見込みはあまりない。民主国家の国民は戦争に対して批判的な態度をとるだろうというのは希望的観測にすぎない。ヴェトナムでの敗戦の一因が敵対的なメディアの報道にあったと考えているアメリカ政府は、その後の軍事行動に際しては、当時ほど自由な取材活動を許してはいない。一般人は政府によってコントロールされた情報しか知ることができないことになる。人権の国際的な保障を掲げて地球上のいたるところへ軍隊を派遣しようとする前に、考えるべきことはいろいろある。

## 平和主義と国際社会

**平和主義**についても、**日本国憲法**と国際社会とは齟齬をきたしているかに見える。**国際社会の常識**は、戦争および武力の行使を原則として禁止する**正戦論**である。つまり、戦争および武力の行使が許されるのは、違法な戦争や武力の行使に対抗する手段として使われる場合に限られる。およそいかなる武力の行使も許されないと一般に考えられているわけでないことは、湾岸戦争での各国の対応を見ればわかる。

ただ、この点では、日本の憲法学界の従来の対応も、「右の頰を打たれたら左の頰を出せ」式の徹底的平和主義をとっていたわけではないことに留意する必要がある。むしろ、支配的な学説の見解では、憲法が禁じているのは、政府が職業軍人からなる常備軍を備えることであって、人民みずからが武装して外敵の侵入に対抗することは禁じられていない。つまり、国民皆兵の民兵を組織し、いったん事あれば外敵に対してパルチザン戦を敢行して打撃なしの撤退を許さないという手段は残されている。ただ、こうした民兵は、あくまで愛する国を守るための組織であるから、他国の人民がいくら圧政者に虐げられていたとしても、その救援に向かうべきだということには、少なくとも自動的にはならないであろう。そして、民兵組織によるパルチザン戦が、職業的軍隊の戦闘行為と比べて悲惨さにおいて劣るとは考えにくい。

憂慮すべきなのは、この少なくとも参加する人々にとっては生死をかけた問題が、多くの日本人にとっては、国賓を迎える礼砲の数や自動車の通行する側に関する慣習のようなレベルの問題としてとらえられているかに見えることである。多くの国々がそうしているから日本もそうすべきだとか、金を出しただけで人手を出さないと感謝されないから人も出すべきだという議論の背景にあるのは、結局どちらでもよいことなのだが、他の国もそうしているようだからそれにあわせて行動しようという考え方に見える。悪いのは感謝されない方なのか感謝しない方なのか、という当然あるべき疑問や（そもそも感謝されることがそれほど大事なのか）、他国の後を飼い犬のようについていって大変な泥沼に巻き込まれることにならないのかというごく常識的な懸念はどこかに吹き飛んでしまっているかのようである。

平和と武力の行使に関わる問題については、武力の行使が国家権力の中でも最も苛烈な権力行使のあり方であること、そうした軍備の第一の任務は国民の生命・財産の保全であり、そのさらに奥には一人一人の生命をいかに保全するかという課題があるという基本的な事柄を、つねに忘れないようにしなければならない。

〈ステップアップ〉

国際法と国内法との関係については、①ハンス・ケルゼン『法と国家の一般理論』尾吹善人訳（木鐸社、一九九一年）の第二部第Ⅳ章をまず参照すべきである。国際法と国内法の関係に関する国際法学の通説は、「調整理論（等位理論）」といわれるもので、国際法秩序では国際法優位だが、国内法秩序では国内法が優位し、国際法と国内法が衝突する場合には、当該国家は両者の衝突を解消（調整）する義務を負うとするものである。そこでいう「義務」の背景については、本章の条約および国際慣習法の拘束力に関する説明を参照されたい。調整理論については、②小寺彰「国際法と国内法」法学教室二五〇号（二〇〇一年七月）一二五頁以下参照。

国家の主権性に関わる筆者の見解については、③拙著『憲法学のフロンティア』（岩波書店、一九九九年）第五章および④同『比較不能な価値の迷路』（東京大学出版会、二〇〇〇年）第一章参照。

近代立憲主義に関する筆者の理解については、③『憲法学のフロンティア』第一章参照。

国際慣習法に関する本章の説明は、法および慣習の役割を「調整問題」の解決に求める見方と関連している。この見方については、⑤拙著『権力への懐疑』（日本評論社、一九九一年）第二章および第八章参照。

国内の平和と国際の平和とをいかに両立させるかは、近代立憲主義の生成時からの課題であった。この点については、⑥拙著「『国内と平和』と『国際の平和』―ホッブズを読むルソー」法学教室二四四号（二〇〇〇年一月）六七頁以下参照。

（長谷部恭男）

Bridgebook

# 第13講義 団体の自律権と労働組合

## 団体ないし結社について

### ❖団体（結社）と集団はちがう

労働組合や株式会社などのように、組織されていて（厳緩を問わず）なんらかの内部的なルールをもっているのが、**団体**ないし**結社**である。これに対して、民族や職業などの一定の属性によって人々をグループ分けしたにとどまるものが、**集団**である。このように区別した場合、団体の権利は成立するにしても、集団の権利という言い方が有効かどうかは疑問となる。

また、結社という場合、それは広義では団体をさし、狭義では私的団体をさす。憲法二一条にいう**「結社の自由」**は、狭義の用法に基づくものである。

なお、メンバーの脱退について、団体に関しては、メンバーが団体から脱退する、という言い方が可能となる。しかし、集団に関しては、とくに人種などの不変の属性に基づく集団に関しては、同様のことはいえない。また、団体のなかでは、公的団体より私的団体の方が、メンバーの脱退の自由を語りやすくなる、という傾向がある。

さて、**法人**は、団体をもって、人間（すなわち自然人）と同様の権利義務の主体とみたてたものである。さまざまの団体（結社）のうち相当数のものは、法人格をもっている。営利法人たる株式会社のほか、学校法人、宗教法人、医療法人その他いろいろある。これに対して、法人格のない団体（法人格なき社団）というものもある。その一例としては、学会があげられる。また、労働組合は、法人格のあるものとないものがある。

### ❖団体をめぐる論点はいろいろあるが

憲法学の分野で団体のとらえ方が話題になるとき、さまざまな種類の論点がでてくる可能性がある。一例としては、反結社的人権観か親結社的人権観か、という憲法思想史的な問題がある。また、関しては、政治的意思決定過程に参加する資格は、団体にも認められるか、認められるとしたら、どのような意味や程度においてであるか、という問いを立てることもできる。しかし、ここではそれらに立ち入る余裕はない。

## 団体の人権をめぐって

### ❖権利一般ではなく人権を問題にする

あらかじめ確認されるべきは、法人は、その定義上当然に、民法上の権利の主体である、ということである。また、法人格なき社団も、権利主体となることができる。しかし、ここで問われているのは、そういう権利一般にかかわる話とは別のことである。すなわち、法人などの団体が憲法上の人権（基本権）の主体となりうるか、という問題である。

この問題をめぐっては、肯定説（通説・判例）と否定説（有力な少数説）の間で議論がみられる。しかし、両説に共通して、〝だからどうなるの〟の部分が必ずしも明確にされてこなかったきらいがある。両説の対立は、団体の利益を重視すべきかどうかや、人権という言葉を広狭どのように理解するか、についての立場の違いを反映したものにすぎなくなるおそれもある。皆さんのなかには、ある利益が人権にまで高められれば、それが侵害された場合における裁判的救済が認められやすくなる、と思う人もいるであろう。しかし、人権とまではいえない法的利益であっても、裁判的救済は可能である。私自身は、人権という言葉の憲法解釈論的な含みについて、人権の侵害に対する裁判的救済は憲法上の要請になる、という命題が妥当すると考えているが、話が細かくなるので、この点に深入りするのはやめよう。

いずれにせよ、団体は人権の主体かといった問題は、実益の大きな議論とはいえない。なお、人権は、個人ないし人間の尊厳の原理から導かれるものなのだから、団体の人権などという観念はおかしい、と論じる人もいる。しかし、団体の利益と個人の利益とは、対立関係に立つこともあれば、協調関係に立つこともある、ということに留意すべきであろう。

私は、後述するような留保の下に、団体にも人権を認めるべきだと考えている。たとえば、表現の自由の重要な主体の一つとしては、**マスコミ団体**があげられるが、この場合、権力的規制を受けないという意味で表現の自由という人権を享受しているのは、個々のジャーナリスト、編集者や投稿者という人たちであるよりも、マスコミ団体そのものである、とみるべきであろう。というのも、これらの人たちは、ものを書くにあたって団体の方針に逆らえない立場にあるからである。なお、私的団体には、名誉権という人権も認められる。

なお、かりに団体の人権を認めなくても、団体の表現活動（政治活動を含む）を適法とみることはできる。法人の人権を認めた指導的判例は、**八幡製鉄事件**に関する最高裁判決（判例①）である。この事件の場合、かりに会社の政治献金は適法だとしても、それを人権の名の下に語る必然性はなかった、といえる。また、地方公共団体も、政治的表現活動を行うことができるが、だからといって、人権の主体となっているわけではないのである。

### ❖団体の自治や自律

団体が外部から干渉を受けずに内部的事項を独自に決定できること――これは、団体の自治とか自律という言葉で表現できそうである。

**自治**は、対外的側面のほかに、対内的側面を含んでいる。自治の対内的側面とは、自己統治という言葉に示されるように、団体の意思決定が内部の民主的手続に基づいて行われる、ということをさす。地方自治を構成する二原理についていえば、団体自治が対外的側面に当たるのに対して、住民自治が対内的側面に当たるとみてよいであろう。もっとも、大学の自治の場合は、国家権力などに対抗する対外的側面の方が、対内的側面より重要となる。

他方、**自律**の場合は、自治の場合と少しちがって、対外的側面がその本質的要素となる。つまり、団体の自律を認定するためには、団体の内部の民主的手続の存在は、必要不可欠なものとはならないのである。

そこで**結社自律権**についてであるが、それは、外部からの介入を受けることなく内部のルールを定めたりメンバーにそれを適用したりなどして活動する結社の権利をさす。このような結社自律権は、憲法二一条の定める「**結社の自由**」に含まれる、とみてよいであろう。そうすると、結社自律権という名の結社の人権は認められる、ということになりそうである。また、「結社の自由」は結社の活動の自由を含む、と解釈しても、そこから結社の人権を導くことができる。ただ、この点については、「結社の自由」は結社の結成、結社への加入および結社からの脱退を内容とする個人の自由をさす、と論じる反対説もある。

### ❖半面的アプローチ

私見によれば、法人を含め団体は、半面では、すなわち、上からの権力的規制に対抗する場面では、人権をもっているといえるが、それ以外の場面では、とくに団体のメンバーと立場がぶつかる場面では、そうはいえない。労働組合についていえば、それが企業や国家権力と対抗する場合には、人権を主張できるが、個々の組合員とぶつかるときには、人権を主張できない。たとえば、組合は場合により、統制権に基づき組合員を処分することができるが、このような**組合の統制権**や処分権は、人権に属さない。**私立大学の学生処分権**なども、同様に人権とはいえない。要するに、私的団体は、いわば下へ権限を行使する文脈ではなく、上からの権力と対抗する文脈で、人権の享有や行使が認められる、という命題が成立するわけである。ついでにいえば、この命題は、そこにいう〝私的団体〟を〝学校の教師〟でおきかえても維持できるであろう。

団体の人権についてのこのような話は、私的団体を念頭においたものである。それでは、**公的団体**については、どう考えたらよいのであろうか。国家が人権の主体とならないのはもちろんであるが、**地方公共団体**についても、それが国家と対抗する場面も含め、人権の主体とならない、とみるべきであろう。問題は、**国立大学**やそれを独立行政法人化したものについてであるが、おそらく、ここでも同様に、人権主体性を否定すべきであろう。その根拠は二つある。ひとつは、国立大学は地方公共団体と同じく私的団体ではないからである。もうひとつには、学問の自由を定めた憲法二三条から導かれる「大学の自治」は、制度であって人権ではないからである。そうすると、私立大学についても人権主体性を否定してよさそうである。

ともあれ、以上のような半面的アプローチによれば、労働組合も半面では人権の主体となる、と論じることができる。労働基本権については、使用者に対する人権の私人間効力は当然に認められる、と説かれる傾向にある。その一態様としては、労働組合の団体交渉権は、使用者に対して団交応諾を義務づける効力をもっている、ということが指摘できる。少なくともこの場合、使用者との関係で労働組合は人権の主体である、ということになる。多くの憲法学者は、このように説くことに帰着するはずであるが、その説き方は、私見の半面的アプローチとも合致する。

## 組合の政治活動と個人の思想

### ❖労働組合をめぐって

労働組合とはどういうものか、について述べることから始めよう。

組合は、結成主体が私企業労働者であれ公務員であれ、私的団体に属する。実際、憲法二八条は、「勤労者の団結する権利」などの規定によって、労働組合やその活動を保障している。組合をめぐっては、ここでは、さしあたり二つの憲法学的論点を指摘できる。

第一は、結社の自由（憲二一条）の場合とちがって、団結権（二八条）は団結しない自由の保障を含まない、と考えるのは妥当か、ということである。これまでは、このように考えるのがふつうであったが、最近では、一部で反対説も注目されている。この問題は、ユニオン・ショップ協定（企業に採用された従業員は労組に加入しなければならない、などとする取り決め）は合憲か、という話になる。通説・判例は合憲説であるが、異論もある。このような話は、労働者個人の自由をどの程度まで重視すべきか、という点にかかわっている。

第二は、組合民主主義についてである。労働組合法という法律は、定期の組合総会などに関する規定を設けている（五条二項六号など）。したがって、この法律の解釈の上では、組合民主主義が要請される、と考えてよさそうである。問題は、労働三権を保障した憲法二八条自身が組合民主主義を要請しているとまでいえるか、ということである。最近、そういえると主張する労働法学説も出ている。一般の私的団体の場合は、結社の自由を定めた憲法二一条の規定によって、後述する結社の自律権の一内容としての結社の運営方法の自由が保障されている、と解釈できる。したがって、結社内部の意思決定は民主的手続によるべし、と憲法二一条が命じているとは考えられない。このことは、政党内民主主義についても妥当しそうである。しかし、憲法二八条に根拠をもつ労働組合の場合は、同様に解してよいといえるかが議論の対象になるわけである。

なお、労働法学者のなかには、組合員を処分する場合の適正手続の要請も組合民主主義に含まれる、と説明している人もいるが、私は、告知・聴聞の手続は民主的手続とは別個のものである、と考えている。

❖国労広島事件最高裁判決

国労広島事件をとりあげよう。国労とよばれていた組合は、組合費未納のまま脱退した旧組合員四九名を相手にして、臨時組合費などの支払いを求めて民事裁判を起こした。ところが、臨時組合費は、組合の政治活動ないし闘争の資金に割り当てられるものであったため、旧組合員側は、支払いの義務はないと主張して、この点を裁判で争ったわけである。地裁および高裁を経て最高裁まで争われたのは、諸資金のうち、A炭労資金、B安保資金、およびC政治意識昂揚資金（主として社会党候補者支援の選挙資金）についてであった。最高裁は、昭和五〇年一一月二八日の判決（判例②）において、支払義務をAおよびBについて認めながらCについては認めない、という判断を示した。そのさい、一般論として以下のように述べた。

「具体的な組合活動の内容・性質、これについて組合員に求められる協力の内容・程度・態様等を比較考量し、多数決原理に基づく組合活動の実効性と組合員個人の基本的利益の調和という観点から、組合の統制力とその反面としての組合員の協力義務の範囲に合理的な限定を加えることが必要である。」「どの政党またはどの候補者を支持するかは、……各人が……自主的に決定すべき事柄である。したがって、労働組合が組織として支持政党又はいわゆる統一候補を決定し、その選挙運動を推進すること自体は自由であるが……〔引用判決省略〕……、組合員に対してこれへの協力を強制することは許されないというべきであり、その費用の負担についても同様に解すべき〔である。〕」

❖比較の材料としての税理士会事件

ここで参考までに、**南九州税理士会事件**についての平成八年三月一九日の最高裁判決（判例③）をとりあげてみよう。これは、税理士会が政治献金を行うための特別会費の徴収を決議したところ、ある会員から納入を拒否された、という事件である。ここで最高裁は、この寄付は、関係法令の制定改廃に関することであっても、税理士法で定められた会の目的を逸脱する、と述べて決議を違法無効とした。また、そう判断するにあたって、税理士会が、各人の思想にかかわる事柄を「団体の意思として決定し、構成員にその協力を義務付けることはできない」、とも述べていた。ここには、会の目的との関係および各人の思想の自由との関係という二種類の視点ないし理由づけが示されている。

❖団体の政治的表現の自由とメンバー個人の思想の自由

組合の場合を中心にしつつも、それ以外の諸団体のことも頭に入れながら、問題を少し広げて考えてみよう。その場合、組合かどうかで統制権の強さに違いが出てくるか、という論点も少し気になるが、それはわきにおくことにする。

さて、国労事件では、税理士会事件の場合と同じく、団体がそのメンバーから徴収したお金を数名のメンバーの支持しない政治活動のために使うことは許されるか、というテーマが問われていた。このテーマに関して、最高裁は、税理士会の文脈では、全面的に許されない、国労の文脈では、相当程度まで許されない、とそれぞれ判断したといえる。そもそもこのテーマは、団体が政治活動を行うことはその団体の目的からみて適法かという問題と、団体が政治活動に関してメンバーに金銭面で協力を義務づけることは適法かという問題とに分けられる。税理士会事件最高裁判決は、いってみれば、この二つの問題を統合して、団体の政治活動も協力の義務づけも許されない、と判断したわけである。しかし、この事件にこだわらない一般論としていえば、団体の政治活動は許されるが協力の義務づけは許されない、という一種の中間的な命題も成立しえたはずである。実際、国労事件最高裁判決からもみてとれるように、組合の純粋政治活動に関しては、この種の命題が支持される傾向にある。もっとも、組合が純粋政治活動を行うことは許されない、と主張する異説も一部で見受けられるが。

思うに、このような問題を考えるにあたっては、強制加入かどうかなどの団体の性格も重要なファクターになるが、ここではそれに立ち入るのはやめる。そのかわりに、**団体の政治的表現の自由**および**メンバーたる各個人の思想の自由**のそれぞれの射程を検討したり両者間の調整を考えたりする、というアプローチを前面に出そう。私見によれば、団体は、原則として、政治的表現の自由をもっているると解される。その場合、必ずしも政治献金のようなものが伴うと考える必要はないわけである。むしろ、組合その他の団体が一定の政治的意思表明の決議を行い、その内容を記者会見などで外部に公表し、マスコミに報道してもらう、というスタイルなどを想定してもらいたい。この場合、団体のメンバーたる個人は、政治的意思表明にかかわる具体的活動（たとえば請願行動）への協力を義務づけられたのでなければ、自分の思想の自由を侵害されたとまでいえない、とみるべきであろう。似たようなことは、学生自治会とか地方自治体などによる政治的意思表明についても検討できるはずである。

## 部分社会の法理をめぐって

### ❖部分社会の法理とは何か

大学の単位認定という内部問題が扱われた事件において、最高裁は、昭和五二年三月一五日の判決（判決④）で次のような一般論を述べている。

「一般市民社会の中にあってこれとは別個に自律的な法規範を有する特殊な部分社会における法律上の係争のごときは、それが一般市民法秩序と直接の関係を有しない内部的な問題にとどまる限り、その自主的、自律的な解決に委ねるのを適当とし、裁判所の司法審査の対象にはならない。」

これが、**部分社会の法理**とよばれるものであるが、その発想は、地方議会や政党などの団体の内部紛争にも使える、といわれてきた。公私の団体をいっしょくたに扱うことには問題もあるが、団体の自律性によって司法的介入が限界づけられる、といった発想は、不当なものではない。

### ❖労働組合の内部問題に対する司法的介入について

それでは、部分社会の法理は組合にも適用されるであろうか。これまでの裁判例は、組合の内部問題に対する裁判所の介入を大幅に認める傾向にある。しかも、そのさい、大学などの団体の場合とはちがって、部分社会論的な発想を示したり検討したりしていない。たとえば、組合員に対する権利停止処分も司法審査の対象になる、とされている。この場合、少し前に引用した最高裁判決の見解との関係が、きちんと説明される必要があろう。

〈ステップアップ〉

① 阪本昌成「法人（または社団）と人権」樋口陽一ほか『考える憲法』（弘文堂、一九八八年）一〇六頁以下

法人（ないし団体）の人権というテーマについて、八幡製鉄事件を素材にしながらも、多角的な応用分析を試みている。

② 常本照樹「人権主体としての個人と集団」長谷部恭男編著『リーディングズ現代の憲法』（日本評論社、一九九五年）八一頁以下

ここでは、団体と集団の違いは強調されておらず、また、団体の人権よりも集団の人権の方に大きな比重がおかれている。

③ 橋本基弘「非政治団体の政治的自由と構成員の思想・信条の自由(上)(下)」高知女子大学紀要（人文・社会科学編）四一号（一九九三年）七五頁以下、四三号（一九九五年）一一頁以下、同「結社からの自由（一）（二完）」（中央大）法学新報一〇八巻一号（二〇〇一年）五七頁以下、二号（二〇〇一年）七五頁以下

前者は、八幡製鉄事件や国労広島事件などの判例の分析をまじえており、後者は、団体活動への協力強制などの問題を主としてアメリカの判例を素材に検討している。

④　伊藤明子「強制加入団体と個人の自由」本郷法政紀要八号（一九九九年）一頁以下
南九州税理士会事件を軸にすえながらも、団体に関する政治哲学的考察などとの連結を図っている。

⑤　蟻川恒正「思想の自由と団体規律」ジュリスト一〇八九号（一九九六年）一九九頁以下
国労広島事件、八幡製鉄事件および南九州税理士会事件に関する各最高裁判決に対する比較分析を試みる。そこでは、起案者、名義人および支持者という三つの主体が言論にかかわっている、とするユニークな視点が打ち出されている。

⑥　西原博史「公益法人による政治献金と思想の自由」ジュリスト一〇九九号（一九九六年）九九頁以下
すぐ前に記した諸判決などを分析するものであるが、そこには、メンバーのもつ思想の自由の射程いかん、という問題意識がみられる。

⑦　渡辺康行「団体の中の個人」法学教室二一二号（一九九八年）三三頁以下
南九州税理士会事件および国労広島事件の最高裁判決のほか、司法書士会および弁護士会にかかわる判決なども視野に収めている。

⑧　長岡徹「団体の内部紛争と司法審査」香川大学教育学部研究報告Ｉ部六一号（一九八四年）二八一頁以下
部分社会の法理への考察もまじえながら、地方議会、大学、宗教教義および労働組合のそれぞれに対する司法的介入のあり方について分析する。

⑨　藤井俊夫『事件性と司法権の限界』（成文堂、一九九二年）
そのなかでも、「部分社会論ないし団体の内部自治論」や「労働組合の自由と自律権」などについての分析は、この場で参照が勧められるべきものである。

⑩　西谷敏『労働組合法』（有斐閣、一九九八年）
従来の代表的な労働法学などと比べて、組合の統制権などにかかわる利益よりも組合員個人の自由の方を重視する傾向をもつ。

判例①——最大判昭和四五・六・二四民集二四巻六号六二五頁
判例②——最判昭和五〇・一一・二八民集二九巻一〇号一六九八頁
判例③——最判昭和平成八・三・一九民集五〇巻三号六一五頁
判例④——最判昭和五二・三・一五民集三一巻二号二三四頁

（内野正幸）

# VI

# 憲法学説と憲法学者

## ――時代の動きを見つめる学者の眼

第14講義　憲法学の過去・現在・未来
第15講義　日本憲法学を築いた人々

Bridgebook

# 第14講義　憲法学の過去・現在・未来

## ドイツ様式——大いなる遺産

　何でもよいから、定評のある教科書を手に取り、目次を開いてみよう。それをみて、読者は、学問的体系の、壮大な伽藍のようなものを連想するだろうか。しかし、近づいてみるとそれは、戦後の焼け跡とバラック建て住宅である。いや、バラック建て住宅というのは、失礼な言い方だ。それは、一九世紀ドイツ憲法学が残した未来への遺産のあちらこちらに、なみいる日本の匠たちが手に汗して仕上げたブリコラージュ（Lévi-Strauss）の、不規則な集列である。彼ら匠たちの半世紀にわたる再建の営為が、読者が手にする普通の教科書のなかには刻まれている。

### ❖なぜ廃墟がドイツ様式なのか

一つには、旧憲法がドイツ風であった、ということがある。旧憲法には、議会制を採用することを前提に、しかし、議会制の母国イギリスではなく、君主の優位が保たれたプロイセン（ドイツ）を模範国として選択した上で（いわゆる**明治一四年の政変**）、つくられたという経緯がある。元来、法典のテクストだけが与えられても、それを理解することはできない。もしドイツ法が母法であるとすれば、ドイツ法の解釈図式を提供するドイツの法学を参照しようと企てるのは、自然だ。もっとも、旧憲法起草にあたったお雇い外国人**H・ロエスレル**は、実はドイツの通説から最も遠い、異端の公法学者だったのであるが。

だが、それ以上に、ドイツでは、**一般国家学**と呼ばれる学問が発達していたことが、重要だ。フランスやイギリス、プロイセンやバイエルンといった個別的具体的な国家を研究するのではなく、近代国家一般に通ずる類型を研究する学問で、そこで抽出された概念は、フランスだけでなく、（ビスマルクによる統一まで、長らく単なる文化的な概念でしかなかった）ドイツにおいても、いや、西洋だけでなく東洋においても、当てはまる理屈であった。もちろん、木と紙でできた長屋が建ちならぶ、普請中の近代日本においても。

❖だから、**日本では一般国家学はよく読まれた**

反プロイセン的な風土の大学都市ハイデルベルクで教えた、スイス出身の**J・C・ブルンチュリ**（Johann Caspar Bluntschli）やオーストリア出身のゲオルク・**イェリネック**（Georg Jellinek）は、一般国家学の二つのピークをなす新旧の論者だが、加藤弘之らによるブルンチュリの受容は、明治期の日本政治思想の欠かすことのできない一頁をなしているし、美濃部達吉たちによるイェリネクの受容過程は、日本の立憲主義憲法学の形成過程そのものであった。教科書の冒頭にかかげられる国家の定義（国家は国土・国民・国権からなるとする、国家三要素説）をはじめとして、読者が読む教科書の基本的な概念は、このドイツ風であってドイツ風でない――あるいはドイツ風でないはずがやっぱりドイツ風の――一般国家学によって、現在でも（概ねではあるが）供給されている。

❖なぜそれが憲法学と関係あるのか

それは、民法が対等当事者の間の法であるのに比べて、そもそも、国家と国民との間の不均衡で非対称的な関係を前提として、公法が成立するかどうか自体が、怪しいからだ。そもそも、権力を一手に集中した国家が、法秩序に従う必要があるのか。この点に答えなければ、公法秩序を前提とする議論が成り立たない。憲法と名乗る紙切れがあるとして、それが国家を律する客観的な法秩序（客観法）である保証がどこにあるのだろうか。また、客観的な法秩序として憲法というものが存在しているとして、読者がそれを自分のために主観的に行使する権利（主観法）をもっているという保証がどこにあるのだろうか。

❖美濃部達吉の憲法学

国家法としての憲法を語る前提として、国家そのものについての基本概念が必要であり、それをドイツの一般国家学に頼って論証することから、日本の――法学としての自覚をもった――憲法学はスタートしているのである。

その代表格が美濃部達吉の憲法学で、彼は、イェリネックを頼りに、客観法としての憲法の存在形態を探り、また主観法としての「臣民の」権利を論じていった。もちろん、彼の学説をめぐっては、イェリネックの学説をめぐるドイツにおける議論とシンクロしつつ、微妙な差異を際だたせながら、激しい学問的・政治的な争いが日本でも行われたが、これに立ち入る紙幅はない。

ともかくも、やれやれこれで、漸く憲法学も民法学なみの法学として発足できる、ということになりそうだが、そうは問屋がおろさない。憲法学が折角ここまで頑張ってきたというのに、そもそも民法学が、いかなる意味で法の学問たり得るのか、雲行きが怪しくなってきたのだ。これでは、憲法学は、はしごをはずされてしまう。

## 辺境から――自由法運動の衝撃

### ❖法　源

読者は、法源という言葉を知っているだろうか。

客観法としての日本民法は、民法典という法律の形で存在するのか、慣習法の形で存在するのか、条理として存在するのか、いずれにしても何らかの形態で存在しているはずである。この、法の存在形態のことを、法源というわけで、伝統的な法解釈学は、法源が定まれば具体的な事件を仕切ることができると考えており、人間の理性の力によって、客観法をいかに把握し（法概念）、論理的に構成できるかが、勝負であった（概念法学・構成法学）。裁判は、要件―効果の命題形式（法命題）で構成された客観法を、忠実に解釈・適用する作用であり、裁判官は、要件に事案を放り込めば自動的に結論が出てくる、自動販売機のようなものであった。

❖自由法運動

しかし、人間は、理性的な存在である以上に、感性によって動く存在であることが忘れられてはいないか。

理性によって知の辺境へと抑圧された感性を、理性による不当な支配から解放し復権させるべきなのではないか。そういう眼で見れば、裁判官は、決して機械ではなく生身の人間であり、生身の人間が息づく泥臭い事件を、生身の人間として裁いているのではないか。裁判官を、理性の檻の中から解放して、生の姿において描き出すべきではないか。

こうした疑問を抱いた個性的な論者たちは（Ernst Fuchs, Hermann U. Kantorowiczら）、二〇世紀の前半、それぞれの多様な観点から、一気に前世紀の伝統的なドイツ法学に襲いかかる。彼らの主張は多岐にわたるが、立法者から自由な裁判官の法創造――そして、そこへの法解釈学説の個性的創造的な関与――の余地（自由法）を確保しようという運動であるという意味で、**自由法運動**と呼ばれた。

多士済々の自由法論者のなかでも導きの星だったのは、当時はオーストリア＝ハンガリー帝国に属した、ウクライナの一地方ブコヴィナに住む法学者、オイゲン・エーアリヒ（Eugen Ehrlich）であった。

### ❖「法の欠缺」問題

自由法運動がその戦端をひらいたのは、いわゆる「法の欠缺」問題である。

法律の条文には、欠缺すなわち「すきま」があることはだれもが認めるところだ。人間のつくったものであるから、どんなに完璧につくったつもりでも、穴があるし、仮に完璧な法律を仕上げても、その後の時勢の変化によって、制定者の予想もしなかった事態が発生することを避けられない。問題は、そのすきまをどう埋めるかである。

古典的な法解釈理論によれば、法律にすきまはあっても、法にすきまはない、と考えられていた。法体系を建物にたとえれば、設計段階ですきま風の吹く家をつくることはあり得ないので、法律にすきまがあるとすれば、大工の建て付けが悪かった（具体的な立法技術が拙劣だった）だけのことである。だから、個別の法命題にすきまがあっても、あわてる必要はない。当該法命題は、予め想定された法制度を、たまたまそういう形で条文化したものだから、偶然、事案が、条文と条文のすきまにはさまってしまっても、それは、法律の建て付けが悪かったということに過ぎない。前提にある法制度に遡って考え直せば、すきまは埋まるはずである。運悪く、法制度し法制度のすきまにはさまってしまったら、そうした法制度の前提にある、より抽象度の高い法体系（「設計図」）に遡れば答えは出てくるはずである。

### ❖「生きた法」

しかし、家を本当の意味でつくってゆくのは、設計図ではなく、そこに住む人間なのではないか。どんなに密閉度の高い家でも、部品を組み立ててつくる以上、原理的にはすきま風のない家はあり得ないのであって、肝心なのは、住人が適宜テープを貼るなどして、そのつどあれこれ上手に家を使いこなすことのかもしれない。そして、それを通じてこそ、そのひとの「家」になってゆくのではないか。「すきま風」問題を通じて明らかになるのは、そもそも「家」をつくるということは何か、という本質的な問いである。

建物の比喩はこれくらいにしよう。

「法の欠缺」問題をどのように解決すべきかを考えるなかで、そもそも法をつくるのは誰か、という本質的な問いにふれることになる。法をつくるのは、法律を制定する国家なのか。それとも、法律を使い回す、裁判官ほかの法律家集団（法曹集団）なのか。そもそも、法とは、法律という形だけをとって存在しているのか（法律だけが法源か）。さらには、法曹集団は、国家の立場を代表しているのか、「社会」の立場を代表しているのか。もし後者なら、結局、法をつくるのは、国家ではなく「社会」なのではないか。法の本当の姿を捉えるためには、六法全書を眺めていたのではダメで、社会における

「生きた法」の姿を実地に調査しなければならないのではないか。

### ❖司法改革

そうした「生きた法」の解釈にたずさわる裁判官は、国家の司法官僚としてではなく、社会を代表する法曹集団の一員として、働くというのでなくてはならない。

この点で、**官僚法学から市民法学へ**、というスローガンが掲げられる。そして、裁判官の教育も、官僚として法を合理的に認識し不偏不党の立場から技術的に適用する理屈に習熟するのではなく、社会の一員として人間としての感性と市井に生きる人々への共感の能力を高めるということでなくてはならない。

それゆえ、この議論は、**司法改革**を要請する。事実、**ドイツの自由法論者**たちは、「栄華の巷を低くみて」超越的な客観法を志向する官僚スピリットに依存したドイツ型の法治主義から、社会の代弁者としての法曹が主観的な権利主張の集積である**判例法**（コモン・ロー）を運用するイギリス型の「**法の支配**」への、制度改革をめざしていたのである。

今日の日本で進行しつつある司法改革は、実は、自由法運動によって戦後法学に埋め込まれたプログラムを、周回遅れで実現しようとするものにほかならない。また、それだけに、今日の司法改革は、そのプログラムの微細な、しかし決定的なズレのゆえに、長らく「市民法学」に与してきた論者からは、激しい憎悪の対象になることもある。

### ❖日本における自由法運動とその反響

日本で、この運動に火を付けたのは、洋行帰りの民法学者末弘巌太郎であり、その舌鋒の鋭さに、概念法学の鳩山秀夫は涙にくれたものだった。

従来の、論理構成を主とする法解釈方法論は、退けられた。他方、裁判官が実は形成している法（判例法）を、「自由法」の領域として確保する以上、法源としての判例が重要視され、独立した研究対象としての判例について、その研究方法が議論されてゆく。『判例民事法』の発刊と有名な巻頭言は、それを象徴するものであった。その後の代表的な民法学者我妻栄も含め、その後の論者はすべて、「末弘後」の世代としてみずからを定位するほかなくなった。

この運動は、日本では、おそらくドイツ以上に、広汎な支持者を見出すことに成功した。元来、「法の欠缺」の本質問題に手を付けたのは、ほかでもない日本の立憲主義者のバイブルだった前述のイェリネックであった。彼は、法に欠缺はないとは、信じていなかった。「必要が法をつくる」可能性を、憲法法源について論じた彼の「憲法変遷論」は、旧来の法源論の盲点をつく仕事だった。美濃部ら旧世代の論者にも、もともと馴染みが深い問題だったのである。また、国際私法を含めた私法学に卓越した業績を残したツィーテルマン（Ernst Zitelmann）も、「すきま風」問題に早くから挑戦した人の一人で、自由法論の先駆者とみなされている。ツィーテルマンは、後に文部大臣・最高裁長官になった商法・法哲学専攻の田中耕太郎の、『世界法の理論』に直接的な影響を与えたことで知られている。さらに、日本には、テオドール・シュテルンベルク（Theodor Sternberg）という自由法運動の founding fathers の一人が、外国人教師として来日していたことも、特筆すべきである。彼は、田中耕太郎と縁が深く、また、民法・法社会学の大立者、川島武宜らに強い感化を及ぼしつつ、その生涯を日本で全うした。このように主だった論者が、知らず知らずに自由法運動に巻き込まれていった。

### ❖宮沢俊義と自由法論

戦後憲法学の支柱となった宮沢俊義も、自由法論者として出発した。

若き宮沢の学問形成において最も重要だった学者の一人フランスの法学者フランソワ・ジェニー（François Gény）は、自由法運動を除幕したフロント・ランナーとして、ドイツの論者が祭りあげていた存在だった。法解釈は、合理的な認識の作用ではなく、実践的な意欲の作用である、という宮沢のテーゼは、端的に自由法論者のそれに連なる。彼が、川島武宜や来栖三郎らが繰り広げた戦後の法解釈論争の争点を、戦前において先取りできたのも、そのためである。

宮沢は、一般には、法社会学を忌避し客観法上の規範法則を追求したオーストリアのハンス・ケルゼン（Hans Kelsen）の徒であるとみられており、また、そうした理解の仕方が誤っているというわけではない。だが、「硬性憲法の変遷」にはじまるその初期作品は、宮沢が元来、自由法論者であったことを物語るものである。ケルゼン自身、その純粋法学が、自由法論の主要な帰結を共有していることを強調していた。

### ❖感情法学という陥穽

かくして、法解釈は、みずからの価値観に基づき、具体的に事件の解決を意欲する作用だということになる。

予め客観的に存在する法——憲法の場合でいえば、客観的に存在する憲法法源（客観憲法）——を機械的に事件に適用するのではない。当事者の主観的な権利主張——憲法の場合でいえば、国家の法律ランクの決定を破るための、憲法ランクの権利の主張（主観憲法）——への共感が、適正な結論を導くための必要条件である。だから、たとえば、**朝日訴訟**を理解しようとすれば、その法技術的な論理構成の能力ではなく、「人間裁判」と呼ばれた訴訟の劇的なプロセスやその「社会」的背景に、何よりも朝日茂という人物の生き様に共感しうる、豊かな感性をこそ養わなくてはならないはずだ。

しかし、ちょっと待って欲しい。それでは、（憲）法も（憲）法解釈も、すこぶる恣意的なものになってしまい、そこでの結論もちょっとした偶発的な情緒の発露（概念法学ではなく感情法学）に過ぎないことになるではないか。そんないい加減なことでよいのか。

そのためには、客観法への失われた信頼を取り戻し、それに基づく厳密な推論によって再び法解釈の合理性を担保しようとするのは、一つの方法である。

### ❖客観法の再建は可能か

この動きは、とりわけ第二次大戦直後に顕著だった。顧みれば、法源論において、法律（議会制定法）に特権性を認めてしまったこと（法律実証主義）が、議会主義を通じたナチズムの登場とその暴虐を阻止できなかった要因（悪法も法である）だった。そういう反省から、人為的偶然的な制定法によっては左右できない自然法に、もう一度思いを致し、その法源性を承認しようとする立場が、有力になってくる（自然法の再生）。

制定法を超えたところに（übergesetzlich）、あるいは憲法制定権力を超えたところに、人間が踏み越えることの許されない法として「人間の尊厳」の原理が、客観的に存在しているはずだ。そういう立場から、客観法としての憲法を、そしてその解釈・適用を、とりわけ「人間の尊厳」（「人間の権利」）という普遍妥当的な原理によって補強しようというのである。幸い、日本国憲法は、一見して、そうした「人類普遍の原理」に対する、留保のないコミットメントを宣言している憲法であった。

しかし、世界を再解釈するための、普遍妥当的な物語の形成の途は、冷戦構造のもとで、東と西とに政治的に分断される。古今東西を問わないはずの人間の権利を良心的に語ることが、「社会」におけるブルジョワジーと労働者の対立を糊塗して西側の立場にたつことになってしまう。国際社会への再デビューに際して、東西の二者択一のうえ安保体制に組み込まれた日本の国家法（とりわけ日本国憲法）に対する評価も、やはり二分されることになる。なかでも、平和主義に正統化根拠をもつ戦後日本の武装解除については、東西対立を背景にして左右両翼から提供される物語によって、評価は最大の振幅を示した。そうした文脈で、「法」という、社会を解釈するための図式について、その相対性・複数性を暴露したハンス・ケルゼンの仕事が、批判的法学の観点から再評価されることになるが、ここでは立ち入る紙幅がない。

### ❖法解釈方法論争

そこで、「末弘後」の論者たちは、戦後、あらためて法解釈方法をめぐる論争を展開することになる。

一つの対応は、当時の流行思想に呼応して、実存主義的に対応する仕方である。誰のものでもない、己自身の恣意的な意欲の作用であることを自ら引き受け、これに投企するのだ。しかし、それだけに、解釈主体の実存的責任が問われることになる。自らの出した結論に対する責任から逃れるために、あたかも非人称的な客観法が支配している——これが官僚的ということだ——かのように取り繕ってはならない。民法学者**来栖三郎**らが示した結論は、これだった。

いま一つの対応は、国家法のみが実定法であるという前提——既存（positive）の客観法として、国家法はあるという幻想——は放棄しつつ、別の角度から、主観的な自己主張の合理性を確保しようとする仕方である。やはり、開き直って法解釈論の恣意性・情緒性を承認するのは、学問知として情けない。できることなら、法律学も、自然科学に倣って、合理的な検証にたえる学問であって欲しい。そう考えるのは、自然である。

「社会」を直に認識しようとする努力は、科学的な合理性に裏打ちされたものであるべきだ。事件とその社会的背景に感応する裁判官の豊かな感性を要求しつつ、しかもその共感の合理性を担保できさえすれば、その裁判官氏が当事者に下した結論は、合理的であるといえる。また、そうであってはじめて、「社会」の「生ける法」に法源性を認め、国家法を無視した結論を出すことも許されよう。

ここに、**「社会科学としての法学」**が要請される理由がある。社会認識の学が、合理性の担保された学問として成立するかどうかに、法解釈学の学問性のすべてがかかっている。自由法論者の少なからぬものは、その恣意性にたえかねて、まだ学問として成熟し得るかどうかすら怪しい新興学問としての「社会学」を、青田刈りしようとする（社会学は、今日に至るまで、この一方的なラブコールに応えてはこなかったかもしれないが）。あるいは、当時社会科学の名をほとんど独占していたマルクス派の経済学によって、みずからの（法源としての）「社会」認識の科学性＝合法則性を担保しようと試みる。この立場からは、法曹に要求される、当事者へのエモーショナルな共感は、当該法律家の階級的アイデンティティーの自覚への要請へと高められる。このようにして、法社会学への過剰な期待、あるいはマルクス派経済学の圧倒的な優位性が、方法論に敏感な戦後の法学者の多くを捉えた。

戦後日本の批判的法学理論は、以上の方途のうちのどれか、あるいはすべてを採用して（サルトル風のマルクス主義と実存主義の結合、あるいはウェーバーとマルクス、エーアリヒとマルクスの結合等々）、法律家の責任、全人格的な気概、さらには、階級的な自覚と総括を求めることによって、自由法運動の残した遺産に連なることになった。憲法学の領野においても「社会科学としての憲法学」が一世を風靡することになったのは、考えてみればほとんど必然的なりゆきだったといえるだろう。

## 荒地より――憲法論の地殻変動

### ❖憲法解釈学の再建

戦後日本の法解釈学は、かくして、自由法運動によって席捲された荒地のなかから立ち上がることとなった。

そこで冒頭の問題に戻って、戦後の憲法解釈学の再建の努力は、どのようなものだったのだろうか。所与のテクストは、日本国憲法と名乗る憲法典である。このテクスト群が何故にわれわれの前に憲法典として在るのか、については、憲法制定史をめぐる厄介な議論がある。しかし、そのこと以上に、そもそもどうやって読んだらよいのか。プロイセン・ドイツ様式になれた戦前からの巨匠たちは、日本国憲法の読解それ自体に苦労した。戦後の憲法解釈学の基礎をつくったのは、初めての大コンメンタール『註解日本国憲法』であったが、その執筆者のほとんどは、当時チャキチャキの若手だった民法、民事訴訟法などの非専門家であって、彼らの大勉強が、現在でも憲法学の支えになっているわけである。また、二五条以下の生存権的基本権（社会権）に対する理解の仕方が、人権解釈論の枠組を規定しているが、通説的な枠組を提供したのは、戦前からワイマールの憲法学への造詣が深かった民法学者、我妻栄であって、専門憲法学者はその後追いをしたに過ぎない。

❖戦後の学説継受

この消息は、新しい憲法典については、その解釈図式を提供する新たな学説継受が必要であったという事情を、示唆している。ローマ法であれ中国法であれ近代西欧法であれ、他国の法――それ自体はみずからの普遍妥当性を呼称していたとしても、あくまで他国の法であることには違いがない――を継受・受容（Rezeption）して法を形成した国においては、法文テクストの継受に続いて、法解釈学説の大規模な継受が行われることがある。明治期日本はこの途を辿ったが、戦後日本の憲法についても、同様に、学説継受が求められることになった。

しかし、戦後の学説継受は、非体系的・散発的であるところに、特徴がある。戦前以来のドイツ様式を内在的に克服したり、他の様式に（たとえば今様のアメリカ様式に、あるいはドイツより「市民的」とみられるフランス様式に）模様替えしたりするのではなく、それをただ放置したまま、個別領域ごとの修築・改築を急いだ感が強い。土台となっているのは、依然としてドイツ様式であり、しかも自由法運動以降の荒地である。

比較的大規模な学説継受の例としては、国民主権論ではフランス憲法学説が継受される一方で、人権解釈論・司法権論ではアメリカ憲法学説の継受が圧倒的であった。けれども、国民主権論争を活性化させた人民主権論は、フランス学説の受容というよりも遥かに独創的なもので、「社会科学としての憲法学」の、フランスの大革命—日本の八月革命への応用といった方が相応しいようにもみえる。他方、人権解釈論・司法権論の主導的な論者は、「自然法の再生」期のドイツで喧伝された「価値秩序」論を基礎にする一方、解釈方法論としては、自由法論同様に、生身の人間としての裁判官に着目している。ここでは、人権解釈論の動向にスポットをあてよう。

### ❖芦部信喜の憲法学

戦後日本におけるアメリカ憲法学説受容の立役者、**芦部信喜**は、元来、ドイツ憲法学説・国家学説の研究者であった。

彼は、とくにスイス人ヴェルナー・**ケーギ**（Werner Kägi）に傾倒して、法律実証主義を徹底的に批判するとともに、自由で民主的な価値秩序としての憲法を語った。「人間の尊厳」の原理を基礎とする自然法は、憲法制定権力者をも拘束するほどの強い拘束力をもち、それゆえ、戦後の新しい憲法には、そうした価値が秩序だって定着している、とされる。こうして、客観法としての（正確には客観的価値秩序としての）憲法が、再建される。

しかし、芦部にとって、彼の師宮沢俊義同様、法解釈は解釈主体の意欲の作用であり、法解釈方法論においては、「法による統治」の陰に隠れていた生身の裁判官を、検討の俎上に引っ張り出す。表向き、客観的な法命題を解釈・適用するための三段論法を行っているはずの裁判官が、舞台裏では当事者双方を天秤にかけて勝敗を決していたことを暴露したのは、自由法論者であり、舞台裏の天秤を白日の下にさらすことを要求する**利益衡量論**は、自由法運動がもたらした成果の一つである。法的三段論法を語ることなく、裁判官という生身の人間にとって切実な、舞台裏での「衡量」をコントロールしようと試みた芦部は、やはり「末弘後」の解釈学者である。

もはや、そこは客観法としての憲法（客観憲法）を語る場ではなく、当事者の主観的な自己主張が戦わされる**主観憲法論のトポス**である。ここに彼は、アメリカの判例実務が積み上げた違憲審査基準――明白かつ現在の危険の基準、LRAの基準、合理性の基準等々――を援用して、憲法典の解釈を、ではなく、当事者の主張立証をうけた裁判官の思考それ自体を、誘導しようとしている。しかし、そうした主観憲法論へのアメリカ風の傾斜と、安定した自然法的価値秩序による客観憲法のドイツ風の再建との間に、どういう（心理的なではなく）論理的な連関が存在するかは、とうとう明らかにされなかったように思われる。主観憲法上の主張と単なる恣意との境目ははっきりせず、客観憲法の無根拠の危機は回避されていない。

### ❖主観憲法論の活況

この問題は、その後、どのように受け止められているのだろうか。

客観憲法論に手を出すと、占領下の憲法制定過程のゆえに日本国憲法の憲法法源性が動揺しかねないし、憲法附属法律は憲法法源ではないのか、なぜ戦後日本の constitution を形づくる法律や条約は憲法法源でないのか、憲法法源が変遷するということはないのか等々、難問が目白押しである。もちろん、超越的な価値秩序の存在を主張して、現行憲法の憲法法源性を補強してしまえば、難問を柔らかいクッションでくるむことができるが、そもそも客観的な価値秩序を既存のものとして前提できるかどうかについては、最近では怪しくなってきた。自由主義と民主主義の対立、民主主義と立憲主義の対立、そもそも自由主義内部での対立（完全自由主義、福祉主義的自由主義、古典的自由主義、自由主義的共同体主義等々）が顕在化して、およそ戦後的価値秩序の自明性など語れなくなってしまった。

そうしたこともあってか、近年の議論の重点は、権利論（主観法論）におかれている。

この点、解釈者の価値観に基づく意欲の作用を、「社会科学」によって合理化する従来の企てには、「社会科学」としての科学性を標榜すればするほど、憲法学の党派性が疑われて信用を落とすという、ディレンマが存在した。冷戦構造の下で「社会」を語る言説空間が二分された状況下では、論者は結局、みずからの選好を明らかにして、東西いずれかを選択せざるを得なかったからである。

しかし、冷戦後の世界においては、「人間の権利」の主張はすべての人に共有可能な主張と受け止められるようになった。社会契約説の復権によって、規範的な価値についても合理的な論証が可能であることを強調したジョン・ロールズ（John Rawls）の登場以降、実践哲学・法哲学が一気に活性化した。

そこで、義務論的な原理論法によるにせよ、民主な討議による基礎付けに重点をおくにせよ、客観的な自然法の既存を前提しない**自然権論**の可能性に、期待がもたれるようになってきた。これを受けた近年の憲法論は、しばしば客観憲法なき主観憲法論の活況を呈している。

## ❖地球化と地域主義

しかし、そうした議論のすべてを包み込む舞台装置は、依然としてドイツ様式の「国家」とブコヴィナ発の「社会」のままで、荒れ果てている。

まあ、主観憲法論がきっちりできれば、当面はいいじゃないか、という意見もあろう。しかし、困るのは、「国家」論の前提が地殻変動を起こしつつある、という言説の存在である。たとえば、国際化を超えた地球化（Globalisation）や、国家を相対化する地域主義（Localisation）を喧伝する論調が、それである。「国家」の枠組が地響きをたてて崩れれば、これまでの憲法論の枠組が、壊れてしまうからである。

もっとも、これらは、まだ「社会」における運動論の域を超えておらず、法学としての成熟をみるのは、相当先のことといわなくてはならない。「国家」法としての憲法を論ずる限り、法学としての領分を守りつつ、とりあえず門戸を閉ざして、おつきあいを謝絶していればよいだけのことだ。しかし、困るのは、自由法運動以降の憲法学が、一見「社会」から浮き上がる憲法的価値を説きながら、実は、方法論的には「社会」の法源性に傾斜してきた、という構造である。勝手口は未来へ向けて開け放たれているのである。

憲法学者は、何かと忙しいのであるが、忙しさにまぎれて、いつのまにか学問自体が辺境化してしまう危険と、隣り合わせである。学説史は、往々にして、過去の偉業を顕彰することになりがちだが（その目的はさまざま）、少なくとも憲法学については、まだまだそんなことをしている余裕は、なさそうだ。現在の時も過去の時も、おそらくは未来の時において現在である。そして、未来の時は、過去の時のなかに含まれているだろう。

〈ステップアップ〉

ここにも登場する個別の論者については、本書第**15**講義を参照。

この講義と同様の主題について、抜群に面白い語りをきかせてくれるのが、樋口陽一編『ホーンブック憲法（改訂版）』（北樹出版、二〇〇〇年）の第一章（安念潤司執筆）。同著との重複をさけて、自由法論という独自の補助線を引いた結果、本論は難しく、かつ退屈な文章になってしまった感がある。

この講義では充分に言及できなかった「戦後憲法学の思想と行動」については、さしあたり石川健治「前衛への衝迫と正統からの離脱」『憲法問題8』（三省堂、一九九七年）の参照を乞いたい。

（石川健治）

Bridgebook

# 第15講義　日本憲法学を築いた人々

## はじめに

日本の憲法学を担う最初の人材を輩出したのは、一八七七(明治一〇)年に創設された東京大学文学部であった。同じ年、東京大学に法学部も創設されたのに、どうして、法学部ではなく、文学部からその人材が出たのか。はっきりした理由は分からないが、明治憲法が発布される一〇年以上も前のことであり(八九年発布、九〇年施行)、憲法を研究し、大学で体系的に教えるなどといったことは、まったく考えられていなかった時代のことである。たまたま、法学部ではなく、文学部に、憲法に興味を持つ優秀な学生が在籍していたということかも知れないが、そうとも断言することはできない。と言うのは、ほとんど例外なしに、草創期の憲法学者が文学部出身だからである。そうなったのは、当時の学部のカリキュラムが影響していたとも考えられる。そこで、当時の法学部と文学部の授業科目を眺めてみよう。

当時の東京大学は、英語による教育が行われており、法学部ではイギリスの民・刑事法、手続法の教育が中心であった。もちろん、カリキュラムのなかには、「英吉利国憲」といった憲法科目もあったが、なにぶんにも、憲法典が制定されるに至っていなかった当時では、なぜイギリス憲法を学ぶ必要があるのか、おそらく、教師も、その理由を説明することができなかったに違いない。いや、法学部で、憲法に限らず、どうして、イギリスの法と制度が教えられ、学ばなければならないのか、教師も学生も、ともに、みずから、十分納得のゆく説明ができなかったのではなかろうか。

若者が大学で法律を学ぼうとする一番はっきりした動機としては、将来、裁判官や検事もしくは弁護士といった法曹になるというのが、今も昔も変わらないであろう。そうした若者を育てる機関は、東京大学が創設される数年前から、すでに、本格的な活動を開始していた。一八七四（明治七）年、当時の司法省が法曹養成機関として設置した法学校がそれであり、そこでは、有名なボアソナード（パリ大学教授）を招いてフランス式の本格的な法学教育が行われていた。この司法省法学校の目的は、はっきりしている。それは、幕末に徳川幕府が結んだ不平等条約を解消し、国際社会において、一人前の独立国家として認められるために、西欧の文明国なみの法制度、とくに、近代的裁判制度を整える必要があったからである。裁判制度を導入し、整備するためには、もちろん、それを動かす人材の育成が不可欠である。司法省法学校には、当時、選りすぐりの青年が集められ、法曹に必要な民事法・刑事法や手続法の講義がフランス語で施された。当時は、憲法と同様、民法・刑法・訴訟法なども、もちろん、制定されていなかったので、その講義内容は、フランス法を中心としたものであった。では、なぜ、フランス法なのか。ここでも、納得のゆく説明をできる者は、いなかったはずである。ただ、法学校は、法曹養成という明確な目的で設置され、人材の育成が行われたので、東京大学法学部のように、さほど目的の明確でなかった教育と比べて、その成果において、顕著な差異が生じたことは言うまでもない。しかし、法学校の目的が法曹養成にあったので、そこから、後の憲法学者は、残念ながら育たなかった。

また、明治一〇年代、東京では、私立の法律学校が次々と設立された。当時、それらは、**五大法律学校**とも呼ばれた。東京法学社（一八七九年創立、後に東京法学校、和仏法律学校、現在の法政大学）、専修学校（一八八〇年創立、現在の専修大学）、明治法律学校（一八八一年創立、現在の明治大学）、東京専門学校（一八八二年創立、現在の早稲田大学）、英吉利法律学校（一八八六年創立、現在の中央大学）がそれである。これらの学校は、法曹の一角を占める弁護士養成が目的であり、主として、東京大学法学部と司法省法学校の教師や卒業生を招いて、法学教育を実施した。したがって、これらの学校からも、憲法学者は育たなかった。

日本の憲法学を担う人材を最初に輩出したのは、冒頭で述べたように、一八七七年、東京大学に設置された文学部であった。法学部ではなく、文学部から憲法学者が育ったのは、当時の文学部で、哲学や史学・文学のほかに、政治学・理財学（経済学）が講じられていたことと関係があるように思われる。この文学部で、政治学とか理財学・社会学・哲学・歴史などを広く学んだ学生のなかから、初期の憲法学者が輩出されているからである。

## 最初の憲法学者——末岡精一（一八五五～一八九四）

わが国における最初の憲法学者は、一八八一（明治一四）年、東京大学文学部を卒業した**末岡精一**である。末岡は、一八五五（安政二）年、長州（山口県）の生れで、一七歳のとき東京に出て英学を学び、七五年（明治八年）、開成学校に入る。そして、七七年、この開成学校が東京大学に改組され、法・文・理の三学部が創設されたのに伴って、文学部一年級に編入された。末岡は、文学部で、理財学と哲学を修め、八一年に文学士となる。同級生の間で「秀才」の誉れが高かった末岡は、卒業と同時に、文学部兼法学部の准講師を命じられた。

末岡が大学を卒業した明治一〇年代の半ばというのは、法学教育の分野では、それまでの司法省法学校を中心としたフランス法教育、開成学校＝東京大学法学部のイギリス法教育から、ドイツ法に目をむけ、その摂取に転換する時期であった。この転換を象徴的に示したのが、八二年に行われた学課課程の改正、すなわち、英吉利国憲が廃止されて、新たに国法学が設けられたことである。文学部でも、同様に、八一年から、外国語の履修に関して、それまで、英語のほかに、フランス語またはドイツ語を兼修させていたのを改めて、兼修すべき外国語をドイツ語に限定し、また、八二年の改正で、新たに国法学が加えられている。

この国法学の講座を最初に担当したのは、一八八二（明治一五）年、ドイツから招かれて来日したお雇い外人**ラートゲン**であった。彼の講義は翌八三年から開始されたが、英語を使用し、試験の答案も英語で書かせたと伝えられている。これは、明治初期における英学教育の強さを示すものである。彼の国法学講義は、ドイツ・イギリスの憲法を中心に、その他、欧州各国の憲法をも参考にしながら、ひろく国家、憲法、行政法の原理・原則を説くものであった。

ラートゲンが、東京大学で国法学――それは、わが国における最初の憲法講義と言えるものであるが――を教えるために来日したのと、ちょうど入れ替わるように、ドイツ・オーストリアに旅立ったのが末岡であった。末岡の留学は、一八八二年三月、憲法調査のために、伊藤博文が勅命（天皇の命令）を帯びて欧州に派遣されたことと密接に関係している。すなわち、伊藤のドイツ・オーストリア査察と並行して、政府は、末岡ら優秀な青年を特派し、ドイツ国法学の研究に従事させたのである。末岡は、ベルリンとウィーンの各大学で国法学を修めるとともに、イギリス・フランス・イタリア・ベルギーにも足をのばして見聞を広め、一八八六（明治一九）年に帰国した。

末岡の帰国した年、東京大学は、森有礼の大学令により、帝国大学に改組され、法・文・理・医の各分科大学をもって構成されることになった。そして、このとき、それまで、文学部に置かれていた政治学・理財学は法科大学に移された。末岡は、帰朝後、ほどなくして、この改組された帝国大学法科大学の教授となり、ラートゲンの後を受けて、国法学を担当することになった。

末岡は、身体が丈夫でなく、一八九四(明治二七)年、三九歳で病死している。彼が、法科大学でどのような内容の講義を行ったかについては、彼の没後に編まれた遺稿集『比較国法学』から、その一端を知ることができる。そこからは、英米仏独の諸憲法を丹念にフォローしながら、比較検討を試みた様子をうかがうことができる。

法科大学における末岡の面影を伝えるものに、一八九二年に入学した小野塚喜平次(一八七一~一九四四、政治学者・東京帝国大学総長)の次のような証言がある。

「その頃の法科大学は、何といってもドイツ法学の独壇場の観があり、また、優れた教授もこの方面に多くおられたのです。しかし、思想的には概して保守的官僚的のようでありました。ただ、当時比較国法学を担当していられた教授に、末岡精一といわれる先生がありまして、立憲主義・進歩主義を懐抱されておりました。先生は惜しくも私の学生時代に病没せられましたが、長州の出身にもかかわらず、政治的野心のない、極めて純粋な学者的風格を具えた方であられました。先生の講義は私のよく共鳴した所であって、末岡先生の説を借用して、穂積八束先生を困らせたりしたことなども思い出されます。」

ここに登場する穂積八束は、末岡が法科大学の国法学を担当したのに対して、その憲法講座を担った最初の人物である。そこで、次に、この穂積についてみることにしよう。

## 最初の憲法講座担当者——穂積八束（一八六〇〜一九一二）

穂積八束は、一八六〇（万延元）年に宇和島で生まれた。穂積家は、宇和島藩において、代々、国学を講ずる家柄であった。すぐ上の兄・陳重（一八五六〜一九二六）は、宇和島藩から貢進生（明治初年、各藩から選ばれ、上京した俊英）に選抜され、一八七一年、開成学校の前身である大学南校に入学し、七六年、文部省留学生として、イギリスに渡り、二年半後に、さらに、ベルリンに移って修学し、八一年に帰国後、東京大学法学部教授となり、英法・法学通論・法理学を教えた。穂積八束も、また、この兄の後を追うかのように、一八七三年上京し、共立学校、東京英語学校に在籍した後、大学予備門（開成学校の後進）に入り、そして、七九年には、東京大学文学部に進学する。穂積が、ここで、オースチン派の分析法学（法を主権者の命令とする法実証主義を基礎とする学派）を説くヘンリー・テリーに接したことが、後に、ドイツ留学中、ラーバント（後述）の学説に共鳴する素地をつくった。穂積は、東京大学在学中、政府系の『東京日日新聞』に、六篇、二万五〇〇〇字に及ぶ主権論を寄せ、民権論者と筆鋒を交えたことでも有名である。

一八八三（明治一六）年、東京大学を卒業した穂積は、政治学研究生として大学にとどまり、翌八四年、四年半に及ぶドイツ留学に旅立つことになる。この留学に先だって、伊藤博文・井上毅ら明治憲法の起草者は、穂積に対して、種々の助言を与えたと伝えられている。

ドイツでは、留学の大半をストラスブルグの**ラーバント**のもとで過ごしている。ラーバントは、一九世紀ドイツ国法学の泰斗であり、法実証主義国法学の完成者である。穂積は、このラーバントに傾倒し、彼を師と仰いだ。一八八九年の帰国直後に発布された「大日本帝国憲法」について書いた論文「帝国憲法ノ法理」には、「余ハ……ラバントノ研究法等ヲ採用シテ我憲法法理ヲ講述セリ」と記されている。穂積は、そのなかで、「天皇即国家」であり、天皇は憲法に拘束されるものではないとの主張を展開したのであるが、これが有賀長雄（後述）の目にとまり、彼の批判（「穂積八束君帝国憲法ノ法理ヲ誤ル」）を受けることになるのである。

穂積は、八九年に留学から帰国したのであるが、前述のごとく、八六年に東京大学は改組されて帝国大学となり、穂積の在籍した文学部政治学科は法科大学に吸収されていた。穂積は、この法科大学教授となり、爾来、肋膜炎に倒れて病に臥すまで、二〇余年間、帝国大学で憲法を講じたのである。

穂積の憲法講義の様子について、**松本烝治**（一八七七〜一九五四、商法学者・第二次大戦後、幣原内閣の国務大臣としての憲法改正問題を担当）は、次のように語っている。

「法科大学入学後、まず度肝を抜かれたのは、憲法教授の穂積八束先生であった。二九番教室の大講堂前まで、馬を乗り付けられたあご髯のある、痩せ形の青白い顔色の教授が先生であって、教壇に泰然と構えて、筆記のできる程度に緩くりと講義をされた。その講義は、すなわちいわゆる穂積憲法であって、一言にしていえば、天皇即主権者、即国家というのであるが、その論法は鋭利、論理は精明で、毫も異説をいれないものがある。われわれ学生は、只平伏盲従するのみであった。」

こうして、穂積は、憲法制定直後から明治末期までの二〇年間、法科大学の教壇に君臨して憲法学を講じたのであるが、「天皇即国家」を説く彼の学説は、当時の秀才学生の間では、批判的に受け取られた。とくに学生の間で、穂積が権力におもねる「曲学阿世ノ徒」と非難されていたことは、彼の後継者である**上杉慎吉**（一八七八〜一九二九）すら、その学生時代に、穂積をそうのしっていたことからも明らかである。法科大学において、学生から穂積がそうした批判ないし非難を受けるにあたっては、穂積と並行して、一八九四年まで国法学を講じた前述の末岡、そして、末岡なきあと、国法学の講義を担当した一木喜徳郎の存在を看過することができないのである。

## 穂積憲法批判の嚆矢——有賀長雄（一八六〇〜一九二一）

**有賀長雄**は、穂積と同じ一八六〇年、江戸に生まれた。七六年、大阪英語学校から大学予備門に入り、東京大学文学部を八二年に卒業している。有賀は、東京大学在学中から頭角を現し、二年先輩の岡倉覚三（天心）とともに、米人教師フェノロサに認められ、彼の薫陶を受けた。卒業の頃より、ドイツ思想に傾倒し、卒業後、大学校編輯掛となって日本社会史の編纂に従事し、また、準教授となって歴史を教授するかたわら、ドイツ国家学の紹介も行っている。八四年、元老院書記官に転じ、八六年にはドイツ・オーストリアに一年間の遊学を試み、帰国後、枢密院書記官（八七年）、農商務省特許局長（九二年）にもなったが、程なくして辞職した。しかし、日清戦争の際には、軍の法律顧問として従軍し、九五年、再び渡欧してパリに遊び、かの地において、「日清戦後に於ける国際公法」と題するフランス語の著作をまとめている。翌九六年帰国してからは、陸軍大学校や海軍経理学校で国際法を講じ、また、その頃から、明治法律学校や東京専門学校で、憲法・国法学を講じている。

有賀の憲法論は、ドイツ国法学を基礎とするものであるが、有賀が憲法発布直後、高田早苗の主宰する『憲法雑誌』において試みた前述の穂積批判（「穂積八束君帝国憲法ノ法理ヲ誤ル」）は、後の美濃部・上杉論争に継承される最初の憲法論争として、憲法学説史上、きわめて重要な意義をもつものである。

## 穂積憲法を凌駕した二足わらじの憲法学者——一木喜徳郎（一八六七〜一九四四）

一木喜徳郎は、一八六七（慶応三年）遠州掛川の豪農岡田家の次男として生まれる。長男は、三歳年上の良平である。喜徳郎は、七三年、一木家の養子となっている。一木は、子どものときから「神童」ぶりを発揮し、七九年、兄良平が上京して大学予備門に入学したのに続いて、一木もまた、八一年に上京し、良平の在籍する大学予備門の受験に備えた。一木は、その準備のために、神田・駿河台の成立学舎に入るが、そこは学生の内職《アルバイト》場所で、教師には、当時学生の有賀長雄もいた。このとき、一木は、良平の進言で、二級編入試験（三級が最下級）を受け、合格したので、良平と同級生となった。

こうして兄弟一緒に大学予備門の二級に在籍することになったが、八三年、進学の際、一木は哲学に興味をもち、哲学を専攻しようとしたのであるが、良平も哲学に行くということであったので、政治学専攻に変え、同じ文学部に進んだ。一木は、在学中、新たに設けられた行政学の講義を金子堅太郎から聴き、興味を覚えている。八六年、彼の在籍する政治学科は、法科大学に編入された。翌八七年、大学を卒業した一木は、研究者として大学に残る途もあったが、行政実務家になることに志を決め、金子の斡旋により内務省に入った。

内務省で、一木は、お雇い外人モッセが起草し、一八八八年に公布された市町村制の実施にたずさわる。この新しい制度の運用上生ずる種々の疑義について、モッセの意見を聞き、それを翻訳して上司に伝えるというのが一木の仕事であった。こうした仕事を二年余り続けるうちに、一木は、「日本の法律を施行するに当たって、細大もらさず外国人の判断を仰ぐとは如何にも不甲斐ない次第だ。もし自ら外遊して勉強したならば、外国人の力を借りずに判断できる域に達するであろう」と考え、洋行の決意を固めるに至る。そして、九〇年、内務省を休職し、東京の家をたたみ、妻子を郷里に帰して、単身、私費で横浜からドイツ留学に旅立つ。ドイツでは、まずベルリン大学でギールケの講義を聴く。一木は、彼の講義ついて、「至極判りよい講義振りで、我々独逸語の未熟な者にもよく判」り、感服する。ベルリンには、八ヵ月滞在したが、ギールケの講義以外は、下宿にこもって読書に耽っている。

次で、ハーレ大学に転じ、そこで大学の講義を聴講する傍ら、各種の書物を集めて筆を執り、一年かけて『日本法令予算論』を書き上げ、良平のもとに送り、出版してもらう。一木は、その後、ライプチヒに移り、九三年早春、帰国し、内務省に復職する。

三年間の留学から帰って来た当初、一木は、ドイツで学んだ研究が行政実務に役立つ様な気がして、仕事に夢中になったが、そのうち、研究の不十分さに気づくようになり、「学者になりたい」と考えるようになる。そして、さらには、「元来、大学に残った方が自分としては正しい途ではなかったか」と思い詰めるようになる。こうして、彼は、「是非、教壇の人となりたい」と決心するに至り、浜尾新帝国大学総長に相談を持ちかける。そこで、学習院との間で話しが出来かかったが、条件が折り合わず、立ち消えとなった。そうこうするうちに、末岡が病死し、その後任として大学から話しがあり、九四年から法科大学教授となり、国法学と行政法の講義を担当することになる(内務省は兼任)。一木、二七歳のときであった。一木は、その後、一九〇六年に大学教授を退き講師となり、そして、二年後、講師も辞して内務次官となるまで、法科大学において、国法学と行政法を講じ、穂積憲法学とは対照的な学説を説いたのであった。

**美濃部達吉**(後述)は、一木の最初の講義を聴いた学生である。美濃部は、そのときの一木の印象を、次のように述懐している。

「私が大学に入学したのは、明治二七〔一八九四〕年であったが、其の前同じ年に従来国法学の講座を担当して居られた末岡教授が亡くなられたので、其の後を承けて、当時まだ二八才（数え年）の青年で、最近ドイツから帰朝せられたばかりの一木先生が、新たに大学教授に任ぜられ、国法学の講義を受け持たるることとなり、私等のクラスは其の第一回の学生であった。其の講義は、始めて教授となられての最初の講義であったから、勿論十分に練熟したものではなく、瑕瑾も少なくなかったことと思うが、しかし、其の該博な引照と精致な論理とは我々学生の心を魅するに十分であった。之より先き先生はドイツ在留中にすでに『日本法令予算論』の著を公にせられており、それが学界に知られて、先生の大学教授に仕命せらるる機縁を作ったのであるが、私はそれを幾度か熟読し、其の鋭い筆鋒に深い敬意を捧げて居たので、一層先生の講義に感激を覚ゆることが深かった。恐らくは三年間の大学在学中に、私の聞いた多くの講義の中で、最も大なる影響を私に与えたものは、此の新進の青年学者の講義であったことと思う。」

一木は、留学中執筆した『日本法令予算論』以外にまとまった著書を著していないが、法科大学で行った国法学および行政法の講義草稿や多数の講義録が残されている。そうしたものから推察する限り、当時のドイツ国法学説に密着した理路整然とした講義が行われたものと思われる。

## 立憲主義憲法学を確立した巨匠——美濃部達吉（一八七三〜一九四八）

美濃部達吉は、一八七三（明治六）年、兵庫県の高砂に生まれる。父親は漢方医であったが、「あまりはやらず、町内の子供達に習字や漢字を教えて、主としてその月謝で暮らしていた」ので、暮らし向きは豊かでなかった。母親は、「並々ならぬ知識と教養を持ち」、夫の代わりに「患者を診たり、書や漢書を教えたりした」なかなかの賢夫人であった。三歳上の兄・俊吉もまた、東京に出て帝国大学に学び、農商務省の役人となり、後に、拓銀、朝鮮銀行等の総裁をも務めている。美濃部は、一八八八年、兄・俊吉の後を追って上京し、第一高等中学校予科に入る。そして、九四年、帝国大学法科大学に進学し、政治学科に在籍する。一、二年のときの成績はトップで、最終三年のときは二番であった（一番は、美濃部の妹と結婚した南新吾である）。また、卒業のときに受験した高等文官試験行政科の試験成績も二番であった。

一八九七年、大学を卒業した美濃部は、内務省に入り、奇しくも一〇年前、一木が就職して配属された縣治局勤めとなる。もっとも、美濃部は、卒業後の進路として、大学院を希望し、学問の途に進みたかったが、しかし、在学中、農商務省に勤めていた兄の俊吉から生活援助を受けていたので、卒業後、直ちに自活の途を講じなければならず、しかも、当時の大学には、まだ、有給の助手制度や大学院の給費学生制度などもなかったからである。こうして、内務省に勤めるようになったものの、美濃部は、どうしても役人生活にはなじめず、学究生活へのあこがれはつのるばかりであった。ちょうど、そのとき、一木から、今、大学で比較法制史の講座を担任する候補者を探しているが、「若し大学院に入って比較法制史を研究する気が有らば、其の候補者に推薦してもよいという話が有った」。美濃部は、この誘いに乗り、一木の推薦で大学院に入学することになった。もっとも、美濃部は、欧州留学まで、内務省試補という名目で、内務省から手当を受けている。

一八九九年、美濃部は、比較法制史研究の名目で、欧州に、三年間の留学の旅に出る。美濃部自身の語るところによれば、「三年間の在欧中は、かなり一所懸命になって、ドイツ、フランス及びイギリスの法律歴史を勉強し、……ともかくも、知名の先進学者の著述について、一通りの智識を収得することに努めた」のであった。

一九〇二年、美濃部は帰国すると同時に、法科大学教授となり、比較法制史の講座を担当することになる。そして、翌一九〇三年、一木夫妻の媒酌で、文部大臣菊池大麓の三女民子と結婚している。また、この年の秋から東京高等商業学校(一九二〇年に東京商科大学に昇格)教授を兼任し、三四年の東京帝国大学退官まで、憲法・行政法を担当している。美濃部が、東大で憲法の講義を担当するようになるのは、一九二〇(大正九)年の講座増設で憲法第二講座が設けられた後のことであるから、明治末から大正の初めにかけて上杉慎吉との間で行われた、いわゆる機関説論争の基礎となった彼の憲法理論は、神田・一橋における憲法講義で培ったものであった。

美濃部は、一九〇八年、一木が二足わらじの片方を脱いで、東大から完全に退いた後、行政法の講座を兼担するようになる。そして、一九一〇年、天稟の歴史家・中田薫が法制史研究に従事していた欧州留学から帰国したのを機に、美濃部は、行政法講座の専任となり、比較法制史講座は中田が受け持つことになった。こうして、美濃部は、公法に移り、そして、前述のごとく、二〇年からは、行政法講座とともに、憲法の講座をも兼担することになる。そして、一九二九年、上杉亡きあと、東大の憲法講座は美濃部の独擅《せん》場となるのである。

美濃部が、手ぶらで教室に現れ、素手で講義したことは余りにも有名な話である。清宮四郎は、次のように語っている。「大学で〔美濃部が〕私たちに講義されたさいには、いつも、書物やノートなど何も参照しないで、素手で、第何章第何節といってノートをとらせました。一回が二時間近く、しかも毎週三回もあった講義をこのやりかたでおしとうされたのですから、とても人わざとは思えませんでした。前の晩に準備したのだろうなどという者もありましたが、どんなに準備したからといって、それだけやれることではありません。」

## 京都学派の系譜

### (1) 井上密（一八六七〜一九一六）

井上密は、一八六七年、千葉の生まれであり一木と同年である。一八九二年、帝国大学法科大学を卒業し、さらに大学院に進んで憲法を専攻する。そして、東京専門学校、明治法律学校、日本法律学校（一八九〇年創立、現在の日本大学）等で、憲法・行政法・国法学を教えていたが、京都に新しく設立する帝国大学法科大学の教官候補者として、つぎに述べる織田萬とともに、一八九六年、欧州留学に旅立つ。

(2) 織田萬（一八六八～一九四五） 織田萬は、一八六八年、佐賀の生まれである。八三年に上京し、翌八四年、司法省法学校の予科に入学し、フランス語の初歩から教育を受ける。この学校は、八五年、文部省の所管に移され、東京法学校と改称、さらに、翌八六年には、帝国大学法科大学に吸収された。予科生の織田は、それに伴って、八五年には大学予備門に編入され、翌八六年からは第一高等中学校予科生となった。そして、八九年、帝国大学法科大学仏法科に進み、井上と同じ九二年、大学を卒業した。卒業後、さらに、大学院に進み、穂積八束のもとで、公法の研究を開始した。織田は、九五年、私立の法律学校での講義をまとめた『日本行政法論』を著している。これは、織田がフランス行政法を摂取したうえで書き上げたものであるが、わが国で最初の日本行政法の体系書として評価されている。翌九六年、織田は、井上とともに、三年間の欧州留学に船出した。

(3) 一八九九年に帰国した井上と織田は、ただちに、その秋から開設された京都帝国大学（これにより、それまでの帝国大学は東京帝国大学と改称）法科大学教授となり、井上は憲法と国法学の講座を、織田は行政法の講座を担当した。井上は、一九一三年、京都市長となり、休職を命ぜられるまで、憲法の講座を担当した。なお、休職中も、一九一五年まで、講師として憲法を講じている。

『京都帝国大学史』は、井上の学風を次のように伝えている。

「井上教授の憲法解釈の態度は、当時やうやく流行の国家法人説を独逸国家を説明するものにして直ちに事情を異にする我が邦の憲法解釈に適用すべきでないとし、我が肇国以来の国体と帝国憲法の規定の文言の表現様式とを固く尊重し、それによって理論を取捨選択するところに、その特徴が見出される。」

また、井上の講義を聴いた末川博は、次のように述べている。

「〔井上は〕開口一番『世にタンパンカンなるものがある』とやられたので、何のことかとあきれていると、『タンは胆力、パンは板、カンは羅漢の漢すなわち学を修める男のことである。板をかついで三条、四条の通りを歩むがゆえに、町の片側だけを見て京の町を見たりとする。学者、往々にしてこの愚におちいり、ものの一面を見て全局を見ることを知らない。学者を志す諸君は、活眼を開いて大局をつかまねばならない』と戒められた。もっとも、先生の講義は、条理整然たる形式論理に徹していたかわり、あまり面白くもおかしくもなかった。」

織田は、一八九九年の法科大学開設以来、一九一一年まで行政法講座を、翌一二年、行政法講座が二つに分かれてからは第一講座を担当し、一九二一年からは常設国際司法裁判所の裁判官をも勤めた国際人である。そのリベラルな学風は、いわゆる京都学派の形成において、大きな役割を演じたと思われる。織田は、井上が国家法人説・機関学説を誤謬として排斥したのとは対照的に、機関学説をとり、一九三五年二月、美濃部達吉が自説（「天皇機関説」）について貴族院の壇上で一身上の弁明を行った際、拍手を送った数少ない議員のひとりであった。

(4)　市村光恵（一八七五〜一九二八）　市村光恵は、一八七五年、高知の生まれである。地元の中学校を経て、第一高等学校に入り、さらに、東京帝国大学法科大学に進んで、一九〇二年、独法科を卒業する。そして、卒業と同時に、京都帝国大学講師として上洛し、翌一九〇三年、助教授となる。一九〇六年から三年間、国法学研究のためにドイツとフランスに留学し、一九〇九年に帰国、直ちに教授となって、国法学を担当する。井上が京大を去ってからは、市村が憲法講座の担任となる(国法学も兼担)。市村は、前任者の井上と同様、京都市長となって教壇を去る一九二七年まで大学で憲法学を講じた。

『京都帝国大学史』は、市村の憲法学上の業績を次のように説いている。

「教授は『ローマ法に抓ってローマ法の上に出づる』ためにローマ法理を研究しなければならぬと同様に、我が憲法学理の蘊奥を究めるためには、母法国たる英仏独の学説をたづねなければならぬとし、当時独逸に於て支配的な地位を獲得しつつあるラーバント、イェリネク等の学説を遍く渉猟し、その法実証主義的方法とその中心テーゼたる国家法人説とを以て我が憲法の解釈を志した。法実証主義を体系的に輸入したのはおそらく教授を以て先達とするであろう。而してこの学風が、その後、わが憲法学界を風靡したことを思えば、教授の学界に及ぼした影響は大であったといはざるを得ない。」

(5) **佐々木惣一**(一八七八〜一九六五)　佐々木惣一は、一八七八年、鳥取に生まれる。一八九九年、第四高等学校を出て、開設されたばかりの京都帝国大学法科大学に進み、一九〇三年に卒業する。卒業後、講師として大学に残り、一九〇六年に助教授となる。そして、一九〇九年から一九一二年まで、行政法研究のため、ドイツ・フランス・イギリスに留学する。一九一三年教授となり、行政法の講義を担当する(一九二七年まで行政法第二講座、その後、三三年まで行政法第一講座)。佐々木は、市村が退官した一九二七年から憲法講座を兼担し、一九三三年に起こった**京大事件**(滝川事件)により大学を去るまで、憲法を講じた(京大を辞めてからは、立命館で憲法を講じている)。**磯崎辰五郎**は、佐々木の学風・講義の様子を次のように語っている。

「先生が現行法の解釈をなす場合には、あくまでもその対象および方法を限定してこれをなし、その埒外に一歩もふみはずすことなきを期した。制度批判、立法政策、政治問題にも深い関心とすぐれた意見を有するのではあるが、それは説く限りではない、として、もっぱら解釈論を展開した。この態度は、ひとり著述の場合に限らず、教室における講義の時にも、ここにしかじかの問題があるけれども、それは別論だ、として、ひたむきに本論を講じ進めるのが常であった。学生が先生に『ベツロン』というあだ名をつけたのは、そういうところからきている。」

(6) **佐藤丑次郎**(一八七七〜一九四〇)　佐藤丑次郎は、一八七七年、山形に生まれる。一八九九年、第二高等学校から京都帝国大学法科大学に進み、一九〇三年に卒業する。佐々木と同じく、京大一期生である。卒業後、講師として大学に残り、一九〇六年には助教授となる。一九〇八年から政治学研究のため、ドイツ・フランス・イギリスおよびアメリカに留学、一九一二年に帰国し、その年教授となり、政治学・政治史を担当する。そして、一九二〇年、佐藤は、東北帝国大学法文学部をつくるに当たり、学部創立委員長として仙台に赴き、一九二三年から、法文学部で憲法学講座を担当する（一九三九年に退官）。

一九二七年卒業の村教三は、佐藤の講義ぶりを次のように伝えている。

「佐藤先生は、学生から丑（べコ）先生と愛称され、禿頭のてっぺんが尖り八字鬚の厳めしい顔で、正に憲法向きであった。教室では時に上杉憲法の神秘主義をくさし、時に市村憲法学はなかなかよく出来ている、これは酒の光り、恵みであるといって、学生を笑わせた。佐藤先生は学部建設に忙しいので憲法の講義時間は常に二時間が三〇分に縮まった。最後の二〇分に入室して、遅くなって恐縮したような顔付きで、ノートを開いたところから講義をされた。二〇分の時間が尽きて、次回の教授が教室に足を入れ遠慮して引返し、再度入室する頃漸く閉講するという風であった。大正一三（一九二四）年の晩秋、赤い顔をして酒気紛々として教壇に立ち、ろれつの廻らない舌で昨夜上杉慎吉君が来仙し徹夜して呑んだ、痛飲淋離、意気肚の如し、東西の憲法の握手ここになる、といって教壇でよろめかれた。これを見ていた学生一同大喜びでやんやと拍手喝采した。」

## 一九一八年の大学令と憲法講座の拡大

私立大学が、法制上、「大学」として公認されたのは、一九一八（大正七）年の大学令によってである。もとより、明治一〇年代の**五大法律学校**にみられるように、日本の法曹ないし法学教育において、私学は、最初から重要な役割を果たしていた。しかし、一九〇三（明治三六）年の専門学校令によって、法律学校は私立専門学校とはなったものの、法制上は、「大学」として位置づけられてはいなかった。大正デモクラシーのもとで、高等教育の大衆化がはかられ、その一環として、一八年の大学令によって、私立専門学校の大学昇格が実現するとともに、帝国大学も大幅に改組され、従来、研究（大学院）と教育（法科大学）とに分かれていた組織を学部に一本化し、学部において研究・教育を行うものとされた。その結果、東京と京都の帝国大学法科大学は法学部に名称変更された。そして、翌一九年には、東京帝国大学法学部の憲法講座が、二講座となり、二〇年から、美濃部が憲法第二講座を担任するようになる（憲法第一講座は上杉が担任）。また、大正から昭和の初めにかけて、東北帝国大学（一九二二年）、九州帝国大学（一九二四年）、京城帝国大学（一九二六年）に、法文学部が設置され、それに伴って、憲法講座も一挙に拡大した。

東北の憲法講座は、法文学部創設委員であった京都の佐藤が担当した。九州の憲法講座には、東京から、**山之内一郎**（一八九六〜一九五九）が赴任した。山之内は、吉野作造の薦めで副手として東京帝国大学法学部の研究室に入り、後に助手となり、上杉のもとで憲法学を専攻した。しかし、上杉との間で学説上の不一致に苦しみ、美濃部の指導をも受けた。山之内は、同時に、ソビエト法の研究を志していた。美濃部が、法文学部長事務取扱として、九州に法文学部を創設したとき、山之内がその憲法講座を担当することになった。ところが、一九二七年、法学科のなかで人事問題にからむ内紛が発生し、六人の教授・助教授が休職となり、後に全員退官となった。山之内も、そのなかの一人に含まれていた。山之内の後任には、東北から、河村又介（一八九四〜一九七九）が着任した。河村は、古野の門下生で、東北では二四年から国家原論の講座を担当していたが、三二年、九州に移り、憲法講座を担当した（四七年、初代の最高裁判事となり、一六年余在任したが、その間、数回東大に出講し、国法学の講義を担当した）。京城の憲法行政法講座は、一九二三年、東京帝国大学法学部を卒業し、京城法専教授をしていた松岡修太郎（一八九六〜一九八五）が、一九二六年から助教授となり担当した（二八年に教授）。京城には、その後、二七年に、美濃部門下の清宮四郎（一八九九〜一九八〇）が助教授として赴任し（三〇年に教授）、四一年には、佐藤の後任として、東北の憲法講座に移った。同じ美濃部門下の鵜飼信成（一九〇六〜八七）もまた、三一年、京城に講師として赴任し、三九年助教授のときアメリカに留学、四一年帰国して、京城に復職、四三年には教授となった（敗戦後は、四七年東京大学に新設された社会科学研究所教授）。

## 嵐のなかの憲法学——宮沢による「法の科学」の構築

美濃部は、一九三四年東京帝国大学を定年退官するが、翌三五年、天皇機関説事件が起こり、美濃部説は「国禁」となり、その主要著作は発売禁止処分に付された。これにより、大学における憲法の研究・教育の自由は、致命的な制約を受けることになる。

美濃部の憲法講座を引き継いだのは、**宮沢俊義**（一八九九〜一九七六）であった。そこで、美濃部学説を糾弾した政治勢力は、次の標的を宮沢に定め、その憲法学説のなかから、美濃部的なものを嗅ぎ出そうとした。しかし、その試みは、徒労に終わる。なぜか。美濃部の後継者とはいえ、宮沢は、美濃部説を根底から批判し、それを超えたところに自らの憲法学を築こうと試み、また、実際に構築したからである。

一九二〇年、宮沢は、東京帝国大学法学部政治学科に入学する。このとき、当時、憲法を担当していた上杉が外国に出張していたので、宮沢は、臨時に憲法を担当した美濃部の講義を聴く。宮沢によれば、もし上杉の講義を聴いていたら、「わたしが後で憲法を専攻する気になっていたかどうか」疑問であり、美濃部の講義から「当時支配的だった神権主義的な考え方に対する科学的な批判精神を教えられ、それに引きつけられ」たので、憲法を選択した。憲法学が「神学の侍女」ないし「国家の下男」であった時代に、「その憲法学を一生の仕事にしようという気」にしたのは、講義でかいま見た美濃部の「科学的な批判精神」であったというのである。

一九二三年法学部を卒業した宮沢は、助手として研究室に残り、二五年に助教授となる。それは、美濃部の推薦によるものであったが、上杉はこれに強く反対し、教授会の投票では、辛うじて三分の二の賛成で助教授昇任が決まった。助教授となった宮沢は、三〇年、フランス・ドイツ・アメリカに留学し、三二年に帰国する。この間、二九年には上杉が亡くなり、上杉の憲法第一講座は美濃部の担当するところとなっており、宮沢は、帰国の翌年から、憲法第二講座を担当する。そして、三四年一月には教授となり、その春に定年退官した美濃部に代わって、憲法第一講座を担当することになる。それは、天皇機関説事件のちょうど一年前であった。

宮沢は、美濃部の「科学的な批判精神」を受け継ぐのであるが、その精神から、穂積・上杉の伝統学説を「神学的」として批判するのみならず、美濃部説をも「形而上学的」として批判したのである。三四年、当時、大学一年生であった**丸山眞男**は、宮沢の初講義を聴く。丸山によれば、その開講の辞で、宮沢は、次のように話した。

憲法学は、神学的段階、形而上学的段階、実証的段階を経て発展してきている。穂積・上杉の憲法学は神学的段階、美濃部の憲法学は形而上学的段階である。美濃部憲法学は、神がかりでなく、一層科学的になっているが、現実の明治憲法以上にそれをデモクラティックに解釈しようとしている。その意図はよく分かるが、しかし、科学的態度とはいえない。憲法が非民主的だったら、そのまま、非民主的なものとして認識しなければいけない。実際以上に民主的に解釈するのは、科学的でないだけでなく、現実の憲法を美化し、その非民主性を隠蔽するイデオロギー的機能を果たす。これが美濃部憲法学が形而上学段階にとどまっているゆえんで、いまや第三の実証的段階にようやく到達した。

このように美濃部を批判する前提には、法学という精神活動を「解釈」（実践的な意欲の作用）と「科学」（客観的な認識の作用）とに峻別する宮沢の学問観があった。美濃部説は、両者を区別せず、非民主的な明治憲法を民主的に解釈することが当該憲法の客観的な認識であると考えている点で「形而上学的」であるとされたのである。宮沢の悲劇は、この立場から美濃部説を根底から批判し、新たな憲法学を打ち立てようとしたまさにそのとき、天皇機関説が起こり、科学学説として大いに問題があると考えていた美濃部説を学問的立場から批判することが政治的な意味をもつことになり、したがって、その批判を裡に秘めつつ、美濃部説を擁護せざるを得なくなったことである。すなわち、宮沢は、科学学説としては未熟なものと考えていた美濃部説の骨格をなす国家法人説について、これを「地動説」のようなものであるとし、国家がそれを禁止したからといって、天体の運行になんら変化がもたらされるものでもないのと同じように、美濃部説を国禁にしても、国家の性格になんら変化を生ずることもないとして、天皇機関説を禁じた政府の態度を、「学問的立場」から厳しく批判したのである。

しかしながら、天皇機関説を国禁とし、国内の自由主義的な反対勢力の声を封じた政府が、戦時体制を整え、一路、戦争へと突き進んでいくなかで、宮沢に代表される科学的・批判的憲法学は、自由な発言の機会を奪われてしまう。そして、戦争中、多かれ少なかれ沈黙を守らざるをえなくなってしまったのである。

### 憲法解釈学の新たな展開——芦部憲法学が目指したもの

芦部信喜（一九二三〜一九九九）は、一九四三年一〇月東京帝国大学法学部政治学科に入学するが、二ヵ月後には、学徒動員により現役兵として入隊を余儀なくされる。その間、大学では短縮授業があり、このとき、芦部は、宮沢から入門講義(「法律序説」)を受けている。芦部が宮沢の憲法講義を聴くのは、敗戦後、復員し、大学に復学した一九四六年秋からであり、帝国議会における憲法改正案(新憲法)の審議が終盤を迎えていたときであった。このとき、宮沢は、貴族院議員として改正案の審議に加わっており、多忙を極めていたこともあり、休講が多く、そのために、講義は翌四七年の二月末まで断続的に開かれた。講義では、新たに制定された日本国憲法の概要の説明がなされ、芦部は、この講義を通じて憲法への関心を強め、一九四九年卒業と同時に、宮沢のもとで助手となり研究生活に入る。芦部は、憲法学を選んだ動機について、大要、次のように述べている。

それは、迷った末の選択であった。正直言って、どうしても憲法でなければならない、というわけでもなかった。ただ、①憲法は、法と政治の両方の面にかかわり、その中間にあって、あまり六法全書の頁を繰って細かな解釈にかかずらわなくてもよいような気がしたこと、②四六年三月六日に発表された「憲法改正草案要綱」に接した時に何とも言えない驚きと感動を覚えたこと、③『法律新報』七二五号(四六年四・五合併号)の巻頭に掲載された美濃部の「憲法改正の基本問題」に感銘を受けたこと、④宮沢の憲法講義を聴きながら美濃部の「新憲法逐条解説」(『法律時報』四六年一一月~四七年二月)を丹念に読み、期末試験を受けたこと、一言でいえば、⑤学徒出陣の苦い経験と戦後に学んだ新しい平和憲法への一種のあこがれのようなものが、憲法を選んだ大きな動機であった。

芦部は、五二年には助教授となり、国法学講座を担当する。そして、五九年から二年間、アメリカに留学し、六三年教授となり、七〇年からは憲法第二講座、八二年からは憲法第一講座を担当し、八四年に定年を迎えている。

芦部は、国法学の講義を通じて、戦前、ドイツの憲法学が、なぜ、ワイマール憲法を破壊したナチスの権力の前に無力であったのかを問い、憲法を破壊する政治権力に抵抗しうる**実質的憲法論**を構築する必要があると考えるようになる。そして、ハーバード・ロースクールに留学し、そこで体験した、具体的な訴訟のなかで憲法論を組み立て、訴訟に勝つための実践的な技術と法理の構築から、日本の憲法学も大いに学ぶべきものがあると考え、帰国してからは、司法研修所で憲法訴訟のセミナーを開きながら、これまでのような実務から遊離した憲法論ではなくて、実践的な憲法論を模索し、**憲法訴訟論**を開拓するのである。それは、宮沢が「解釈学は科学ではない実践的意欲の作用だ」として第二義的な価値しか置かなかった憲法解釈学に新たな息吹を吹き込むものであった。

## むすび

最後に一言しておきたいことがある。それは、明治以来、法曹養成のみを目的とした機関から、民法・刑法や手続法などの研究者はともかく、憲法学者は、必ずしも十分に育たなかったということである。教育と研究を分離する体制をとるにしろ（法科大学と大学院）、統合した体制をとるにしろ（法学部）、明治以来、隣接諸科学の広汎な基礎のうえに、法学としての憲法学がはじめて開花することができたのである。いま、法曹養成機関としての日本型ロースクールが設置されようとしている。明治一〇年代、司法省法学校・東京大学法学部でもなければ、もとより五大法律学校でもなく、もっぱら東京大学文学部から黎明期の憲法学を担う人材の輩出したことが改めて想起されるべきである。また、ここで主として取り上げた東大系の憲法学者についても見ても、憲法の専攻者は、そのほとんどが政治学科から輩出していることは注目されよう。

もちろん、芦部のハーバード・ロースクール体験が日本の憲法学に一つの転機をもたらしたことは確かである。しかし、**日本型ロースクール**から、憲法に関心をもち、憲法学を志す若者が育つのかどうか、また、どのようにして育ててゆくのか。現在のところ、期待と不安とが相半ばしている。そもそも、憲法は長い立憲主義の歴史のうえに開花し、道徳的価値や法および政治・経済・社会等の複合した重層構造をなすものであるがゆえに、憲法を学ぶには、法学のみならず歴史・哲学・政治学・経済学・社会学等に関する幅広い知識が要求される。ロースクールという実務法曹養成の制度のなかで、広い学問的な視野をもち、数世紀にわたる学問的成果を批判的に継承し、新たな成果を生み出しうる憲法学者をどのようにして輩出させてゆくのか。現在、日本型ロースクールの制度設計にかかわっている憲法学者に課せられた責任は重大である。

〈ステップアップ〉

① 家永三郎『日本近代憲法思想研究』（岩波書店、一九六七年）
明治憲法制定前後の憲法思想に関する本格的な研究書。

② 鈴木安蔵『日本憲法学史研究』（勁草書房、一九七五年）
明治憲法制定後の主要学説の実証的研究書。

③ 長谷川正安『日本憲法学の系譜』（勁草書房、一九九三年）
明治憲法下の学説の展開過程をフォローした研究書。

＊ なお、本稿に若干加筆（一〇名の憲法法学者）し、脚注を付した拙稿「講座担当者から見た憲法学説の諸相――日本憲法法学史研究序説」（北大法学論集第五二巻第三号〔二〇〇一年一一月〕）併せ参照。

（高見勝利）

ブリッジブック憲法

# 小論文作成のすすめ

## ライティング能力をみがこう

ロースクール時代の法律学習で重視されるのは，＜書く力＝ライティング能力＞です。この能力は，与えられているテーマを分析して，たくさんある情報の中から必要なものを選び出して，正確に・論理的に記述して応える能力です。正確な文章表現が要求されます。判決，法律論文や契約書，さらには，官庁，企業における報告書・企画書などは，いずれも高度な論述能力が要求されます。憲法学習でも＜ライティング能力＞は必須です。

## 憲法学の〈ＯＳ〉を理解しよう

本書は，大学法学部デビューしたての学生が本格的に憲法を学ぶ前に読むために編集された＜憲法理論入門＞です。大学の授業や教科書では，いわゆる「憲法解釈学」を教えるのですが，これは，第一義的には，裁判官の判断基準となる考え方を体系的・論理的に説明する＜パソコンのアプリケーション・ソフト＞のようなものです。したがって，＜パソコンのＯＳ＞にあたる憲法理論の意味・目的や学説のなりたちについて説明されることは少なくなっています。本書は，この＜ＯＳ＞の説明に多くのページをさいています。この理解は，自立した憲法学習にとってきわめて重要なものです。

## 小論文を実際に書いてみよう

本書では，重要なタームを＜ＩＮＤＥＸ＞として整理してあります。これを手がかりにして後掲の＜設問＞に答える小論文を作成してみましょう。

各設問の後につけた（→○○）の事項は<ＩＮＤＥＸ>に掲げられた，設問に関連するものです（事項は五十音順に並べてあります）。

文章作成にあたっては，おおよそ次の手順に従うことをおすすめします。

① 事項の該当ページの前後を一通り読む（メモないしコピーをとりながら）。

② 叙述内容を大まかに決める<レジュメ>（＝論文目次）を作成する。このときには，本文の内容を十分に検討して，叙述方針を決める。

③ <レジュメ>に従って自分の頭の中にある言葉で書く（丸写しはダメ）。この訓練がのちに授業，年末試験やロースクールの試験に役立つことになります。

④ 文字数を決めてまとめる。現在の司法試験の論文式試験は，1500字〜2000字程度で書くように要求されています。本書の<設問>は，それほど高度なものではありませんが，<理論>＝憲法学の<ＯＳ>の理解を試すものになっていますので結構大変だと思われます。問題によって1000字ないし2000字ぐらいでまとめてみてください。

## 設　問　（横田耕一・高見勝利作成）

1 条約によって日本に駐留している米軍は日本国憲法との関係でどのような問題があるか，論点を整理しなさい。（→憲法９条，国家主権，自衛権，自衛力，条約，砂川事件，政治的マニフェスト，政治的問題の法理，戦力，統治行為論，苫米地訴訟，平和主義）

2 親殺しを一般の殺人より重く罰するという刑法の規定が最高裁で違憲とされた。その際の最高裁の考え方を説明しなさい。（→違憲審査制，違憲立法審査権，家族に関する憲法論，司法審査権，審査基準，憲法14条，人権，尊属殺重罰規定違憲判決，司法審査権，平等原則，法の下の平等）

3 靖国神社を国家が護持するという方針を首相が出した。憲法上ど

のような問題があるか説明しなさい。(→愛媛玉串料訴訟，国家，国家神道，宗教改革，宗教的中立性，信仰の自由，神道指令，政教分離原則，津地鎮祭事件，目的・効果基準，歴史認識)

4 環境権，知る権利，プライバシー権などの「新しい人権」は，憲法上どのように位置づけられるか説明しなさい。(→新しい人権，基本的人権，憲法13条，幸福追求権，個人の尊厳，自己決定権，指紋押捺拒否事件，知る権利，人権，人権条項，人権のインフレ化，人権のカタログ，人間の尊厳，不文の人権，包括的人権，みだりに指紋の押捺を強制されない自由，ロー対ウェィド事件判決)

5 ある私立大学が，金髪・モヒカン頭の学生を退学処分にした。憲法上許されるか，考えてみなさい。(→国の基本権保護義務，公私区分論，憲法の私人間適用，個人の尊厳，国立大学，私生活上の自由，私立大学の学生処分権，人権，人権規定，ステイト・アクションの理論，大学の自治，団体の自治，部分社会の法理)

6 国の原子力発電政策について国民投票によって賛否を決める法律を制定するということの憲法上の問題点を説明しなさい。(→国民投票制度，純粋代表制，代表制，代表民主制，直接（民主）制，半代表制，半直接制，民主主義，民主制)

7 国民が直接首相を選ぶという首相公選制は現在の憲法のもとで許されるかについて説明しなさい。(→議院内閣制，議会統治制，国民主権論，国民内閣制，首相公選制，大統領制)

8 ある国立女子大学が入学を希望した男子生徒の受験を拒否した。あなたが男子生徒だったらどう対処するか。(→朝日訴訟，違憲立法審査権，憲法運動，憲法解釈，憲法14条，憲法訴訟，国立大学，指紋押捺拒否事件，人権相談所，平等原則，法の下の平等)

# ブリッジブック憲法　INDEX

このインデックスは，本書の内容と項目の関係があらかじめ判断できるように，「講義」番号（①等）とページを併記しています。つぎの<目次>見出しで確認しながら利用して下さい。

《目　次》

日本国憲法と憲法学のトータルイメージ（1〜16）／❶憲法の役割についての考え方——公私区分論の現在（18〜44）／❷基本的人権の種類と範囲——人権とされるもの・されないもの（44〜65）／❸国家の役割についての考え方（66〜96）／❹なぜ「神々の争い」が起きるのか？（98〜116）／❺誤った憲法解釈——許されない解釈方法（117〜131）／❻憲法解釈と正確な事実認識（132〜150）／❼憲法裁判の社会的影響の大きさ——訴訟当事者と裁判官の判決づくり（152〜169）／❽最高裁判所判例の拘束性（170〜188）／❾憲法裁判の手法——憲法判断に特有の方法と審査基準（189〜207）／❿代表民主制と議院内閣制（210〜226）／⓫違憲審査制——憲法裁判所の是非（227〜242）／⓬憲法と条約——国家の主権性と条約の拘束力（243〜257）／⓭団体の自律権と労働組合（258〜272）／⓮憲法学の過去・現在・未来（274〜294）／⓯日本憲法学を築いた人々（295〜324）

## 事項索引

〔あ〕

悪徳の栄え事件判決 …………⑧173
朝日訴訟 ……………………⑭284
新しい人権……………8,②59,④102
アメリカ独立宣言………………②52
アメリカ連邦最高裁判所 ……⑪231
生きた法 ……………………⑭280
違憲審査制 ………⑦152,⑪227,234
　抽象的—— …………………⑪236
　付随的—— …………⑦153,⑨190
違憲の警告判決 ………………⑨205
違憲立法審査権 ………⑧190,⑪227
一般意思 ……………………⑩212

一般国家学 ……………………⑮275
一般的命題の法準則 …………⑧183
イニシアティブ ………………⑩215
ヴァージニア権利章典…………②52
生まれながらの権利……………②52
永住者 …………………………⑦162
恵庭事件 ………………………⑨194
愛媛玉串料訴訟 …⑥144,⑨202,205
LRAの基準 ……………⑦159,⑨201

〔か〕

外見的(見せかけの)人権宣言…②53
外国人 …………………………⑦155
——の人権享有主体性 ……⑤129
——の地方参政権 …………⑦166
外国人登録法 …………………⑦154
解散権 …………………………⑩221
——の行使 …………………⑩221
衆議院の—— ………………④101
解散権論争 ……………………⑩220
解散制度 ………………⑩214,220
解釈学説 ………………………④113
解釈者の「正義」観 …………④110
解釈の妥当性 …………………④111
解釈のテクニック ……………④111
科学学説 ………………………⑮320
科学としての憲法学………………11
下級審判決 ……………………⑧178
学説継受 ………………………⑭289
戦後の—— …………………⑭289
拡大解釈 ………………………④111
家族に関する憲法論……………①34
家族法の憲法化…………………①34
傍　論 ……………⑧182,183,⑨204
過度の広汎性の法理 …………⑨202
官僚法学から市民法学へ ……⑭281
議員定数不均衡違憲判決 ……⑪230
議院内閣制 ……………………⑩219
——に関する均衡本質説 …⑩220
——に関する責任本質説 …⑩220
——の本質 …………………⑩220
一元型—— …………………⑩222
二元型—— …………………⑩222
議会統治制 ……………………⑩219
機能的考察方法……………………10
規範の欠缺 ……………………④101
岐阜県青少年保護育成条例
違憲訴訟判決 ………………⑧172
基本的人権 ………………②47,48
客観憲法 ………………………⑭284
——なき主観憲法論 ………⑭293
客観法 …………………………⑭276
旧憲法 …………………………⑭274
行政権に対する裁量統制 ……⑨198
行政処分 ………………………⑨198
行政法学における公法・私法論
……………………………………①38
京大事件 ………………………⑮314
共同体主義………………………②63
京都学派 ………………………⑮310
緊急逮捕合憲論 ………………⑤125
近代憲法…………………………③77
——の特質……………………①20
近代的な国家の基本法……………13

近代立憲主義 ……………………⑫252
国の基本権保護義務……………①32
組合の統制権 ……………………⑬263
組合民主主義 ……………………⑬265
経済的自由主義…………………③85
刑事手続上の保障 ……………⑤118
ケインズ主義……………………③92
ケーシー事件 ……………………⑧186
結社自律権 ……………………⑬262
結社の自由 ………………⑬258,262
厳格な合理性の基準 …………⑨200
厳格な審査基準 ………………⑨201
現実社会のなかの基本法…………13
現実認識 ………………………④111
元　首 …………………………④101
顕著な事実 ……………………⑥133
憲　法…………………………3,①19
——の基本理念 ………………④107
——の最高法規性 ……………⑤117
——の私人間適用
…………………①26,28,29,32
——の役割……………………①18
近代的(立憲的)意味の———…①19
形式的意味の—— ………………7
固有の意味の———……………①19
実質的意味の—— ……7,13,①19
憲法9条 ……………④109,⑤122
憲法13条 ………………………⑦158
憲法14条 ………………………⑦158
憲法運動 ………………………④114
憲法解釈……9,④99,102,108,⑤117
——の変更 ……………………⑧185
誤った(間違った)——
……………………④109,⑤117
学者による—— ………………④113
学問としての————……………10
公権—— ………………………④112
公定—— ………………………④112
裁判所による—— ……………④112
実践的————…………………10
政府の—— …………………⑤121,126
憲法解釈学の再建 ……………⑭288
憲法学の対象 ………………………9
憲法が保障する権利……………②61
憲法規範 ………………………④100
憲法原意主義 …………………④103
憲法裁判所 ……………………⑪236
憲法訴訟 ……………⑥135,⑨189
憲法訴訟論 ……………………⑮322
憲法典 ………………………………4
憲法判断の回避 ………⑨192,⑪231
憲法判例 ………………………⑧184
——としての拘束力 …………⑧184
——の変更 ………………⑧185,186
憲法変遷 ………………………⑤126
原理主義者………………………③87
権利章典 ………………②52,③77
行為規範 ……………………………2
公共空間 ………………………⑫253
公共財 ………………………①22,③86
公共の福祉論 …………………⑨195
合憲限定解釈 …………………⑨197
合憲性推定の原則 ……………⑨191
公私区分論 …………①24,27,36,38

公私二元論批判……………………①35
公知の事実 ……………………⑥133
公定憲法解釈 …………………④112
公的団体 ………………………⑬263
幸福追求権…………………6,②59
公平の観念 ……………………⑧181
合理的期間論 …………………⑦163
国際慣習法 ………………⑫244,249
国際社会の常識 ………………⑫255
国際人権規約…………②50,⑫251
国　事 …………………………④104
国　民 …………………………④105
国民主権論 ……………………⑭289
国民投票制度 ……………⑩216,217
国民内閣制 ……………………⑩223
国務請求権……………………②57
国有境内地処分法 ……………⑥138
国立大学 ………………………⑬263
国利民福………………………③79
国連平和維持活動(PKO) ……④103
国労広島事件 …………………⑬266
個人の尊厳（重） ……………6,②49
五大法律学校 ……………⑮297,315
国　家……………………………③66
——の主権性 …………………⑫244
——の主要な任務……………①22
国家権力を制限する基礎法……①20
国家三要素説 …………………⑭276
国家神道 ………………………⑥144
国家法人説 ……………………⑮320
国権の発動たる戦争 …………④105
子ども人権オンブズマン………②46

〔さ〕

最高裁判所 ……………………⑪227
——の機構改革 ………………⑪238
——の負担 ……………………⑪237
最高裁判所裁判官の出身区分
……………………………………⑪239
最高裁判所判例 ………………⑧170
最高法規…………………………①20
裁判規範 …………………………2
裁判所による確知
(Judicial Notice) ………⑥137
裁判の公開の例外 ……………⑤127
裁判の政治化 …………………⑪237
猿払事件 ………………………⑨201
参政権……………………………②56
自衛権 …………………………⑤123
自衛隊 …………………………④109
自衛力 …………………………⑤123
自己決定権 ………………………6
事実上の拘束力 ………………⑧178
事実上の拘束力論 ………⑧177,179
事実認識 ………………………⑥145
事実の認定 ……………………⑥132
市場の失敗………………………③93
事情判決 ………………………⑨205
自然権論 ………………………⑭292
自然法の再生 …………………⑭285
自　治 …………………………⑬262
実質的憲法論 …………………⑮322
私的空間 ………………………⑫253
司法改革 ………………………⑭281

司法権 ……………………………⑤118
司法権論 …………………………⑭289
司法消極主義 ……………………⑪233
——の原因 ……………………⑪230
司法省法学校 ……………………⑮296
司法審査 ……………………………3
——の基準 ……………………⑨192
——の正当性…………………①23
司法審査権 ………………………⑨190
司法積極主義 ……………………⑪233
市民的公共性………………………①40
指紋押捺拒否事件 ………⑦156,161
指紋押捺制度 ……………⑦154,164
社会科学としての憲法学 ……⑭288
社会科学としての法学 ………⑭287
社会学的解釈方法 ………………⑤124
社会権 ……………………………②55,56
社会権規約…………………………②50
社会保障……………………………③93
衆議院議員定数不均衡違憲判決
……………………………⑪229
宗教改革……………………………③73
宗教的寛容…………………………③76
宗教的中立性………………………③88
自　由 ……………………………⑫247
——の基礎法…………………①20
拘束の不在としての—— …⑫248
私生活上の—— ………………⑦156
能力としての—— …………⑫248
放縦としての—— …………⑫247
自由権………………………………②55
自由権規約…………………………②51
自由主義 …………………………③85,94
重商主義者…………………………③83
集　団 ……………………………⑬258
自由法運動 ………………………⑭278
重要な事実に対する法的判断
……………………………⑧182
主観憲法 …………………………⑭284
主観憲法論のトポス …………⑭291
主観法 ……………………………⑭276
儒　教………………………………③67
縮小解釈 …………………………④111
主　権 ……………………⑩212,⑫244
主権国家 …………………⑫246,254
主権的であること ……………⑫246
首相公選制 ………………………⑩223
純粋代表制 ………………………⑩214
春闘日教組スト第一審判決 …⑧177
上告理由 …………………………⑧178
条　約 ……………………………⑫243
——の拘束力 ………………⑫244
——の遵守 ……………………⑫248
昭和天皇の死去に伴う大赦令
……………………………⑦162
処分違憲 …………………………⑨205
自　律 ……………………………⑬262
私立大学の学生処分権 ………⑬263
知る権利……………………………②57
審級制度 …………………………⑧178
人　権 ……………………………②45,61
——の「私人間適用」………①28
——のインフレ化……………②61
——のカタログ………………②55

切り札としての―― …①22,②62
憲法上の――…………………②48
「社会的権力」による――侵害
……………………………①26
生来の平等な―― ……⑫252,254
団体の―― …………………⑬260
不文の―― …………………⑦167
人権解釈論 ……………………⑭289
――の枠組 …………………⑭288
人権規定 …………………3,①22,26
――の間接適用説……………①27
――の私人間適用論 ……①28,32
――の直接適用………………①26
人権条項 ………………………④108
人権相談所………………………②46
人権調整専門委員制度…………②46
人権保障 ………………………⑫251
「法律の留保」つきの――…⑪228
人権擁護委員……………………②45
信仰の自由………………………③77
審査基準 ………………………⑨199
厳格な―― ………………………⑨201
厳格な合理性(中間)の――
……………………………⑨200
単なる合理性の(緩やかな)――
……………………………⑨199
迅速な裁判を受ける権利 ……⑪230
神道指令 ………………………⑥144
森林法違憲判決 ………………⑪229
人類普遍の原理 ………………⑭285
ステイト・アクションの理論
………………………①27,29,30
砂川事件 ………………………⑨193
政教分離原則(の原理)
…………………③77,⑤120,⑥137
整合性のある解釈 ……………④106
政策論 …………………………⑤122
政治機構条項 …………………④108
政治的マニフェスト …………⑤124
政治哲学や法哲学における
公私の再編成…………………①40
政治の裁判化 …………………⑪237
政治問題の法理 ………………⑨193
正戦論 …………………………⑫255
生存権的基本権(社会権) ……⑭288
生存権についての抽象的権利説
……………………………⑤120
制定法主義 ……………………⑧176
政　令 …………………………⑤129
全農林警職法事件大法廷判決
……………………………⑧185
前　文 …………………………④107
戦　力 ……………………⑤123,127
――の保持 …………………④109
先　例 …………………………⑧170
――拘束性の原理 ……⑧170,180
――の扱い方 ………………⑧171
――の引用 …………………⑧173
即位の礼 ………………………⑤121
訴訟法 …………………………⑪229
尊属殺重罰規定違憲判決
…………………⑦153,⑨204,⑪29

〔た〕

大学の自治 ……………………⑬264
大学令 …………………………⑮293
体系的考察方法……………………10
第三者所有物没収違憲判決 …⑪229
大統領制 ………………………⑩219
代表制 ………………⑩212,213,214
代表民主制 ……………………⑩210
　日本国憲法の—— …………⑩216
代表民主制論 …………………⑩213
高田事件 ………………………⑪230
多数決手続 ……………………⑪235
多文化主義………………………②63
団結権 …………………………⑬264
団体(結社) ……………………⑬258
　——の自治 …………………⑬261
　——の自律 …………………⑬261
　——の人権 …………………⑬260
　——の政治的表現の自由 …⑬268
地域主義(Localisation) ……⑭293
地球化(Globalisation) ………⑭293
地方公共団体 …………………⑬263
地方自治の本旨 ………………④100
チャタレイ事件最高裁判決
　………………………⑧173,⑪228
註解日本国憲法 ………………⑭288
中間の審査基準 ………………⑨200
抽象的違憲審査制 ……………⑪236
調整問題…………………………①22
直接(民主)制 …………………⑩213
津地鎮祭事件 …………………⑥145
定住外国人 ……………………⑦160
適用違憲 ………………………⑨204
天皇機関説事件 ………………⑮317
天皇の代替わりの儀式 ………⑤121
天賦人権…………………………②49
ドイツの自由法論者 …………⑭281
東京大学文学部 ………………⑮295
統治行為論 ……………………⑨193
統治構造に関する規定 ……………3
特別永住者 ……………………⑦162
独立命令 ………………………④106
苫米地訴訟 ……………………⑨193

〔な〕

二重の基準 ……………………⑪234
　——の法理 …………………⑨197
日本型ロースクール …………⑮323
日本国憲法 …………7,⑫251,255
人間の尊厳………………②49,⑭285

〔は〕

漠然性の法理 …………………⑨202
鳩山秀夫 ………………………⑭282
パレート最適……………………③86
判決事実 ………………………⑥133
判決理由 ………………………⑧182
反対解釈 ………………………④111
半代表制 ………………………⑩214
半直接制 ………………………⑩214
判例(先例) ……………⑧170,176
　——による法形成 …………⑧181
　——の拘束力 ………………⑧180

——の変更 …………………⑧178
——の法源性 ………………⑧176
判例中心主義 …………………⑧175
判例法(コモン・ロー) ………⑭281
判例法主義 ……………………⑧177
比較衡量法 ……………………⑨196
非嫡出子相続分規定訴訟決定
…………………………⑨200,203
人および市民の権利宣言………②53
批判的法学研究運動……………①37
ピューリタン……………………③73
平等原則 ………………………⑦156
平等に人権を享受する自律的個人
……………………………⑫254
広い立法裁量論 ………………⑨197
フェデラリスト…………………③68
フェミニズム ……………①36,②63
福岡県青少年保護育成条例
事件判決 ……………⑧173,⑨197
富士山頂譲与事件 ……………⑥142
付随的違憲審査制 ……⑦153,⑨190
部分社会の法理 ………………⑬269
不文の人権 ……………………⑦167
プライバシーの権利 …⑤128,⑦156
ブランダイス式上告趣意書 …⑥137
プリュラリズム…………………①21
武力行使 ………………④109,⑫256
プロセス理論 …………………①20,23
——の考え方…………………①28
分権主義者………………………③68
文面上違憲 ……………………⑨204
平和主義 ………………………⑫255
ホイッグ史観……………………③87
法解釈方法論争 ………………⑭286
法解釈論争 ……………………④115
包括的基本権……………………②57
法規の適用 ……………………⑥132
法　源 …………………………⑭277
——としての判例 …………⑭282
法準則 …………………………⑧170
法　人 …………………………⑬259
法の欠缺 ……………………⑬279,282
法の支配……………………①29,⑭281
「法の支配」論 …………………①31
法の下の平等……………………②57
法律実証主義 …………………⑭285
法令審査権 ……………………⑨190
ポスト・モダニズム……………②63
堀木訴訟 ………………………⑦153

〔ま〕

マグナ・カルタ…………………②52
マスコミ団体 …………………⑬261
みだりに指紋の押捺を強制され
ない自由 …………⑦157,164,167
南九州税理士会事件 …………⑬267
民主主義 ………………………⑪234
——のプロセス ……………⑦167
——プロセス論 ……………⑪234
議会までの—— ……………⑩224
政府までの—— ……………⑩224
民主制 …………………………⑩213
無効力説…………………………①26
明確性の基準 …………………⑨202

明治14年の政変 ……………………⑭275
明白かつ現在の危険の基準 …⑨201
目的・効果基準 ………………⑨202

〔や〕

薬事法距離制限規定違憲判決
…⑥138,⑦153,⑨200,204,⑪229
約　束 ……………………………⑫247
八幡製鉄事件 ……………………⑬261
有害図書 ………………⑧173,174
ユートピア…………………………③78
ユニオン・ショップ協定 ……⑬265
緩やかな審査基準 ……………⑨199
より制限的でない他の選びうる
手段のテスト(LRAの基準)
………………………⑦159,⑨201

〔ら〕

利益衡量論 ……………………⑭291
立憲主義…………………………①25
立法裁量 ……………………………⑦159
立法事実 ……………………………⑥134
——の認定 ……………………⑥135
立法事実論 …………………………⑨198
立法者意思説 ……………………④102
立法政策 ……………………………⑦165
立法に対する裁量統制 ………⑨195
リベラリズム ………………①21,29
類推解釈 ……………………………④111
レイシオ・デシデンダイ ……⑩182
歴史認識 ………………④111,⑥145
レフェレンダム ………………⑩215
労働基本権 ………………………⑬264
労働組合 ……………………………⑬264
——の内部問題 ……………⑬269
ロー対ウェイド事件判決 ……⑧186

〔わ〕

わいせつ文書 …………④100,⑧173
ワイマール憲法…………………②54

# 人名索引


〔あ〕

芦部信喜 ………⑥135, ⑭290, ⑮320
アダム・スミス ………………③84
有賀長雄 ………………⑮303
アリストテレス………………③67
イェリネック ………………⑭275, 282
磯崎辰五郎 ………………⑮314
一木喜徳郎 ………………⑮304
市村光恵 ………………⑮312
井上密 ………………⑮310
ウィリアムズ………………③76
上杉慎吉 ………………⑮303, 309
鵜飼信成 ………………⑮317
エーアリヒ ………………⑭279
織田萬 ………………⑮311
小野塚喜平次 ………………⑮300

〔か〕

川島武宜 ………………⑭283
河村又介 ………………⑮317
ギールケ ………………⑮305
清宮四郎 ………………⑮310, 317
ケーギ ………………⑭290
ケルゼン ………………⑭283
孔子………………③67

〔さ〕

佐々木惣一 ………………⑮313
佐藤丑次郎 ………………⑮314
ジェニー ………………⑭283
ジェファソン………………③78
ジャン・ボダン………………③82
シュテルンベルク ………………⑭283
末岡精一 ………………⑮298
末川博 ………………⑮312
末弘厳太郎 ………………⑭282

〔た〕

田中耕太郎 ………………⑭283
ツィーテルマン ………………⑭282
鄧小平………………③78
トマス・アクィナス………………③72
トマス・モア ………………③78

〔な〕

中田薫 ………………⑮309

〔は〕

鳩山秀夫 ………………⑭282
ヒューム………………③70
フィルマー………………①35
ブルンチュリ ………………⑭275
ペ　ン………………③76
ボアソナード ………………⑮296
ホッブス………………③71
穂積八束 ………………⑮301

〔ま〕

松岡修太郎 ………………⑮317
松本烝治 ………………⑮302
丸山眞男 ………………⑮319

美濃部達吉 …⑭276,277,⑮306,307
宮沢俊義 ………………⑭283,⑮318
毛沢東…………………………③68
モッセ ………………………⑮305
モンテスキュー ………………⑩211

〔や〕

山之内一郎 ……………………⑮316

〔ら〕

ラートゲン ……………………⑮299
ラーバント ……………………⑮302
ルソー …………………………⑩212
ルター……………………………③73
ロエスレル ……………………⑭275
ロールズ ………………………⑭292
ロック ………………………①36,③74

〔わ〕

我妻栄 ……………………⑭282,289

〈編者紹介〉

横 田 耕 一（よこた・こういち）

現　在　九州大学名誉教授
　　　　流通経済大学法学部教授

高 見 勝 利（たかみ・かつとし）

現　在　北海道大学名誉教授
　　　　国会図書館専門調査員

**ブリッジブック憲法**　〈ブリッジブックシリーズ〉

2002（平成14）年12月10日　第1版第1刷発行　2301-0101

編　者　横　田　耕　一
　　　　高　見　勝　利
発行者　今　井　　　貴
　　　　渡　辺　左　近
発行所　信山社出版株式会社
〒113-0033 東京都文京区本郷 6-2-9-102
電　話　03（3818）1019
FAX　03（3818）0344

Printed in Japan.

印刷・製本／東洋印刷・和田製本

ISBN-4-7972-2301-4　C3332
NDC　323.001　憲法・全般

## さあ、法律学を勉強しよう！

サッカーの基本。ボールを運ぶドリブル、送るパス、受け取るトラッピング、あやつるリフティング。これがうまくできるようになって、チームプレーとしてのスルーパス、センタリング、ヘディングシュート、フォーメーションプレーが可能になる。プロにはさらに高度な「戦略的」アイディアや「独創性」のあるプレーが要求される。頭脳プレーの世界である。

これからの社会のなかで職業人＝プロとして生きるためには基本の修得と応用能力の進化が常に要求される。高校までに学んできたことはサッカーの「基本の基本」のようなものだ。これから大学で学ぶ法律学は、プロの法律家や企業人からみればほんの「基本」にすぎない。しかし、この「基本」の修得が職業人の応用能力の基礎となる。応用能力の高さは基本能力の正確さに比例する。

これから法学部で学ぶのは「理論」である。これには二つある。ひとつは「基礎理論」。これは、政治・経済・社会・世界の見方を与えてくれる。もうひとつは「解釈理論」。これは、社会問題の実践的な解決の方法を教えてくれる。いずれも正確で緻密な「理論」の世界だ。この「理論」は法律の「ことば」で組み立てられている。この「ことば」はたいへん柔軟かつ精密につくられているハイテク機器の部品のようなものだ。しかしこの部品は設計図＝理論の体系がわからなければ組み立てられない。

この本は、法律の専門課程で学ぶ「理論」の基本部分を教えようとするものだ。いきなりスルーパスを修得はできない。努力が必要。高校までに学んだ「基本の基本」を法律学の「基本」に架橋（ブリッジ）しようというのがブリッジブックシリーズのねらいである。正確な基本技術を身につけた「周りがよく見える」プレーヤーになるための第一歩として、この本を読んでほしい。そして法律学のイメージをつかみとってほしい。

さあ、21世紀のプロを目指して、法律学を勉強しよう！

二〇〇二年九月

信山社『ブリッジブックシリーズ』編集室